公共法律服务体系运行现状考

——以中部H省为分析样本

谢　蔚　等著

湘潭大學出版社
XIANGTAN UNIVERSITY PRESS

图书在版编目（CIP）数据

公共法律服务体系运行现状考 ：以中部 H 省为分析样本 / 谢蔚等著. -- 湘潭 ：湘潭大学出版社，2023.9
ISBN 978-7-5687-1215-6

Ⅰ. ①公… Ⅱ. ①谢… Ⅲ. ①法律－工作－研究－中国 Ⅳ. ①D92

中国国家版本馆 CIP 数据核字（2023）第 158116 号

公共法律服务体系运行现状考 ：以中部 H 省为分析样本

GONGGONG FALÜ FUWU TIXI YUNXING XIANZHUANG KAO : YI ZHONGBU H SHENG WEI FENXI YANGBEN

谢蔚 等著

责任编辑：刘文情
封面设计：张 波
出版发行：湘潭大学出版社
社 址：湖南省湘潭大学工程训练大楼
电 话：0731-58298960 0731-58298966（传真）
邮 编：411105
网 址：http://press.xtu.edu.cn/
印 刷：长沙创峰印务有限公司
经 销：湖南省新华书店
开 本：787 mm×1092 mm 1/16
印 张：16.25
字 数：283 千字
版 次：2023 年 9 月第 1 版
印 次：2023 年 9 月第 1 次印刷
书 号：ISBN 978-7-5687-1215-6
定 价：70.00 元

前言

公共法律服务体系建设以保障公民基本权利为根本宗旨，以促进社会公平正义为基本遵循，通过司法行政机关统筹供给，满足社会民众对高质量、便捷性、均等化法律服务的迫切需求，解决经济发展不均衡所导致的法律服务供给不均问题，提高人民群众的获得感、幸福感、安全感。《法治中国建设规划（2020—2025年）》提出“加快整合律师、公证、调解、仲裁、法律援助、司法鉴定等公共法律服务资源”“基本形成覆盖城乡、便捷高效、均等普惠的现代公共法律服务体系”。近年来，我国公共法律服务得到较快发展，但与国家法治规划发展目标相比还有较大距离，仍然存在供给体制机制不健全、资源配置不均衡、法律服务人才短缺等问题，特别是在中西部一些欠发达地区，存在公共法律服务人员与资源短缺的现象，持续、长效推进公共法律服务体系建设任重而道远。

一直以来，以习近平总书记为领导核心的党中央高度重视对公共法律服务体系的建设。早在2014年1月20日，司法部便出台了《关于推进公共法律服务体系建设的意见》，对公共法律服务体系建设的主要目标、原则、任务等作出了整体部署。同年10月，党的十八届四中全会提出要“建设完备的法律服务体系，推进覆盖城乡居民的公共法律服务体系建设”。2017年1月，公共法律服务体系被纳入国家《“十三五”推进基本公共服务均等化规划》。2019年1月15日，习近平总书记在中央政法工作会议上明确指出“要深化公共法律服务体系建设，加快整合律师、公证、司法鉴定、仲裁、司法所、人民调解等法律服务资源，尽快建成覆盖全业务、全时空的法律服务网络”。2019年7月10日，中共中央办公厅、国务院办公厅印发《关于加快推进公共法律服务体系建设的意见》，进一步从总体要求、基本公共法律服务均衡发展、公共法律服务多元化专业化、管理体制和工作机制创新、加大保障力度、加强组织领导等方面对公共法律服务体系建设作出明确规划，并要求各地区各部门结合实际认真贯彻落实。2019 年 10 月，党的十九届四中全会通过了《中共中央关于坚持和完善中国特色社会主义制度、推进国家治理体系和治理能力现代化若干重大问题的决定》，明确要求“加大全民普法工作力度，增强全民法治观念，完善公共法律服务体系，夯实依法治国群众基础”。2021 年，司法部印发《全国公共法律服务体系建设规划（2021—2025 年）》，就全国“十四五”期间加快推进公共法律服务体系建设提出了明确的目标、措施、任务。至此，公共法律服务体系建设已经进入了新的发展阶段，上升到国家顶层设计与战略发展全局的高度，直接关乎对人民美好生活需要的满足，以及对新时代社会主要矛盾的化解，影响到全面依法治国进程的推进与社会治理的成效。2022 年 10 月，党的二十大报告再次重申“基本公共服务实现均等化”的目标，并明确在未来五年的任务为“基本公共服务均等化水平明显提升”。

湘潭大学法学院公共法律服务体系研究团队对中部 H 省公共法律服务运行现状进行了调研，旨在“地毯式”考察当前 H 省公共法律服务体系存在的问题，“以小见大”地揭示整体的公共法律服务体系建设过程中的“痛点”“难点”和“堵点”，并在此基础上提出未来可能的改革方案。选择 H 省作为实证分析样本，主要是基于两个方面的考虑：一方面，H 省省委、省政府历来极为关心公共法律服务体系建设工作。早在 2016 年，便已出台《关于加快推进覆盖城乡居民的公共法律服务体系建设的意见》（H 办发〔2016〕50 号），针对全省公共法律服务体系建设存在的平台体系不健全、供需矛盾突出等问题，明确提出创新公共法律服务供给、管理与服务模式等一系列解决举措。2019 年 12 月，H 省人民政府办公厅又印发了《H 省基本公共法律服务实施标准（2019—2022 年）》《H 省公共法律服务发展指标（2019—2022 年）》两个重要文件，明确提出 H 省未来三年内公共法律服务的发展目标与实施标准，积极助推公共法律服务体系的健康发展。另一方面，选择 H 省作为分析样本，主要是因为其规模性与多样性特征符合代表性需求。H 省面积超 20 万平方千里，辖有 14 个市州，人口数量超 6000 万，具有足够的规模，并且由于其地域上联结着西部省份和东部省份，各个市州之间具有鲜明的差异性，能够与我国整体的区域发展不平衡的现状相匹配，适合作为解剖的“麻雀”。此外，从工作开展的角度来看，研究成本和时间的便利性、研究资源调配能力等因素亦成为研究团队选择中部H省作为分析样本的一个重要原因。

本书进行了系统、全面的实证考察，内容涵盖法治宣传教育服务、律师法律服务、公证法律服务、法律援助服务、仲裁服务、司法鉴定服务、基层法律服务、村（社区）法律顾问、人民调解服务、“三大平台”等内容事项，另外还对H省公共法律服务“三率”（知晓率、首选率、满意率）开展了问卷调查。经过前期的基础调研论证以及对各市州相关数据材料梳理分析，湘潭大学课题组于2021年1月3日正式启动调研项目，并在接下来的一个月内实地考察走访H省14个市州及下属的代表性县区，对H省公共法律服务展开了深入的访谈调研。

调研发现，中部H省公共法律服务体系建设成效整体良好，全省司法行政系统在积极整合服务资源、改革服务模式、创新服务方法的基础上，着力打通服务群众“最后一公里”，现已初步形成以实体、网络、热线三大平台为载体、由专业法律服务机构组成、覆盖城乡的公共法律服务体系，为实现依法治省、保障公民权益、改善民生提供了重要支撑。以平台建设为例，中部H省按照“应驻尽驻”的原则，现已实现了公共法律服务平台的全覆盖。各市（州）根据自身情况，在市县（区）建设了公共法律服务中心，在乡镇街道建立了公共法律服务站，在村（社区）建立了公共法律服务点（室）。各级公共法律服务中心集政务、业务、服务等功能于一体，设有法律咨询、法律援助、调解申请等服务窗口，并积极拓展公证、司法鉴定、司法考试、坐班律师等法律服务。可以说，中部H省现已形成纵向到底、横向到边、资源聚集、惠及全民的公共法律服务平台“矩阵”。在各市州的横向比较上，中部H省公共法律服务体系建设因各地区的经济发展水平差异而存在地域分布不均衡的问题。整体而言，H省东部地区的公共法律服务发展水平要优于西部地区。同时，各市州的公共法律服务建设也呈现出百花齐放、各有千秋的发展特点。例如，作为省会城市的A市在公证法律服务、人民调解服务、仲裁法律服务、律师法律服务等各项公共法律服务均有不错的表现。其他市州则往往在个别的公共法律服务项目上取得成绩，如J市主要表现在基层法律服务、村（社区）法律顾问服务方面；F市主要表现在司法鉴定服务方面；K市主要表现在人民调解服务方面；H市主要表现在法律援助服务方面；M市主要表现在法律顾问、公职律师、公司律师服务、法治宣传服务等方面。更加值得重视的是，此次实证考察发现了各项公共法律服务实施过程中存在的共性问题，如体制机制运行不畅、人员配备与投入保障不足、资源分配有待优化、业务创新发展相对有限、服务信息化建设较为欠缺等，有待未来进行针对性的改革。

本书是集体智慧与团队合作的结晶，特别是得到湘潭大学党委副书记廖永安教授的悉心指导和H省司法行政部门的鼎力支持，在此表示衷心的感谢。参与本书撰稿的作者及分工情况如下：

夏先华：公证法律服务运行现状考

谭达宗：司法鉴定服务运行现状考

穆远征、刘悦：法律援助服务运行现状考

李五志：人民调解服务运行现状考

张红旺：仲裁法律服务运行现状考

方满红：法律顾问、公职律师、公司律师法律服务运行现状考

方满红、彭泽兵：律师法律服务运行现状考

谢蔚、霍亚宁：基层法律服务、村（社区）法律顾问运行现状考

刘浅哲：公共法律服务平台运行现状考

谢蔚、胡丰嘉：法治宣传服务运行现状考

刘浅哲：公共法律服务“知晓率、首选率、满意率”现状评估

除本书作者外，湘潭大学法学院李蓉教授对调研活动及报告的撰写提供了宝贵的意见，湘潭大学法学院、知识产权学院研究生王卓然、沈卿云、何文月、邓雪晴、葛锦岚、赵孟晓、史甜甜、彭泽兵、王红东、邝山子、张智燊、刘茜茜、刘明睿、石桥于、夏周玲、唐真茹、刘心怡、白金鑫、冯超璟、刘欣颖、李睿智、严世荣、韩果杞、黄海璐、周海林、夏青等在材料搜集、调研走访、辅助写作等工作中作出了重要贡献。

公共法律服务体系建设是一项基础性、服务性和保障性工作，需要政府统筹主导与社会的广泛参与，深入实践探索，不断改革创新，优化公共法律服务内容、形式和供给模式，促进资源共建共享。本书旨在通过实证调研有效反馈信

息，以实践中的问题解决为导向，为政府等单位进一步完善公共法律服务提供基础资料和实践经验。从推动学术研究的角度来看，本书亦为学术界和实务界全面认识公共法律服务体系的内涵、结构、制度、机制等提供了素材和角度。尽管团队成员竭尽所能，仍难免疏漏，敬请各位读者批评与指正。

目　录

公证法律服务运行现状考

公证作为一项预防性的司法证明制度，是中国特色社会主义法治体系中的重要组成部分。其通过证明以及所衍生的监督、保全、调解、执行、服务、沟通等一系列法律职能，发挥着预防家庭、社会与生产交易纠纷的发生，保护人民群众合法权益，保障民商事交易安全，维护市场经济秩序等重要作用。在纠纷治理体系中，公证制度长期处于纠纷预防化解的“第一道防线”，通过以公信力为依托的公证活动，固定特定的法律事实与行为，避免在后续的民商事活动中发生争议，同时还可通过赋强公证、公证调解、参与司法辅助事务等方式直接参与纠纷化解，发挥公证的制度优势。关于公证制度，一直以来存在着“多设一家公证处，就可少设一家法院”这一广泛流传的法谚，由此可见，公证在预防纠纷、减少诉讼方面的作用之巨大。2020 年，中共中央印发了《法治社会建设实施纲要（2020—2025 年）》，其中便对公证事业的发展作出了重要部署，其指出要“加快律师、公证、仲裁、司法鉴定等行业改革发展，完善公共法律服务管理体制和工作机制，推进公共法律服务标准化、规范化、精准化，有效满足人民群众日益增长的高品质、多元化法律服务需求”。为了更好地了解公证法律服务的运行现状，对公证法律服务存在的问题进行把脉问诊，湘潭大学研究团队选择以 H 省为调研对象，通过问卷调查、上门访谈、座谈等形式对其 14 个地州市的公证法律服务展开了深入的调研与实地考察。现结合调研的相关成果，对 H 省公证法律服务的运行现状以及存在的问题进行详细的介绍，并提出相对应的解决对策。

一、公证法律服务运行的现状考察

（一）公证制度的总体发展情况

1. H 省公证机构数量的总体情况

从统计的数据来看，H 省 2019 年共设立公证机构 110 家，2020 年的数量增加到 111 家，其中，新增的 F 市 Y 公证处于 2020 年 5 月揭牌成立。在营业情况方面，2020 年的 111 家公证处中有 5 家公证处因公证员数量不足 2 人而停止执业，具体为 L 市庚县公证处、L 市壬县公证处、L 市癸县公证处、L 市子县公证处、N 市 C 公证处。另外，M 市己县公证处、M 市庚县公证处于 2019 年停止执业，2020 年则通过人才引进等方式招聘了公证员而恢复执业，M 市己县公证处现有 3 名公证员，M 市庚县公证处现有 6 名公证员。

在公证机构的地域分布上，由于公证机构设立的历史成因，过去行政体制的公证机构均按照行政区划的分布设立，故公证机构的数量往往与当地的行政区划存在密切联系。从 H 省的行政区划情况来看，H 省下辖 14 个地级行政区，其中包括 68 个县（含 7 个自治县）、18 个县级市、36 个市辖区，共有 122 个区县级行政区划。全省 68 个县与 18 个县级市分别设立了 68 家县公证处与 19 家县级市公证处。其中，N 市丑县共设立 N 市丑县公证处、N 市 C 公证处两家公证处，U

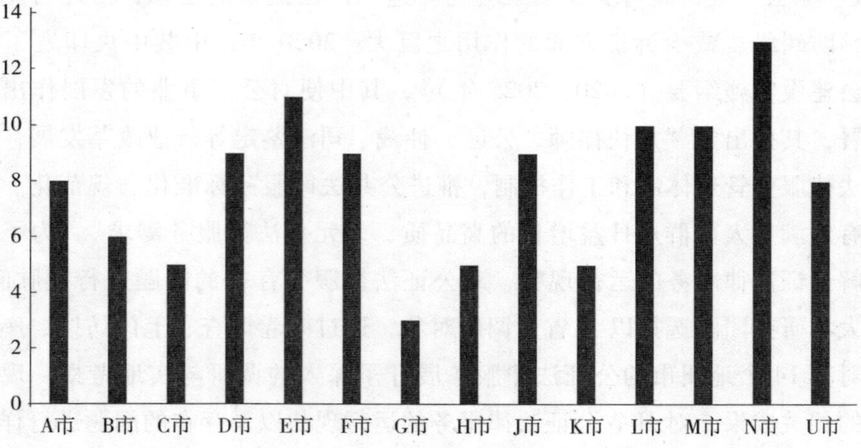

图 1　2020 年 H 省各地州市公证处数量

市Q公证处因位于U市甲县（在行政区划上属于县级市）也将其归类于县级市公证处。F市Q公证处位于F市Q管理区，并未纳入县公证处或县级市公证处的统计之中。可见，在县域以及县级市的行政区划中，实现了公证机构的全覆盖。但在市区中，由于公证机构的资源整合，市区的公证机构并未完全按照市辖区的数量分布，全省36个市辖区仅有24家公证机构，平均每个市州拥有不到2家市区公证机构。在各市州之间，公证机构数量较多的市州分别为N市（13家）、E市（11家）、L市（10家）、M市（10家）；公证机构数量较少的市州分别为G市（3家）、C市（5家）、H市（5家）、K市（5家）。各市州的公证机构平均数量约为8家。

2. 各公证机构的基础设施建设

从调研的情况来看，14个市州的公证机构基本上配备了机构徽章标识，大部分的公证员在办证时都会认真佩戴好徽章标识，但也有少量的公证员并没有高度重视而忘记佩戴徽章标识，这一问题在一些规模较小的县级公证机构中较为突出。在办证设备方面，所有的公证机构都配备了身份证识别仪、打印机等办证设备，但在H省西部地区的部分公证机构存在未配备人脸识别系统的问题，无法做到人证比对，只能依靠肉眼作出判断。另外，在场地方面，各公证机构之间相差巨大，如A市C公证处、B市G公证处、C市H公证处等一些规模较大的公证处，其办证场地较为宽敞，且布局合理，进行了接待、办证、制证、档案、文印等各功能的科学划分；而一些县域公证机构因进驻政务中心或公共法律服务中心，往往只有大厅的办证窗口和一间办公室，场地极为紧张，并没有单独的遗嘱室、录像室、档案室、财务室等基本办证场地的配备。可见，尽管各公证机构的基础设施能够满足公证办证的基本需求，但很多公证机构限于硬件配备不足，无法为民众提供更高质量的公证法律服务。

3. H省公证队伍的建设情况

（1）公证员的人数情况

从统计的数据来看，2020年H省的公证员人数达到444人，相较于2019年的402人，增长了42名公证员。在地域分布上，A市的公证机构数量虽然不是最多的，但公证员数量却是遥遥领先的，多达108名。公证员数量第二的市州则是B市、F市、M市，均为34名公证员。公证员数量最少的市州则为G市，2020年仅有8名公证员，这与其公证机构数量甚少（3家）不无关系，但G市S公证处作为市区唯一的一家公证处也仅有2名公证员，这无一不体现出G市公证员数量紧缺的现实困境。

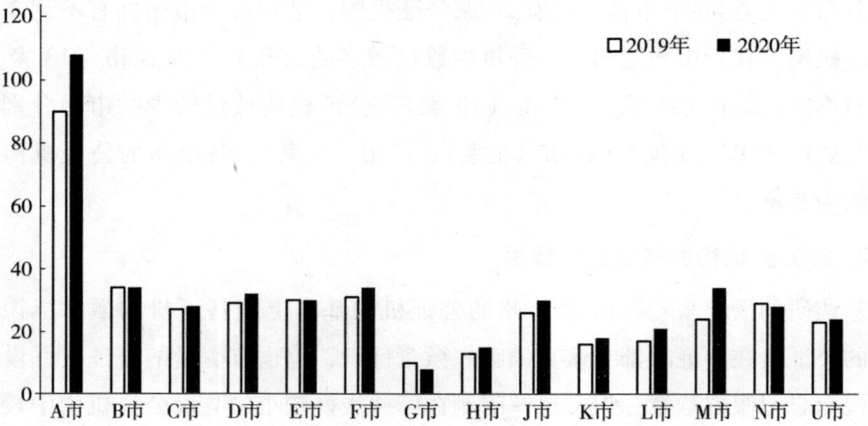

图2 2019—2020年H省各地州市公证员数量

从各市州公证员队伍的发展变化来看，A市公证员数量增长最多，多达18名，且主要集中在A市X公证处、A市H公证处、A市C公证处、A市L公证处等几家市区公证处。究其原因，A市区经济发达，公证行业发展水平较高，公证人员的待遇比较高，故而对公证人才的吸引力也比较强，公证人员队伍更容易发展壮大。公证员数量增长排名第二的市州则为M市，2020年共增加10名公证员，M市之所以能在公证队伍发展上取得如此成就，与其在公证人才引进方面的政策支持存在密切关系。2020年，为解决M市己县公证处、M市庚县公证处停止执业所引发的民众办证难问题，M市通过人才引进政策定向招聘了一批公证员，其中M市己县公证处新增2名公证员，M市庚县公证处新增5名公证员。而G市的公证员流失最为严重，2019年G市3家公证处共有10名公证员，2020年则减少到8名，进一步造成了人员紧缺的困境。另外，从整体上来看，10个市州实现了公证员数量的增长，仅有2个市州的公证员数量出现了缩减的情况，剩余的2个市州公证员人数持平。

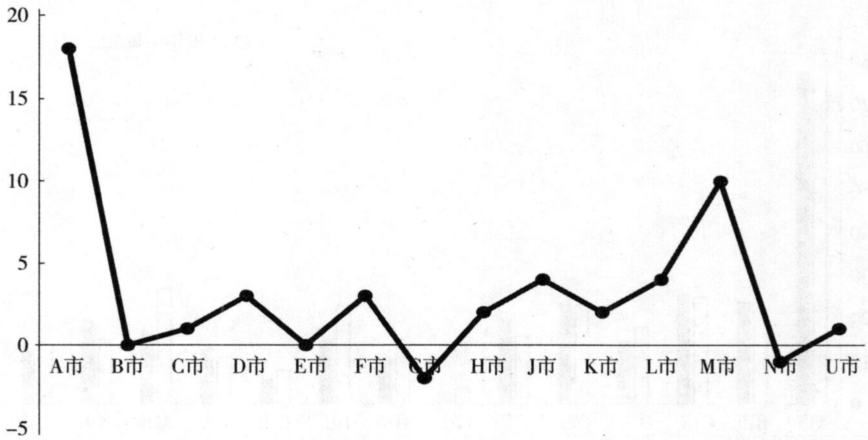

图3　2019—2020年H省各地州市公证员人数增量

（2）公证员助理的人数情况

在公证员助理的数量上，2020年H省的公证员助理总人数为285人，远低于执业公证员444人。另外，相较于2019年的301名公证员助理，2020年H省公证员助理共缩减16人。公证员助理数量的减少主要集中在两种情况：一是由公证员助理发展成公证员，发挥了其公证员人才储备军的作用，这无疑是公证人员队伍良性发展的体现；二是公证员助理辞职离岗，这即使在一些效益较好的公证处也比较常见，因为相较于公证员，公证员助理的待遇较低，岗位留不住人才。在各市州的人员分布上，A市无疑又是最为突出的，公证员助理人数多达78人，但相较于108名公证员，A市的公证员助理人员储备也稍显不足，仍未实现公证员与公证员助理人数1∶1。公证员助理人数最少的市州为G市，人数仅有3人，无疑是无法满足开展公证工作的现实需要，亟待充实公证员助理队伍。

从各市州公证员助理人员发展变化来看，N市、F市等地的公证员助理人数增长最多，分别为5人、4人，而M市、J市等地的公证员助理人数减幅最大，分别为10人、8人。究其原因，M市的大部分公证员助理现已发展为公证员，而造成了公证员助理人数的缩减。

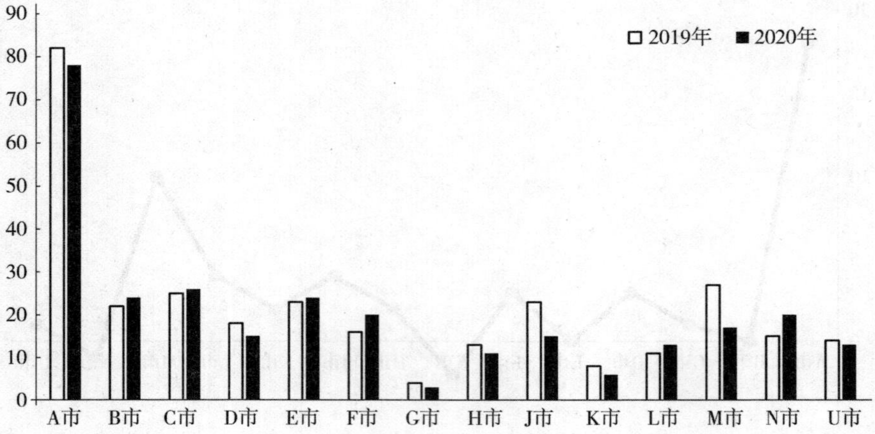

图4　2019—2020年H省各地州市公证员助理数量

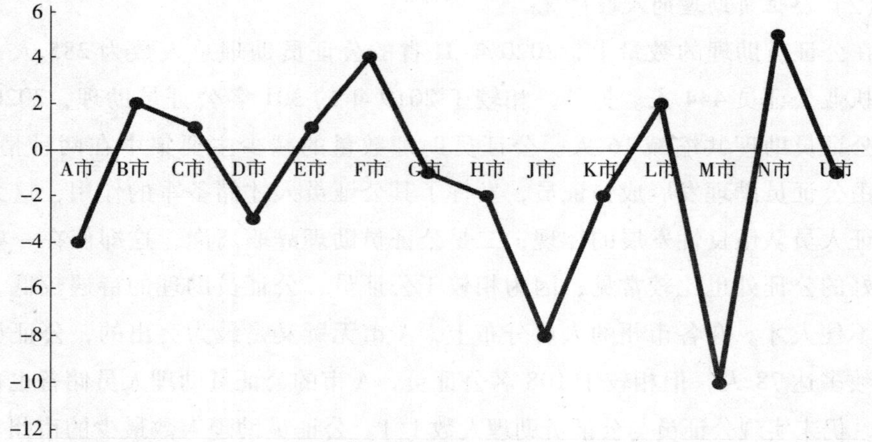

图5　2019—2020年H省各地州市公证员助理人数增长

（3）公证队伍的人员结构情况

公证机构的工作人员主要包括公证员、公证员助理以及其他工作人员三大类，且公证员助理作为协助公证员办理公证事务的业务辅助人员，其与公证员的配比情况反映出公证机构的人员队伍结构是否合理，公证员助理的比例过低或过高均不利于公证业务的高效开展与公证行业的发展。具言之，公证员助理的比例过低将导致部分执业公证员不得不承担一些公证辅助业务，影响其办证效率。反之，公证员助理的比例过高则容易造成公证资源的浪费，公证机构的财政无法支撑聘用足够数量的执业公证员，反而限制了公证业务的开展。故而，公证员助理与公证员的人员数量比值应处于合适的范围。一般而言，公证处聘用公证员助理的人数原则上不得超过执业公证员人数的三倍，这是对公证员助理的人数上限要求。从H省的公证人员情况来看，公证员助理的数量相对较少，其与公证员的人数比值仅为0.64，基本上约为2名公证员配备1名公证员助理。可见，H省公证队伍的人员结构并不合理，公证员助理的人员储备比较紧缺。从各市州的横向比较来看，K市、G市的公证员助理配比较低，分别仅有0.33、0.38，而C市、E市等地的公证员助理配比则相对较高，分别达到0.93、0.80。其中，C市的公证员助理与公证员的人数配比已接近1∶1，更能发挥公证人员的组合优势，提升办证效率。综上，对于K市、G市等公证员助理配比较低的市州，应加强公证员助理队伍的人才储备，优化公证人员结构。

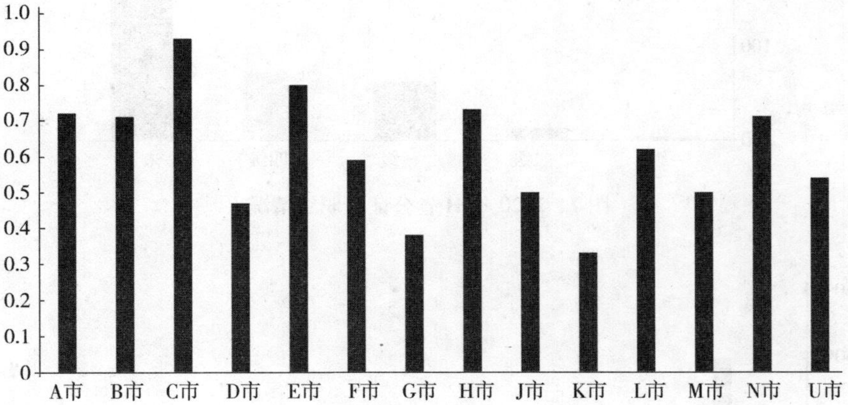

图6　2020年H省各地州市公证员的人均助理配比

（4）公证员的职级情况

在公证员的职级情况方面，H省2020年444名公证员中共有一级公证员2名、二级公证员14名、三级公证员58名、四级公证员66名，剩余的304名公证员则并未评定相应职级。可见，公证员职级制度在H省公证系统中的适用相对有限，不少公证员囿于多种原因并未参加公证员的职级评定。另外，H省执业公证员“中高级职务人员”的占比并不高，仅有16.67%，其中一级公证员占比

0. 45%，二级公证员占比 3. 15%，三级公证员占比 13. 06%。另外，从各市州的统计情况来看，B 市执业公证员“中高级职务人员”的占比最高，达到 50%，其中共有一级公证员 1 名、二级公证员 3 名、三级公证员 13 名，占比分别为 2. 94%、8. 82%、38. 24%；其次则为 J 市、E 市、C 市，“中高级职务人员”的占比分别为 30%、26. 67%、25%。A 市执业公证员“中高级职务人员”的比例则居于中段，约为 14. 81%。而 F 市、G 市、U 市三地并无一人被评为“中高级职务人员”。

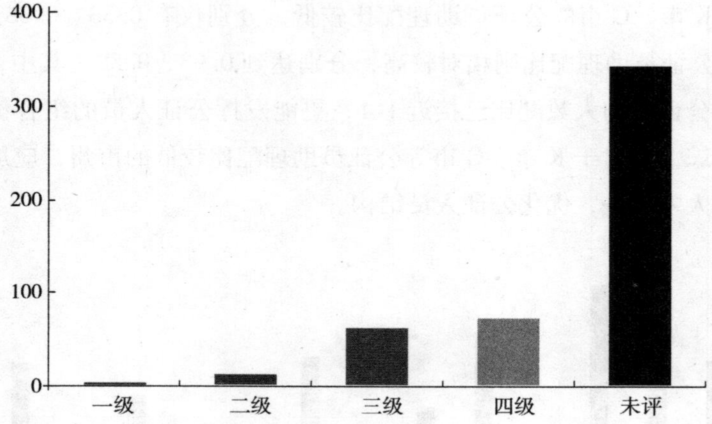

图 7　2020 年 H 省公证员职级情况

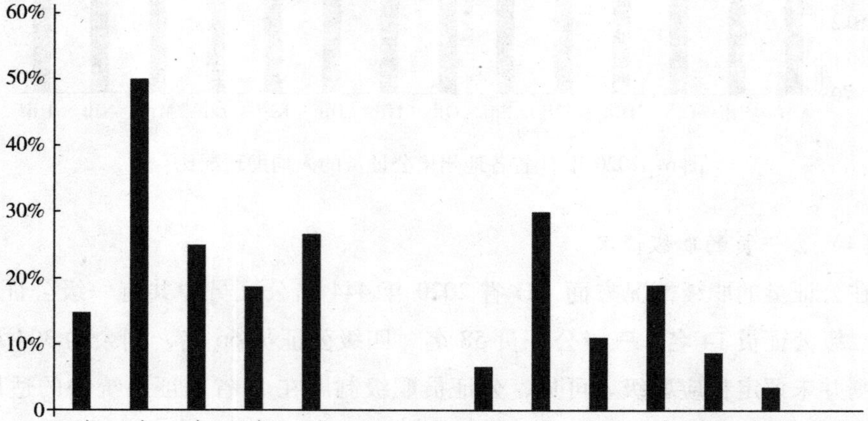

图 8　2020 年 H 省各地州市执业公证员“中高级职务人员”占比

(5) 公证人员学历情况

《公证法》第十八条规定的公证员任职条件中并无学历与学科的限制，这一点与法官、检察官的任职条件存在明显差异，法官、检察官的任职要求必须具备普通高等学校法学类本科学历，或者普通高等学校非法学类本科及以上学历并获得法律硕士、法学硕士及以上学位，或者普通高等学校非法学类本科及以上学历，获得其他相应学位，并具有法律专业知识。从H省的公证员队伍情况来看，其公证员的学历相对较高，其中共有研究生50人、本科生360人，而大专学历的公证员仅有34人，且并无大专以下学历的公证员。事实上，大专学历的公证员均为资历比较高的老公证员，他们在公证行业发展初期加入了公证员队伍，扩充了公证队伍力量，而近些年入职的公证员则普遍学历较高，其中也不乏获得法学硕士或法律硕士学位的法律人才。不过，相较于法官、检察官等法律职业群体，公证员队伍的学历情况则较为逊色，其拥有硕士学位的公证员的人员仅占11.26%，且还有7.66%的公证员并不具有高等学校本科学历。

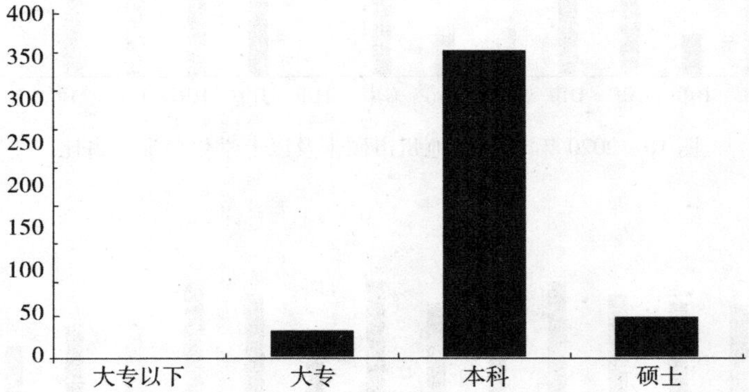

图9　2020年H省公证员学历情况示意图

从各市州的横向比较来看，A市、G市拥有硕士及以上学位的公证员人员比例最高，分别为25.93%、25%，远超其他市州的对应比例。H市、N市等地拥有硕士以上学位的公证员比例最低，并无一人具有硕士学位。究其原因，A市地区对公证人才的吸引力较强，吸引了一大批具有硕士学位的法律高端人才加入公证队伍，而G市的公证员人数仅有8名，因人员基数过少而不具有代表性。相对应的，N市的公证员虽多达28人，但囿于当地的经济发展水平等因素，公证岗位对具有硕士学位的法律人才而言并无多大吸引力。另外，在本科以上学历（包括硕士研究生）公证员的人员占比方面，D 市、G 市、K 市等地的比例最高，达到 100%。E 市、N 市、H 市、M 市等地的比例相对较低，分别为 80%、82.14%、86.67%、88.24%。而 A 市作为省会城市，其仍存在一定比例的大专学历的公证员，本科及以上学历公证员的占比为 93.52%，这与 A 市公证员队伍极为庞大有很大关系。

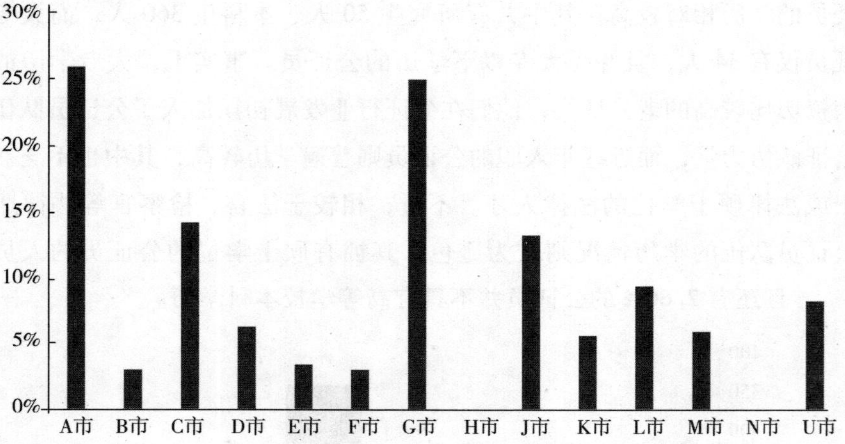

图 10　2020 年 H 省各地州市硕士及以上学位公证员占比

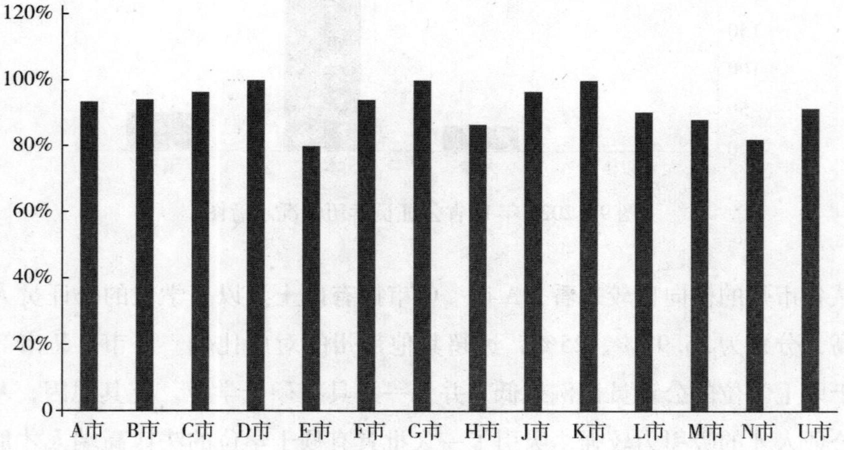

图 11　2020 年 H 省各地州市本科及以上学历公证员占比

《公证法》并未对公证员助理的任职条件作出规定，故而担任公证员助理也不存在学历与学科的限制。从调研获取的数据来看，在2020年H省285名公证员助理之中，共有研究生学历20人、本科学历196人、大专学历52人以及大专以下学历17人，分别占比7.02%、68.77%、18.25%、5.96%。可见，公证员助理的学历情况整体上要较公证员差，其中还不乏一些大专以下学历的公证员助理。

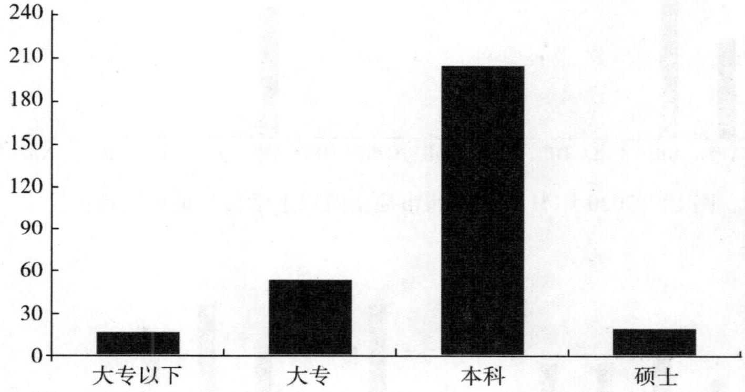

图12　2020年H省公证员助理学历情况示意图

从各市州的横向比较来看，在硕士及以上学位公证员助理的人员占比方面，B市无疑是最为突出的，比例高达33.33%，其次则是U市、J市、A市等地，比例分别为15.38%、13.33%、10.26%，其他市州则并无硕士学位的公证员助理。事实上，硕士学位的公证员助理多为不满公证员任职的实习期限条件且符合其他任职要求的公证员储备人才，其一般在担任公证员助理两年以后晋升为执业公证员。在本科及以上学历（包括硕士研究生）公证员助理的人员占比方面，K市、G市因公证员助理数量较少，各自仅有6人、3人，其对应的比例达到100%，并无大专或大专以下学历的公证员助理。其他如A市、B市、C市、E市、F市、N市等公证员助理人数较多的市州，在本科及以上学历公证员助理的人员比例方面呈现出两极悬殊的情况，B市、C市的比例较高，分别达到91.67%、80.77%，E市、F市的比例则相对较低，分别仅有62.50%、65%。另外，在大专以下学历公证员助理的人员比例方面，A市、N市、D市、F市、E市各占比15.38%、10.00%、6.67%、5.00%、4.17%，其他市州则无大专以下学历的公证员助理。由此可见，仍有必要通过继续教育、在职教育等方式改善公证员助理队伍的学历情况，提升公证员助理的服务能力与水平。

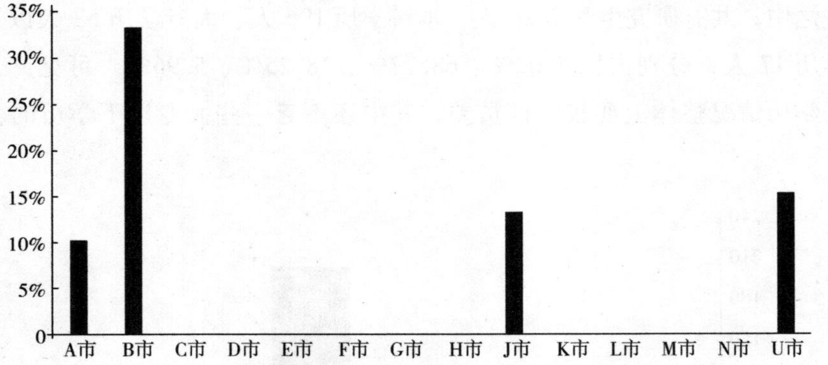

图13　2020年H省各地州市硕士及以上学位公证员助理占比

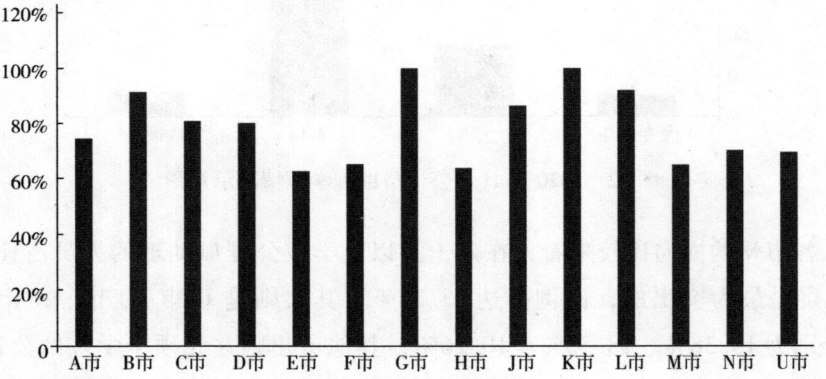

图14　2020年H省各地州市本科以上学历公证员助理占比

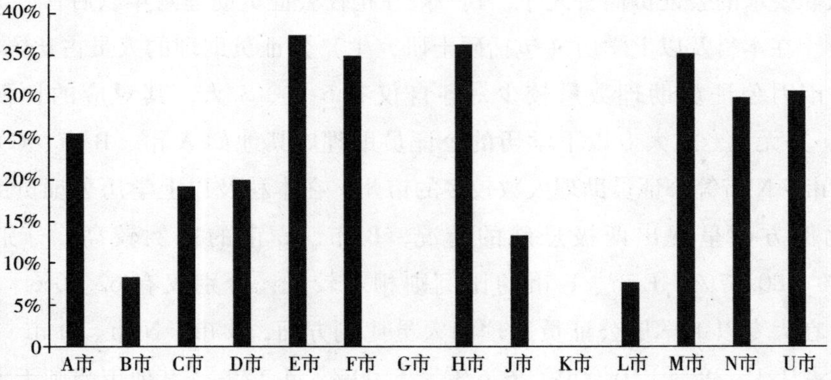

图15　2020年H省各地州市本科以下（不含本科）学历公证员助理占比

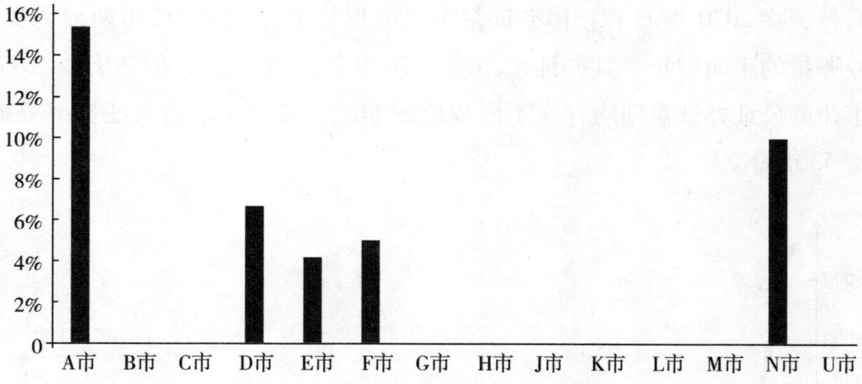

图 16 2020 年 H 省各地州市大专以下学历公证员助理占比

4. H 省办证数量与质量

（1）办证数量

2019 年 H 省各公证机构共办理公证业务 302004 件，2020 年受疫情影响全省办证量为 279882 件，减少了 22122 件，减幅约为 7.33%。从各市州来看，A 市的年办证量无疑是遥遥领先的，2019 年办证 90552 件，2020 年办证 97490 件；处于第二梯队的市州为 E 市、C 市、B 市、D 市，其 2020 年的办证量分别为 29956 件、26970 件、23673 件、20984 件；处于第三梯队的市州为 F 市、M 市、L 市、J 市，其 2020 年的办证量分别为 14055 件、11551 件、11862 件、10968 件；2020 年办证数量较低的市州则分别为 G 市 3218 件、U 市 5242 件、K 市 6633 件、N 市 8306 件、H 市 8974 件。

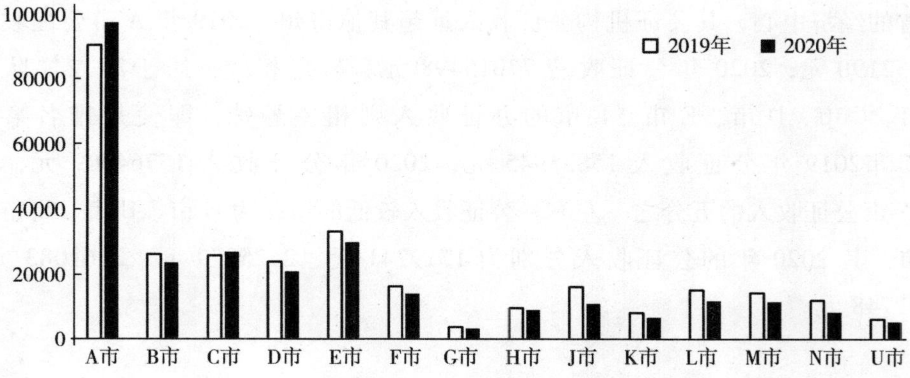

图 17 2019—2020 年 H 省各地州市公证机构办证数量

另外，在 2020 年 H 省整体办证量下滑的形势下，A 市、C 市两地仍实现了公证业务量的正向增长，其办证量相较于 2019 年分别增加了 6938 件、1077 件，其他市州的公证办证量则均存在不同程度的缩减，其中 J 市的公证量减幅最大，减少了 5301 件。

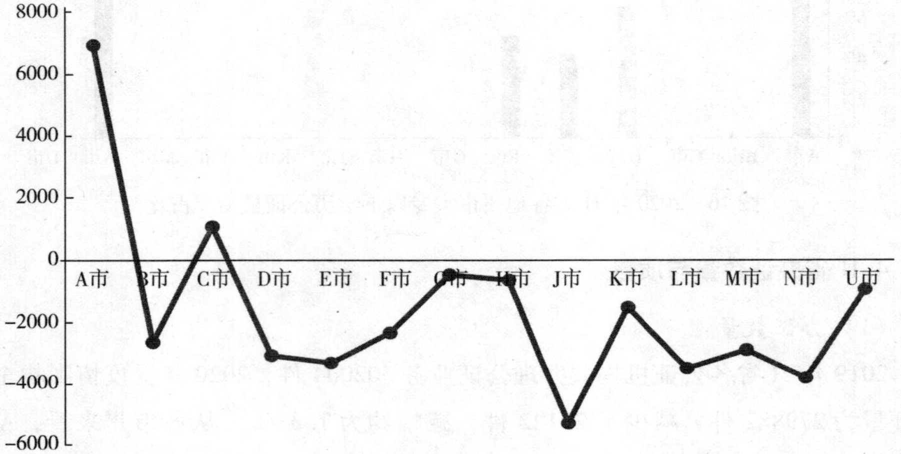

图 18　2019—2020 年 H 省各地州市公证机构办证数量增量

（2）业务收入

2019 年，H 省各公证机构共公证收入 153267579 元，2020 年公证收入达到 158341103 元。可见，尽管 2020 年受疫情影响，H 省的公证收入并未减少，反而增加了 5073524 元，增幅为 3.31%。从各市州的横向比较来看，A 市作为 H 省的经济中心，其公证机构公证收入远超其他市州，2019 年 A 市公证收入 65152190 元，2020 年公证收费 77015498 元。与之相较，居于第二梯队的 B 市、C 市、D 市、E 市、L 市的办证收入则相差悬殊，即使是排名第二的 C 市2019 年公证收入 15838945 元，2020 年公证收入 15764009 元，仅有 A 市公证收入的五分之一左右。公证收入较低的市州为 G 市、U 市、K 市与 N 市，其 2020 年的公证收入分别为 1719241 元、2425079 元、3361083 元、3731748 元。

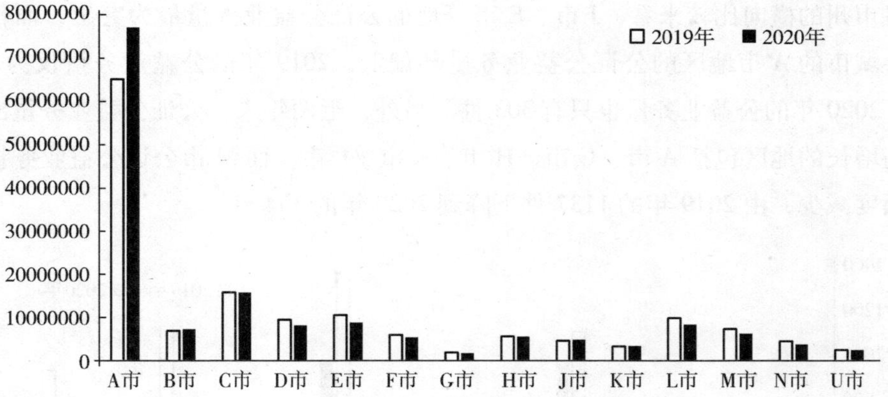

图 19　2019—2020 年 H 省各地州市公证机构公证收入

从 2019—2020 年的纵向比较来看，有 4 个市州在 2020 年实现了公证收入的正向增长，其他 10 个市州的公证收入则出现不同程度的减少。其中，A 市的公证收入增量最大，共计增长 11863308 元，E 市的公证收入减幅最大，减少了 1807389 元。

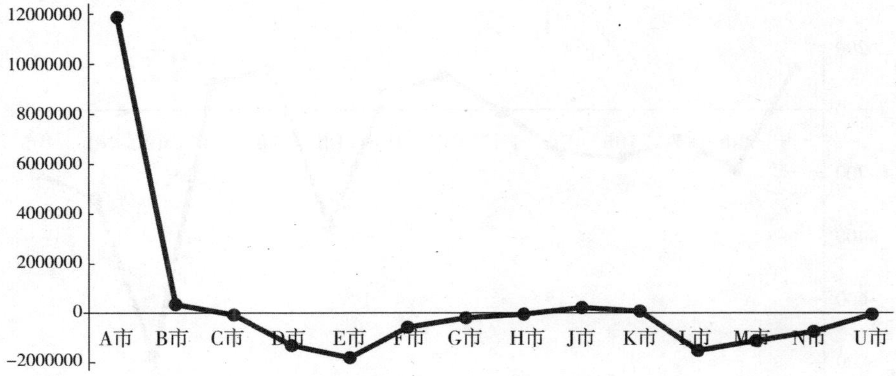

图 20　2019—2020 年 H 省各地州市公证机构公证收入增量

（3）公益业务量

公益性、非营利性是公证机构开展业务的根本遵循，故而公证机构应勇于承担社会职责，积极为老年人、残疾人等特殊群众提供优质的公益性公证法律服务。从调研获取的数据来看，2019 年 H 省各公证机构共办理公益公证业务 8854 件，2020 年共办理公益业务量 7148 件，相比减少了 1706 件，减幅为 19.27%。

从各市州的横向比较来看，J 市、E 市等地的公证公益业务量最为突出，而作为省会城市的 A 市地区的公证公益业务量却偏低，2019 年的公益业务量仅为 173 件，2020 年的公益业务量也只有 303 件。另外，近两年来，公证公益业务量出现正向增长的地区包括 A 市、G 市、H 市、K 市、L 市。而 M 市公证公益业务量却大幅度减少，由 2019 年的 1137 件下降到 2020 年的 354 件。

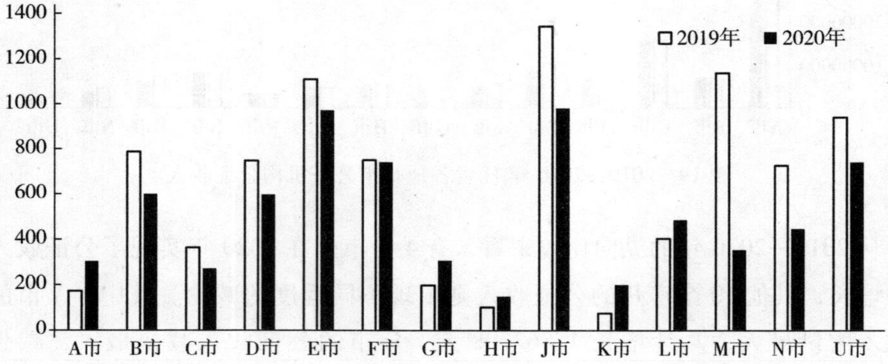

图 21　2019—2020 年 H 省各地州市公证机构公益业务量

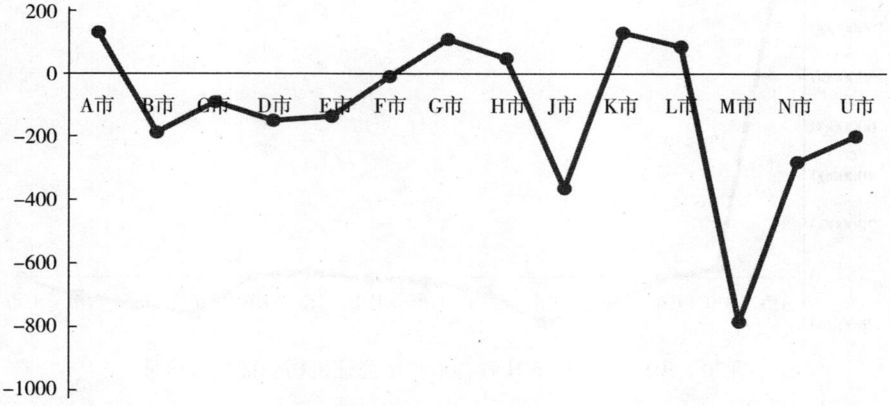

图 22　2019—2020 年 H 省各地州市公证机构公益业务量增量

（4）公证机构办证质量

从走访调研的情况来看，全省各公证机构基本上已建立了内部公证质量监督检查制度，并通过公证质量自查、互查和抽查等方式确保公证业务的质量，避免出现错证等影响公证公信力的情况。但在实地走访过程中发现，各公证机构执行公证质量监督检查制度的具体情况存在较大差异。一些制度规范极为健全的大公证处一般会安排专人定期对本公证机构的公证案卷展开专项自查，对于自查的结果也会以自查报告、整改意见等文字形式予以保存，以便于公证员及时纠正并在后续办证过程中积极防范，避免出现同样的错误。另外，这些公证机构往往也会定期开展公证质量分析与研讨活动，及时总结办证经验，加强公证业务交流，提升公证员的公证服务水平。相比较而言，一些规模较小的县域公证处执行公证质量监督检查制度则相对简单，基本上不存在较为正式的公证质量自查、互查专项活动，其公证质量监督检查一般在日常办证过程中便得以完成。究其原因，这些公证处的公证员数量较少，一般为2~3人，缺乏足够的人力开展公证质量专项自查活动。而且，根据《公证程序规则》的规定，承办公证员需将拟制公证书，连同被证明的文书、当事人提供的证明材料及核实情况的材料、公证审查意见，报公证机构的负责人或其指定的公证员审批。在2人或3人公证处中，公证员办证的审批手续往往是交互进行，这使得后续的公证质量互查活动已无必要或流于形式，对于办证或审批过程中发现的问题，也无需通过专门的交流会或研讨会来进行沟通，一般在日常工作中直接交流即可。另外，在公证外部监督方面，H省各公证机构上级司法行政机关或公证协会抽查公证卷宗质量合格率均在95%以上，且绝大多数的公证卷宗仅存在一些程序上的瑕疵，并无重大违法违规的问题。此外，在公证文书的撤销率、法院不予采信率以及公证服务的有效投诉率方面，绝大多数公证机构的上述比例均低于万分之一，且不少的公证机构并无法院不予采信公证文书、公证机构撤证、公证服务有效投诉等不良情况。由此可见，H省的公证业务整体上较为规范，公证法律服务质量比较良好。

5. 公证机构的党建工作

从各公证机构提交的材料来看，H省公证行业的党建工作开展得较好，一些规模较大的公证处一般都有自己独立的党支部，且在公证机构中发挥了党组织的领导核心作用。这些党支部一般能积极开展主题教育，践行“三会一课”制度，定期召开党员评议和民主生活会，并组织全体党员开展相关学习。当然，在一些公证人员数量较少的县域公证处，由于党员人数不足3人，无法成立独立的党支部，则一般由主管司法行政机关中的党支部负责开展相关党建工作。

6. 公证机构的信息化建设

H省公证机构的信息化建设整体不足，不少的公证机构并未重视或者缺乏足够的人力、物力来推动公证法律服务的信息化发展。在公证机构门户网站、公众号建设方面，仅有部分市州的市区公证机构建立了自己的门户网站或公众号，且门户网站或公众号的内容相对全面，更新相对及时，而那些县域公证机构基本上未开发自己的门户网站或公众号。另外，在在线公证系统建设方面，A市地区无疑又是走在前列的，A市C公证处、A市H公证处、A市L公证处等通过购买在线公证系统或与第三方合作开发系统的方式大力发展在线公证。相比较而言，其他市州的在线公证发展则相对缓慢，除L市F公证处发展远程公证，满足县域办证需求的特殊情况以外，大部分的公证机构并未建立在线公证系统，也未探索在线公证模式。在办证系统方面，尽管省司法厅统一规划建设了公共法律服务平台，但囿于这一办证系统存在效率低、运行不畅等诸多问题，不少规模较大的公证处选择购买其他的办证系统进行办证，省厅开发的平台系统在一些县域公证机构中适用较广。除此之外，省内各公证机构适用的办证系统包括厦门法信公证云系统、长春诺特瑞办证系统、合肥信服综合办证系统等。

7. 公证机构的内部管理制度

全省各公证机构一般都建立了较为完善的内部管理制度，内容涉及业务管理、公证质量管理、岗位管理、财政管理、档案管理、风险管理等诸多方面。各公证机构的内部管理制度详略有所不同，有些公证机构的内部管理规范内容极为丰富，涵盖面广，有些公证机构则只有一些最为基本的管理制度，相对简略。在各项管理制度的执行方面，各公证机构的执行力度不一，存在一些差异。就岗位管理而言，一些规模较大的公证处一般能明确各领导班子的分工与责任，并实行岗位目标责任制管理，目标任务落实到人，有考核、有总结。对于那些人员较为紧缺的公证机构，其虽有相对明确的岗位分工，但却不得不由一人身兼数职，既担任公证员，又负责一些财务、会计、档案管理等行政管理任务。就财务管理而言，一些规模较大的公证处能开设专门的收费窗口，且由专人负责公证收费，这在一些规模较小的公证处中是无法实现的。在水印纸管理方面，所有的公证处都能做到水印纸专柜保管，使用造册登记。另外，为提高公证法律文书的公信力，

A 市 8 家公证处自 2020 年 1 月 1 日起开始使用国内公证专用纸，采用水印防伪等多种防伪技术。不过，在其他市州，水印纸仍仅适用于涉外公证法律文书。在档案管理方面，全省各公证机构一般都有专门的档案室存放公证档案，未出现档案丢失或毁损情况，还有一些公证处开始积极探索电子档案存储与查询。在风险管理方面，全省各公证机构一般每年都按时足额缴纳公证协会会费与公证赔偿基金。

8. 公证与法院的交流与对接

从调研获悉的情况来看，全省大部分的公证机构并未与法院建立常态化的沟通研讨机制，公证机构很少与法院就公证业务开展、公证文书质量分析等事项进行专门的研讨与交流。另外，在公证参与司法辅助事务这一创新服务方面，除 A 市 C 公证处、A 市 H 公证处等少数几个公证处与法院合作共建了司法辅助中心以外，大部分的公证机构只是零星地参与了法院的司法事务，并未形成稳定常态的合作机制。

（二）各地公证法律服务探索的有益经验

1. B 市 G 公证处：拓展家事公益与延伸服务

第一，在家事公益服务方面，B 市 G 公证处设立了“家事法律服务中心”。中心着眼于公证为民、公证便民的服务宗旨，专门调集了多名精通业务、细致耐心的公证人员，专注于为前来办理家庭事务公证的当事人提供更加便捷、贴心的综合性公证法律服务。同时，从 2019 年起，B 市 G 公证处开展了千家“家庭法律顾问”计划，安排了多名具有法律职业资格（含公证员资格和律师资格）的专业公证人员，为 B 市 1000 个家庭担任免费家庭法律顾问。公证服务的范围涉及公民人身关系、财产关系、家庭关系等，且主要集中在婚姻、家庭、遗嘱、继承及家事纠纷调解等领域。千家“家庭法律顾问”计划主要包括以下内容：提供免费的家事法律咨询、免费代为起草家事法律文书、免费推荐优秀律师、优惠办理家事公证、遗产事务执行、财富传承规划与执行、家事纠纷调解、家事辅助事务。

第二，B 市 G 公证处在做好传统公证办证服务的同时，还不断拓展了 5 大类公证延伸服务：一是无偿代理调查取证；二是无偿代办房屋登记事务；三是代办涉外公证书认证；四是无偿代办邮寄公证书；五是赋强公证延伸服务。

2. A市H公证处：参与司法辅助事务，助力法院化解纠纷

为了进一步推动公证“预防纠纷、减少诉源”职能与人民法院“定分止争”审判职能相结合，减轻人民法院审判压力，提升公证在纠纷治理机制体系中的整体地位，发挥公证在预防与化解纠纷方面的重要作用，A市H公证处积极拓展公证参与司法辅助事务的创新业务。从2019年11月开始，A市H公证处相继在A市甲区法院、A市乙区法院、A市丁区法院、A市庚县法院等法院共成立了4个司法辅助中心，并派驻了15人专职的司法辅助团队，主要承接法院民商事案件的诉前调解工作。此外，A市H公证处还被A市中级人民法院选聘为特邀调解组织，其中14名公证员被选聘为特邀调解员。2020年，A市H公证处合作共设的4家司法辅助中心共接收案件8122件，组织调解2368件，调解成功1917件，调解成功率为81%。A市H公证处通过积极参与法院调解等司法辅助事务，大大节约了多家法院的司法资源，提高了司法质效，对法院的诉源治理和以审判为中心的诉讼体制改革工作也起到了积极促进作用，缓解了法院“案多人少”的矛盾，减轻了法院和当事人的诉累。即使经过公证处诉前调解而无法达成调解协议，由于公证处的介入，也可对双方无争议的事实予以证明，在此后的诉讼中可以发挥固定证据、明确诉讼焦点的作用，有利于提高法院审判效率。

3. L市F公证处：发展远程公证，满足县域办证需求

由于公证体制改革摘掉了过去行政体制公证机构人员的“铁帽子”，出现了不少行政编制公证员向司法行政机关回流的现象。虽然经过多方沟通与协商，一些行政编制公证员以过渡期公证员的身份仍然待在公证机构，但在3~5年的过渡期结束后，这些公证机构仍然面临着公证员紧缺的现实问题。L市庚县公证处、L市壬县公证处、L市癸县公证处、L市子县公证处便因过渡期公证员回到司法行政机关，而出现公证员数量不足2人的情形，最后不得不停止执业。为了满足在恢复执业之前所辖区域内民众的公证需求，减少当地民众去其他地区的公证机构申请办证所带来的不便，L市F公证处积极探索远程公证的办证模式，通过互联网为壬县、癸县等县域民众提供优质的公证法律服务。L市F公证处从法

信公证云（厦门）科技有限公司购买了法信公证远程受理系统等软件设施，然后与L市壬县公证处等四家停业公证机构所在地的司法局签订《网络远程公证合作协议书》，约定了双方的合作方式与权利义务，并对相应的硬件设施进行了部署。在具体操作上，由L市F公证处与合作的四家停业公证处分别设立“远程受理中心”。L市F公证处公证员在本处“远程受理中心”，通过网络连接的方式，受理停业地区的公证事项。申请人仅需到当地“远程受理中心”，在专人协助下，按照远程视频公证系统移动端的具体操作流程，进行身份验证、接受询问、进行电子签名等。申请人要求公证证明手工签署文件的，应将委托书、声明书等文本原件直接邮寄给承办公证员。各县市远程办证受理点则负责收集申请人的身份证明、户口本等相关文件资料，并对上述资料进行拍照上传，最后将所收集的资料及当事人签署的相关文件、表格、询问笔录等办证资料邮寄至L市F公证处。为保障远程公证的顺利进行，L市F公证处还专门制定了《L市F公证处远程办证操作指引（暂定）》，对远程视频公证事项、申请材料、办理流程、审查事项、各县市远程办证受理点工作职责、公证费用以及人员安排等事项进行了详细规定。L市F公证处通过远程办证的方式，扩大了公证执业的区域，解决了县域公证机构暂停执业所导致的当地群众办证难等问题，同时也实现了公证业务的增加，在当地取得了巨大反响。比如，通过与L市F公证处探索远程办证合作模式，自2021年1月11日起，部分公证事项便已经可以在L市子县公证处通过远程办证方式进行办理。

4. M市辛县公证处：积极开拓县域赋强公证业务

H省的赋强公证业务整体发展不足，在各项公证业务类型中所占比例不高，且在地域分布上主要集中在省会城市A市，其他市州公证机构的赋强公证业务量较低，并未成为当地公证行业发展的重要支柱，更遑论县域公证机构了，大部分的县域机构基本上没有开展这一公证业务类型。然而，M市辛县公证处自2015年1月1日起与县司法局脱钩，改革为独立核算、自收自支的公益二类事业单位以来，不断创新工作机制，激发公证活力。近年来，M市辛县公证处始终坚持业务拓展与优化服务并重，抢抓机遇，向服务要效益，实现了公证社会效益与经济效益的双赢。公证处立足行业实际，坚持在大局中谋划，在大局中行动，大胆探索创新，主动参与征地拆迁、招投标、金融贷款、山林权属等业务公证，积极开拓公证业务新领域，为促发展、保稳定、惠民生提供全程的公证法律服务。而赋强公证便是M市辛县公证处大力发展与不断创新的公证业务。2019年，M市辛县公证处共办理赋强公证487件，占总办证量的11.95%；2020年受疫情影响，M市辛县公证处也办理了赋强公证194件，占总办证量的7.92%。M市辛县公证处在赋强公证方面的成绩，相较于不少市州的公证情况，都不遑多让。M市辛县公证处通过积极开拓本地区的赋强公证业务，大力推进了当地金融机构的信用体系建设，充分发挥了公证参与诉源治理的制度优势。

5. M市庚县公证处：借力人才引进计划，增强县域人才吸引力

随着公证机构改革的推动，很多县域均出现了过渡期结束之后行政编制公证员回归到司法局，从而导致县域公证处因为在岗公证员的紧缺而不得不停止执业的问题。如何增加县域公证人才吸引力，补充公证队伍的新鲜血液，便是亟待解决的难题。一般而言，公证机构招聘公证人员是通过事业单位招考或者社会招聘的方式进行，但由于公证员执业资格门槛较高、工作待遇相对政法专项编的公务员及执业律师低等原因，经常出现无人问津的情况。这一县域公证机构发展困境也曾在M市庚县公证处出现过。2011年，M市庚县公证处因进行第四次公证机构改革，导致只有1名在岗的事业编公证员和1名公务员兼职的过渡性公证员。2018年10月，唯一的在岗事业编公证员也辞去公证岗位，选择从事律师行业，至此，M市庚县公证处因公证员数量不足而处于停业状态。当时，M市庚县人社部门也发布了包括M市庚县公证处在内的事业单位招聘公告，但是却无人报考公证员这一岗位。为解决这一现实困境，使得M市庚县公证处能够恢复执业，M市庚县委县政府于2019年批准M市庚县公证处采取人才引进招聘的方式，引进公证员2名。符合条件到岗的公证执业人员，除享受全额事业单位正常工资福利外，还享有引进人才的生活补贴、租房补贴与购房补贴。2020年2月，2名人才引进的公证执业人员到岗，2020年10月8日，M市庚县公证处正式恢复了运行。2021年1月，具有全日制本科学历的全额拨款公证辅助人员1名招聘到岗。至此，M市庚县公证处实现公证人才引进，恢复到满编满员的运行状态。

二、公证法律服务存在的问题及成因

毋庸置疑，近年来，H省公证行业发展较为迅速，取得了较大成就，且公证

服务质量与水平也在不断提升，但从调研获取的数据以及访谈过程中获悉的情况来看，H省公证法律服务仍存在一定的问题，有待进一步改进与完善。

（一）公证事业发展相对滞后，地域发展不均衡

公证作为以法定证明职能为核心的纠纷预防法律制度，是公共法律服务体系中的重要一环，也是中国特色社会主义法治体系的重要组成部分，在推进国家治理体系和治理能力现代化的过程中发挥着不可替代的重要作用。鉴于公证法律服务的重要性，H省司法行政体系近年来在不断推进公证体制改革，大力发展公证事业，但从整体上来看，H省的公证发展仍相对落后，且在各市州以及县市之间的发展并不均衡，公证人员队伍以及办证数量相差较为悬殊。

1. 公证业务总量与经济发展水平不相称

现代的市场经济属于信用经济，市场交易活动需在法治与诚信的基础上进行，故而，市场经济的发展尤为注重对社会信用体系的建构与保障。而公证制度的证明职能与公信特质恰好满足了市场经济活动对市场信用的迫切需求，其通过提前介入市场交易活动，在纠纷发生之前便对特定法律事实与行为的真实性予以固定，避免和防范各种交易隐患的发生，同时也可积极引导和规范市场主体的交易活动，维护市场交易的秩序稳定与关系和谐。正是基于公证制度与市场经济发展之间的内在联系，公证行业发展往往与当地的社会经济发展存在联动性。一方面，社会变革与经济高速发展所引发的矛盾风险加剧，催生了对公证业务的内在需求，极大地促进公证行业的繁荣兴盛；另一方面，高度发达的公证法律服务又可为市场交易的有序进行保驾护航，推动市场经济的稳健发展。

正是基于这一内在联系，在一些经济比较发达的沿海地区，其近年来公证业务发展较为迅猛，公证人员队伍也相对较为充实。与之相较，H省的公证行业发展与当地的社会经济发展水平并不相称，存在整体发展滞后的问题。从公证员的人口配比来看，2019年H省的总人口为6918万人，公证员的数量仅有402人，平均每万人的公证员配比数额为0.058人。而从全国的整体情况来看，2019年全国总人口为140005万人，公证员的总数量为13428人，平均每万人的公证员配比数额为0.096人。可见，H省的公证员人口配比远低于全国的平均水平，公证员队伍人力不足，无法满足全省居民对于公证法律服务的现实需求。从公证业务

量来看，2019 年全国的公证办证量为 1374. 3 万件，H 省的办证数量为 300646 件，仅占 2. 19%。而在经济体量方面，2019 年全国的生产总值为 990865. 1 亿元，H 省的生产总值为 39752. 12 亿元，占比为 4. 01%。[①] 显然，与 H 省 GDP 位居全国第九的经济发展水平相比，H 省的公证行业发展并不景气，办证数量较低，公证法律服务的供给量严重不足。不过，这也从另一方面反映出 H 省的公证行业发展空间较大，公证业务市场亟待开拓，公证法律服务的发展潜力不可小觑。

2. 各市州之间的公证行业发展不均衡

同样，囿于 H 省 14 个市州之间的经济发展水平、人口数量与区域面积的差异，其公证行业的发展也极不均衡。从公证机构的数量来看，N 市、E 市、M 市、L 市等县域行政区划较多的市州占绝对优势地位，G 市、H 市、K 市、C 市等市州的公证机构数量则相对较少。其中，N 市的公证机构数量多达 12 家，而 G 市的公证机构数量仅有 3 家，相差较为悬殊。然而，公证机构的数量与分布并不能体现出各地公证行业发展的全貌，那些公证机构数量较多的市州在公证人员队伍以及公证业务等方面并不一定同样占优势。从公证人员队伍的情况来看，A 市作为 H 省的省会城市，其公证人员储备极为充实，公证队伍最为庞大。2019 年，A 市 8 家公证机构共有公证员 89 人，公证员助理 87 人，其他工作人员 90 人，其数量远超其他市州。即使是拥有 12 家公证机构的 N 市，其 2019 年的公证员数量也仅有 28 人，公证员助理 16 人，其他工作人员 15 人，与 A 市相差甚远。而 G 市、H 市等地的公证人员更为紧缺。2019 年，G 市 3 家公证处仅有公证员 10 人，公证员助理与其他工作人员各 3 人。H 市 5 家公证处的公证员数量也仅有 13 人，公证员助理 13 人，其他工作人员 6 人。在办证量与公证收费方面，A 市也是首屈一指，B 市、C 市、D 市、E 市、L 市等地的总体情况良好，而 G 市、U 市、N 市等 H 省西部地区的市州则相对落后。2019 年，A 市各公证处共办证 87667 件，其中国内公证收入 56106586 元，涉外公证收入 8451086 元。而 G 市各公证处 2019 年全年仅办证 3673 件，其中国内公证收入 1619813 元，涉外公证收入 128520 元。U 市的公证办证情况亦不容乐观，8 家公证处 2019 年共办证 6149

① 以上数据来源于《中国统计年鉴》。

件，其中国内公证收入 1822903 元，涉外公证收入 211680 元。若单以公证收费情况论，2019 年 A 市的公证收费总额是 G 市的 36.9 倍，是 U 市的 31.7 倍，由此可见公证发展地区差异的悬殊。

3. 市域与县域之间的公证发展水平相差较为悬殊

H 省公证行业发展的地区差异不仅体现在各市州之间，还更多地体现在市域与县域之间。从整体上来看，由于市区的经济比较发达，居民的法律观念与风险防范意识较高，对公证法律服务的需求较大，市区的公证发展态势整体上较为良好，公证人才储备也相对充足，公证法律服务的供给也更为优质高效。与之相较，县域的公证行业发展水平则落后许多，整体上不容乐观。受制于当地的人口、经济发展以及公证意识薄弱等多种因素，县域公证处的人员配备比较欠缺，“二人处”并不鲜见，甚至还出现不少“一人处”“无人处”等特殊情况。县域公证处的办证量与公证收费一般比较低，有的县域公证处一年的公证收入还不足 10 万元，这无疑很难维持公证机构的自身运转，人员培训和办公条件的改善更是无从谈起。以 B 市的公证行业为例，B 市共有 6 家公证处，其中包括 B 市的 G 公证处与 5 个县域的公证处。B 市 G 公证处现有执业公证员 21 人，公证员助理 17 人，而其他 5 个县域公证处的公证员总计才 13 人，公证员助理 7 人。2020 年，B 市 G 公证处办证数量达 17466 件，公证收入 5197295.6 元，而其他 5 个县域公证处的办证量总共 6207 件，公证收入总计 2051231 元。基于以上数据分析，B 市 G 公证处公证员数量占全市的 61.76%，公证员助理数量占 70.83%，办证量占 73.78%，公证收入额占 71.70%。可见，无论是在公证人员队伍方面，还是在办证数量与公证收费方面，B 市 G 公证处都远超 5 家县域公证处的总和，由此可以反映出市域与县域公证发展水平差异之巨大。

（二）公证改制进度不一，改革红利未能完全释放

在全国大力推进公证体制改革的大环境下，2016 年 9 月，H 省委、省政府办公厅联合下发《关于加快推进全省公证机构体制改革的意见》，正式拉开了 H 省公证体制改革的大幕。至 2017 年底，H 省 77 家行政体制公证机构全部转制成事业体制，公证体制改革任务全面完成。尽管 H 省已初步形成体制顺畅、分布合理的公证体系，但从近两年的运作情况来看，H 省的公证体制改革仍存在以下几

个问题：

第一，公益一类的事业体制公证机构仍占一定比例，自收自支性质的公证机构数量相对有限。事实上，在新一轮公证体制改革进程中，H省的改革任务最为繁重，行政体制的公证机构多达77家。在省司法厅的全面部署与强制推动下，H省的公证机构虽然都改制换了面貌，但囿于此前行政体制下公证机构发展不足，许多的公证机构都缺乏改制成公益二类（差额拨款）或者自收自支等类型事业单位的现实条件，最后只能改制成公益一类（全额拨款）的事业体制。从2019年统计的数据来看，全省公益一类的公证处多达26家，占比为23.42%。另外81家公益二类的公证处也有很大一部分采取差额拨款的方式，自收自支的比例相对有限，甚至还出现名义上为公益二类事业单位，实际上采取全额拨款方式的公证处。从公证体制改革的长远规划来看，凡能改为公益二类的不保留公益一类，凡能改为自收自支的不要财政补助。可见，H省的公证体制改革仍处于进行时态，有待进一步完善。

第二，体制转换机制不转的问题依然存在。公证体制改革只是手段，其最终目的在于摆脱行政体制的桎梏，优化公证机制的运作，盘活公证活力。但此次的公证体制改革模式事实上是政策推动型，由司法行政机关主导推进公证体制转型，在这种任务分摊的压力推动下，不少的公证机构虽缺乏改制条件，但也不得不被“赶鸭子上架”，转换成事业体制。这无疑会导致部分公证机构改制不彻底，留下一些“后遗症”，影响其相配套的机制运转。比如，不少的县域公证处虽改制成差额拨款或自收自支的公证体制，但其公证员的编制仍属于行政编制，相应的收入来源与公证机构的营业状况并不挂钩，相应的绩效分配方案也流于形式。在财政管理方面，仍然存在一定数量的公证处并未依法建立法人财产制度，其未能设立独立的财务账户，而继续使用司法行政机关的账户，财务管理无法脱离司法局而实现自主管理。另外，很多的公证机构仍然实行收支两条线，公证收入仍然上缴财政，纳入财政预算管理，并未实现企业化财务管理这一改革目标。除此之外，部分地区的司法行政机关、编办、财政、人社部门等主管部门对公证机构的认识并未发生转变，仍然停留在过去对待行政体制公证机构的做法层面，这使得公证机构改制后在人事、绩效等方面的自主权未能得到实现，遭遇了不同程度的障碍。一些自收自支的公证机构虽然脱离了政府财政支持，依靠公证机构的收入维持人员工资、办公开支、缴纳税费等经费支出，但在人事、财务、绩效分配等管理方面仍受到很大程度的管制与约束，自主性较低，这不利于事业体制的活力发挥与优势实现。

第三，合作制公证机构的执业管理规则尚未建立。虽然H省在2018年进行了首批合作制公证机构改革试点，在A市与E市分别设立了A市H公证处与E市B公证处，且取得了较为明显的改革成效，但至今仍未出台合作制公证机构执业的相应管理规则。从调研的情况来看，部分公证员表达出对合作制公证机构办证质量的担忧。另外，也有部分公证员提出合作制公证机构的存在可能造成公证市场的不正当竞争，并指出在同一辖区内不宜存在合作制与事业制两种体制的公证机构。

（三）公证人才吸引乏力，部分县域公证机构面临停业危机

人才是现代社会经济发展的首要资源，同样，公证人才也是公证行业发展的重要保障。然而，从H省近几年的公证发展情况来看，公证员的储备总体不足，仅占全国公证员总数的2.99%左右，公证员的人口配比也低于全国的平均水平。同时，公证行业的人才吸引力相对有限，这在部分经济欠发达的县域地区表现得更为明显，部分县域公证机构因无法吸引人才而面临着停业危机。

1. 改制前后公证人才流失严重

在2017年的公证体制改革中，对于行政体制公证机构的人员安排上，由其自行选择是继续当公务员，还是公证员。对于选择回到司法行政机关工作的，保留其公务员身份及工资、福利、养老、医疗保障待遇；选择留在改革后的公证机构工作的，执行事业单位人事管理办法和岗位绩效工资制度，不保留公务员身份。事实上，相较于前景不明、待遇并不优厚的公证员岗位，公务员的身份无疑更具有吸引力，很多行政编制的公证员都选择放弃公证事业回到司法行政机关当公务员。这一点可以从近几年H省公证人员的发展变化中发现。2017年H省公证体制改革之后，公证人员数量由2016年的726人直接锐减至378人。为了妥善解决改制后公证处的缺员问题，H省公证体制改革设置了3~5年的过渡期，对于那些原属于行政编制而选择回到司法行政机关的公证员，由其在过渡期内继续在公证处执业，以维持公证机构的正常运转并培养指导新任公证员。通过对这

批公证员进行多次沟通并做思想工作，大部分的行政编制人员继续以过渡期公证员的身份回到了公证岗位，这也导致H省的公证人员数量在2018年出现大幅度增长。经过多方努力、多管齐下、多举并用，H省的公证人员队伍开始不断扩充，2019年，H省公证人员数量增加至913人，其中公证员为402人。尽管H省近几年的公证人员数量保持一定程度的涨幅，但其一方面依然无法满足民众对公证法律服务的迫切需求，另一方面也难以完全补足过渡期结束行政体制公证员离开公证岗位后所留下的人员空缺。

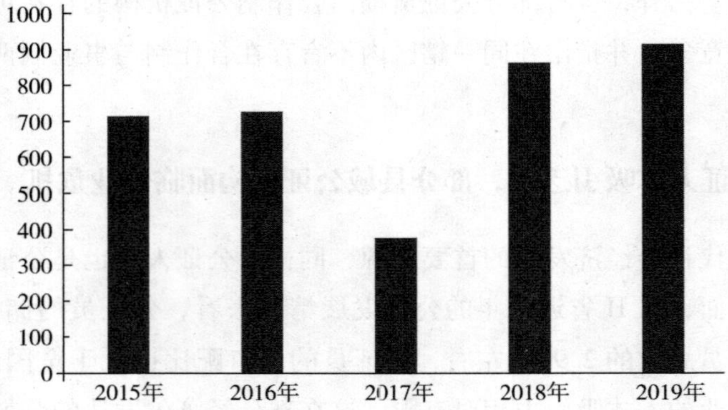

图23　2015—2019年H省公证人员发展情况示意图

2. 公证行业对优秀人才的吸引力有限

公证行业的人才吸引力相对不足是公证队伍壮大不如预期的重要缘由。调研团队在走访调研过程中发现，除了A市C公证处、A市H公证处、A市L公证处、B市G公证处、C市H公证处等一些营业状况良好的大公证处具有较强的人才吸引力以外，其他诸如U市Q公证处等市区公证机构都存在公证人员储备不足、人才吸引乏力的问题，更遑论一些经营状况较差的县域公证机构，招聘新的公证人员更是希望渺茫。从调研过程中反映的情况来看，造成公证行业的人才吸引力较低的主要原因有以下几点：

第一，公证行业的发展前景不明。尽管此次公证体制改革着力于创新公证工作机制，激发公证机构活力，但在改革的阵痛期难免出现配套政策不到位、管理自主权未能实现、改革效果短期不明显等问题，这在很大程度上影响了一线公证员对于公证行业未来发展的憧憬与期待。即使是一些发展较为良好的公证处的公证员也曾在调研过程中表达出对公证体制改革以及公证走向何方的迷茫，而那些效益不好的公证处中很多公证员更是看不到希望。这无疑反映出公证人员对于公证体制改革的主观认识不足的问题。

第二，公证员的任职条件较高。根据《公证法》第十八条规定，担任公证员应当具备：年龄二十五周岁以上六十五周岁以下、通过国家统一法律职业资格考试取得法律职业资格、在公证机构实习二年以上或者具有三年以上其他法律职业经历并在公证机构实习一年以上，经考核合格等硬性条件。很多的公证员助理由于未通过国家统一法律职业资格考试，没有办法发展成公证员，不能成为公证员的候补力量。比如，U 市 Q 公证处的公证员数量严重不足，仅有 3 名公证员，而公证员助理却有 7 名，但都因不满足通过法律职业资格考试的条件而不能晋升为公证员。尽管公证机构也可以通过直接招聘方式，吸纳通过法律职业资格考试的法律人才加入公证队伍，但对于大部分通过法律职业资格考试的法律人而言，其更愿意选择从事律师、法官、检察官等职业，而不愿意选择公证行业。

第三，公证人员的待遇并不优厚，尊荣感不高，缺乏吸引力。在诸多法律职业中，公证岗位的人才吸引力最为有限，其收入与职业自由度比不上律师，职业尊荣感与发展前景也比不上法官、检察官，甚至在一些效益一般的公证机构，公证员的待遇也不如法官、检察官。而经过此次公证体制改革，行政体制的公证机构已彻底成为过去式，公证员不再具有行政编制，“铁饭碗”被打破无疑进一步加剧了公证人员的流失。并且，在事业体制的公证机构中，编制紧缺是普遍的现实问题，大部分新进的公证员或公证员助理并没有事业编制，聘用制度的不稳定性让他们对于现有的公证岗位并不具有强烈的归属感。再者，在有些公证机构中，编制内公证人员与聘用制公证人员之间还未能实现同工同酬，聘用制的公证人员待遇要略低一些。正是基于这些原因，近几年有不少公证人员离开公证行业，选择从事律师、法官等其他法律职业。此外，相较于公证员，公证员助理的待遇普遍更低，这也导致一些大型公证处的公证员助理人员流动较大，缺乏稳定性。

3. 县域公证人员的老龄化相对严重

公证队伍的年龄结构也是衡量公证行业是否能可持续发展的重要因素。在一些效益较好的公证机构，由于其人才吸引力较强，公证人员队伍的年龄结构比较合理，各个年龄阶段的公证人员均有，其中也不乏一些年轻的新鲜血液。但在那些经营状况较差的公证机构，尤其是一些贫困地区的县域公证机构，其吸纳新进人才的可能性较低，公证人员队伍老龄化的问题相对严重。这也带来一系列问题，比如业务创新的积极性不高、信息化办证能力不足等。

4. 部分县域公证机构面临停业危机

相较于市区的公证机构，县域公证机构在脱离过去的行政体制后，生存更为艰难，尤其在 M 市、N 市、U 市等一些边远的县区体现得更为明显。一方面，边远县区多为经济欠发达地区，群众的公证意识薄弱，公证需求量不大，公证收入很难维持自身运转，遑论公证人员培训以及办公条件的改善了；另一方面，县域的公证行业发展潜力有限，地理位置较差，公证人才吸引力更弱，导致很多县域公证处往往是多年都招聘引进不了新生力量，引发公证人员老化、青黄不接的问题。而且，在 2017 年改制之后，很多县区的公证员都选择回到司法行政机关，只不过最后以过渡期公证员的身份留在公证机构，才勉强维持公证机构的运营。一旦 3～5 年的过渡期结束，这些县域公证机构就可能因缺乏足够的执业公证员而不得不暂停营业。这一问题现已在 L 市、M 市等地出现。其中，L 市庚县公证处、L 市壬县公证处、L 市癸县公证处、L 市子县公证处四家公证处，因过渡期结束后公证员人数不足 2 人，现已暂停执业。2019 年，M 市己县公证处、M 市庚县公证处也曾因此而暂停营业一段时间，后因人才引进计划等多举措招聘了新的公证员，又重新恢复营业。

（四）公证绩效分配不尽合理，未能充分调动公证人员积极性

完善公证机构收入分配管理机制是公证体制改革机制创新的重要内容。根据司法部、中央编办、财政部、人力资源和社会保障部下发的《关于推进公证体制改革机制创新工作的意见》（司发〔2017〕8 号）、司法部办公厅出台的《关于进一步完善公证机构收入分配管理机制的通知》（司办通〔2020〕45 号）等规范性文件，近几年 H 省对公证机构的绩效工资分配进行了改革，也取得了较大的进展与成效。但从整体上来看，H 省的公证机构收入与绩效分配改革尚处于逐步开展阶段，除去一些效益较好的大公证处以及部分市州以外，不少地区至今仍未

建立起符合公证事业发展规律与需求的绩效分配制度。从走访调研的情况来看，H省的公证绩效分配制度仍存在以下几个问题：

一是绩效工资总量控制模式并不合理，不少自收自支的公证处仍采取倍数核定的绩效分配方式，按照当地公务人员人均绩效工资总量的特定倍数来确定公证人员的绩效工资，公证人员的绩效收入与所在公证机构的营业情况并不挂钩，这无疑不利于调动公证人员的服务积极性。

二是有的地方公证机构绩效工资核定数额或比例偏低，激励作用不明。在一些县域公证机构，由于当地主管部门核定的倍数绩效过低，导致公证人员的待遇不高，人才吸引力较弱。比如，M市丙县公证处所核定的绩效是当地公务人员人均绩效工资总量的1.1倍。相较于其他事业单位人员，公证人员的办证压力较大，责任偏重，任职要求较高，人员编制紧缺，职业稳定性不足，但在薪酬待遇上又基本持平，这无疑大大削弱了公证岗位的吸引力。

三是部分公证机构内部没有建立科学合理的分配激励机制，出现两极分化的情况。一部分公证机构的绩效分配严重不均，造成个别公证员收入偏高，甚至可能诱发逐利倾向；也有一些公证机构的绩效分配，没有体现出按劳分配、多劳多得的理念，影响公证人员的积极性。

四是公证岗位同工同酬仍有待加强。由于各公证机构的编制都相对紧缺，很多的公证机构都是通过聘用方式引进公证人才。不过，有部分的公证机构并未实现按照相同岗位同一标准分配薪酬，聘用制公证人员的待遇要低于编制内公证人员。

五是公证机构推动绩效分配方案改革得不到主管部门的支持。事实上，各市州的公证绩效分配改革进度相差较大，这与各地人社、财政等主管部门与领导的支持力度大小不无关系。在走访调研过程中，有不少公证机构反映其在申请批准绩效分配方案的过程中遭遇不同程度的现实阻碍。此外，还有不少的公证机构因过渡期公证人员的行政编制身份、公证机构的经营效益不佳等原因，在绩效分配方面未能提出合理的方案，无法激发公证活力。

（五）公证业务类型相对集中，公证服务领域拓展有限

从全国的公证发展形势来看，由于区块链等科学技术的发展以及律师、中华

遗嘱库等第三方的竞争介入，导致传统的公证业务存在一定程度的萎缩。针对传统公证业务萎缩的问题，司法部熊选国副部长解读了公证业务发展的“井水论”，提出拓展公证服务领域，发展公证新型业务的重要指示，并指明公证业务拓展的“四大重要方向”，即金融领域公证服务、知识产权保护公证服务、司法辅助公证服务、产权保护公证业务。但从 H 省的公证发展情况来看，其公证业务类型相对集中，公证服务领域拓展相对有限。

1. 新型公证业务发展不足，参与司法辅助事务仍处于探索阶段

从现有的统计数据来看，H 省 2019 年共办证 300535 件，其中金融领域的公证数量 3359 件，知识产权保护公证数量 4950 件，产权保护公证数量 140 件，三农领域 267 件，涉外公证 3882 件，这几类新型公证业务总计 12598 件，占比 4.19%。由此可见，H 省的新型公证业务所占的比例并不大，公证服务领域的拓宽与创新发展整体有所欠缺，亟待进一步加强。另外，2019 年 H 省各公证机构参与司法辅助事务办证共计 562 件，其中参与调解 102 件，参与取证 4 件，参与送达 50 件，参与保全 279 件，参与执行 127 件。从整体上来看，H 省公证参与司法辅助事务仍处于初步探索阶段，除 A 市 C 公证处、A 市 H 公证处等少数几个公证处在法院驻地合作设立司法辅助中心，全方位开展公证参与司法辅助事务以外，其他许多公证处只是零星地办理相关业务，并未建立常态化的工作机制与模式。究其原因，大部分的公证机构的人力与经费相对有限，没法抽调出足够的人手进驻司法辅助中心，日常协助法院开展司法辅助事务。在业务类型上，公证参与司法主要表现为参与法院的诉前调解，以及在法院强制执行过程中进行公证证据保全与现场公证，在公证参与取证、送达等方面的业务探索不足。

2. 县域公证业务偏重传统民事领域，创新意识不足

与市区公证机构相比，县域公证机构的业务更为集中，主要为继承、委托、亲属关系证明、婚姻状况证明等业务，其中小额继承业务占据较大比例，证据保全、涉外、提存等公证业务较少。从整体上来看，县域公证业务类型比较单一，业务层次较低，公证收费也较为低廉，且更为偏重传统民生领域，较少涉及企业、金融等经济领域。另外，对于县域公证人员而言，传统民生公证业务的办证压力较大，其往往没有精力去开拓新的业务领域，同时也因体制机制等问题，缺

乏创新公证服务的动力。

3. 赋强公证业务发展缓慢

H省赋予强制执行效力公证业务发展不如预期，就2019年而言，H省各公证机构共办理赋强公证业务6393件，仅占比2.13%。且从各市州的发展情况来看，A市的赋强公证业务数量遥遥领先，多达4196件；其次则是C市、F市、M市等地，赋强公证业务有几百件；而K市、G市等地的赋强公证业务则基本没有起步，仅有不到10件。从走访调研的情况来看，H省的赋强公证业务发展不足的原因主要有以下几点：

第一，办理赋强公证的费用承担问题未能解决。赋强公证旨在加强金融风险防控，提高银行等金融机构的金融债券实现效率，降低相应的诉讼成本，同时也可反向倒逼债务人积极偿还债务，打消债务人的侥幸心理。故而，银行等金融机构事实上是在办理赋强公证的过程中受益，其理应承担相应的办证费用。但对于银行等金融机构而言，一方面，缺乏相应的金融风险防范意识，不愿意因极低的债权偿还风险而承担办理赋强公证的费用支出，有的金融机构则有选择性地对那些风险较大的金融借贷合同办理赋强公证。另一方面，对于一些大型银行的地方分行或支行，其缺乏设立办理赋强公证费用支出名目的权限，即使其存在办理赋强公证的意愿，却往往因权限不足而无法开展，最后导致部分赋强公证业务的成本只能转嫁给债务人或借款人承担，这无疑大大限制了赋强公证业务的开展。正是基于这一因素，一些地方公证机构只能从当地的农村商业银行入手，努力开拓赋强公证市场，但农村商业银行的业务量相对于大型银行极为有限。

第二，对于公证机构出具的赋强公证文书与执行证书，部分地区存在法院不愿执行的问题。究其原因，在于法院对于公证质量的不信任。

第三，公证机构开拓赋强公证业务的主观意愿不强。由于赋强公证业务的开展存在银行与法院等多方面的阻碍，加之公证体制的运作并未完全调动公证人员的办证积极性，许多公证机构缺乏开拓赋强公证业务的动力，这一点在县域公证机构中体现得尤为明显。

第四，司法部出台的《关于公证执业“五不准”的通知》（司发通〔2017〕83号）明确规定不准办理非金融机构融资合同公证及赋予强制执行效力公证，直接导致部分公证机构的民间借贷赋强公证业务无法继续开展。

4. 公证业务发展受法规政策影响较大

近些年来，一些法律法规的修订对此前明确规定应当公证的事项不再作此强制要求，这使得部分地区的对应公证业务急剧萎缩。尤其是有些公证机构长期以来按照办理公务的思维与工作方式来办理公证事务，习惯于如同政府职能部门行使管理职能一样，坐堂办证，缺乏主动服务的理念与意识。立法修订废除应当公证的事项之后，其对应的公证业务便遭受巨大的冲击，基本上难以为继。比如，司法部、建设部 1991 年出台的《关于房产登记管理中加强公证的联合通知》（司公通字〔1991〕117 号）要求房地产管理机关办理因继承、受赠而产生的房产所有权转移登记手续，需要有关主体办理继承公证、遗嘱公证或接受遗赠公证、赠与公证等。基于此，不动产继承公证一直以来都是部分公证机构公证收入的重要来源，因为这些公证机构往往无需积极开拓市场，便可享受这一大利好。然而，司法部 2016 年发布了《关于废止〈司法部建设部关于房产登记管理中加强公证的联合通知〉的通知》，这一强制公证的事项被明确废除。2016 年国土资源部出台的《不动产登记暂行条例实施细则》（2019 年修正）第十四条规定：“因继承、受遗赠取得不动产，当事人申请登记的，应当提交死亡证明材料、遗嘱或者全部法定继承人关于不动产分配的协议以及与被继承人的亲属关系材料等，也可以提交经公证的材料或者生效的法律文书。”可见，因继承、受遗赠而办理不动产登记，办理公证仅是相关主体可供选择而非必要的事项。由于部分公证机构的服务意识缺失、服务水平不高，以及部分地区实行不动产继承登记的告知承诺制度改革，导致其不动产继承公证业务萎缩严重。另外，此次《民法典》的出台删除了“公证遗嘱效力优先”的有关规定，也对部分地区的遗嘱公证业务造成一定程度的冲击。此外，不少地区的公证业务还容易受到当地房地产、金融等政策变动的影响。

（六）公证事项核实遇困，执业环境有待优化

在具体办证过程中，公证人员也经常面临以下几点困难：

一是公证核实存在困难。《公证法》明确规定，对于申请公证的事项以及当事人提供的证明材料有疑义的，公证机构仅有核实的权力，并不享有调查的权力。然而，由于现代社会的诚信缺失以及利益驱动，出现不少的当事人提交虚假

证明材料或冒名顶替申请公证的情况，导致公证机构的核实压力较大。而公证事项经常涉及当事人的婚姻、继承、亲属等身份关系以及财产法律关系，仅仅通过对当事人提交的证明材料进行书面审查，是远远达不到真实、合法、充分的核实程度。公证机构往往需要向民政、公安等行政机关以及社区单位、村居委会、当事人所在单位等进行核实，但在实际操作上，上述主体经常以核实信息涉密、工作繁忙、缺乏相关规定、公证机构不具有调查权等诸多事由拒绝配合，不愿出具相关证明材料或者进行签章。这既阻碍了公证核实工作的开展，同时也给当事人带来了诸多不便。公证机构在核实受阻之时，只好要求当事人陪同自己前往有关机关或单位进行查阅核实，或者因公证事项无法核实而不能办理公证。加之近年来，公证体系在大力推进当事人办理公证“最多跑一次”的服务创新与改革，当事人申请办证只需要提交身份信息以及与公证事项相关的基本信息，其他内容事项则由公证人员亲自去调查核实，这也无疑进一步加大了公证核实的困难。不少的公证员只能通过查看墓碑、族谱等替代方式进行核实，或者依靠私人关系去推动主管部门的工作人员配合信息核查。此外，对于“二人处”等人数较少的公证机构，其还存在核实人力不足的问题。根据《公证程序规则》的规定，公证机构派员外出核实的，应当由二人进行。一些人数较少的县域公证机构只能选择周末等非工作时间进行现场核实，或者以电话等方式进行核实。

二是信息资源不能共享，公证人员无法直接查询公民的婚姻登记、家庭关系、无犯罪记录、财产凭证等相关信息，只能通过现场核实或者委托异地公证机构代为核实，“跑断腿”才能办好一项公证。尽管在全国公证行政管理和行业管理系统中设计了互联互通版块，可直接查询公安信息、国土资源信息以及民政信息。但从调研中获悉的情况来看，这一互联互通版块的可操作性相对不足，有不少公证员反映存在无法查询或者查询信息滞后的问题。

三是公证核实的程度不明。《公证法》要求公证机构出证需查明申请提供的证明材料真实、合法、充分，以及申请公证的事项真实、合法，但真实、充分的审查核实标准在实际操作中是极为模糊的，这为公证员办证带来诸多困惑。

四是公证执业风险加大。在办证过程中，当事人申请假证的情况屡禁不止，即使被公证处发现后，也无法对其作出任何惩戒措施，相应的违法成本过低，无法形成有效的震慑机制。

（七）公证服务信息化建设不足

信息化是现代社会发展的重要支点与驱动力，同样，信息化建设也是公证行业发展的未来方向。但从调研的情况来看，H 省的公证服务信息化建设整体上还是较为欠缺的，存在以下几点问题：

第一，门户网站与公众号的建设不足。门户网站与公众号是公证机构开展宣传工作的重要阵地，公证机构可以借助这些平台进行公证法律知识的宣传，提升普通民众的公证意识，引导并帮助当事人寻求相应的公证法律服务。可见，门户网站与公众号的建设有助于塑造公证形象，提升公证地位，延伸公证服务，增长公证案源。但由于长期以来服务与竞争意识的缺失，不少的公证机构并未重视门户网站与公众号的建设，大部分的县域公证机构都没有开发自己的门户网站与公众号，有些市区公证机构即使建立了自己的门户网站或公众号，但也存在信息更新不及时、内容与功能单一等问题。事实上，门户网站与公众号的建设需要一定的人力与经费投入，这对于那些人员、资源较为紧张的公证机构而言，无疑是难以承担的。

第二，在线公证的探索刚刚起步。除 A 市 C 公证处、A 市 H 公证处、A 市 L 公证处等少数经营状况较好的公证处通过购买或与第三方合作开发在线公证系统以外，大部分的公证机构并未积极探索在线公证，而是保持墨守传统的线下公证模式。

第三，办证系统的使用存在一定问题。尽管 H 省司法厅统一开发了“互联网 + 公共法律服务”平台，但囿于特殊原因，公证机构在使用该平台系统进行办证的过程中存在办证效率过低、操作不便捷、信息对接全国公证管理与行政管理系统有遗漏等诸多问题。故而，该平台办证系统在一些县域公证机构中使用较为普遍，而有些市区公证机构则改用厦门法信公证云、长春诺特瑞等公证系统进行办证。

（八）公证服务能力仍有待提升

公证服务能力方面所存在的问题主要体现以下几点：（1）部分公证机构的公证服务意识仍有待加强。（2）部分公证处办证场地与设施配备存在不足。有部分的公证机构进驻公共法律服务中心或政务中心，其办证场地极为有限，缺乏遗嘱室、录像室等特殊办证场所。再者，不少的公证机构也并未对接待、办证、制证、档案、文印等各功能进行科学合理划分，影响公证服务质量和水平。此外，一些公证机构仅仅配备了身份证识别仪，能够识别当事人提供的身份证信息，但却无法做到人脸识别，只能依靠肉眼进行人证比对，这可能引发假人假证的风险。（3）公证培训学习仍有所不足。公证人员接受培训学习的机会相对有限，且多限于H省公证协会、司法局等组织的培训，参与全国性的培训或业务交流较少，且很少有机会去外省的优秀公证机构进行学习交流，这在一定程度上限制了公证人员的业务能力提升与公证机构的创新发展。

三、公证法律服务的完善对策

（一）高位统筹布局，实现公证法律服务均等化

党的十八届四中全会明确提出，要“推进覆盖城乡居民的公共法律服务体系建设”。2019年7月，中共中央办公厅、国务院办公厅出台了《关于加快推进公共法律服务体系建设的意见》，进一步提出“到2022年，基本形成覆盖城乡、便捷高效、均等普惠的现代公共法律服务体系”的发展目标。公证作为公共法律服务的重要内容，自然应当纳入公共法律服务体系建设的范畴。但从近几年H省公证行业发展情况来看，各地区之间发展不平衡、城乡发展差异较为悬殊、整体发展水平不充分等问题依然严峻。尽管省政府办公厅出台了一系列规范性文件对公证法律服务的发展作出了明确部署，要求到2022年，全省公证员数量达到430名，但这个发展指标并未对各市州以及城乡之间的公证员数量作进一步部署。囿于此，为加快构建覆盖城乡、高质量、均等化的公证服务体系，优化公证人员结构，大力提升全省公证服务能力与水平，解决人民群众日益增长的服务需求与公证地域发展不平衡不充分之间的矛盾，H省司法厅有必要依据《公证法》《公证员执业管理办法》等相关法律规范，并结合H省各地区的经济社会发展程度、人口数量、区域面积及公证需求，制订《H省（2019—2022年）公证员配备方案》。在立足全省各地区公证人员配备现状、尊重公证人才发展规律的基础上，加强统筹规划与合理布局，明确全省的人均公证员配比以及各市州的公证员发展

目标，并对公证行业发展较为落后的地区加大投入、提供政策引导与支持，扩充其公证员队伍，缩小公证员数量的地区差异，从而使得公证人员的布局更为科学合理，促进公证法律服务供给的均等化。

（二）纵深推进公证体制改革，优化公证运行管理机制

第一，进一步优化事业体制公证机构类别。公证社会化是公证体制改革的整体方向，落实到改革现阶段而言，就表现为公证体制应当尽量向合作制或者公益二类事业体制转换，在财政供给方面，也应当尽可能向自收自支进行改革。由于H省公证行业发展并不充分，尽管2017年公证体制改革已经将所有行政体制公证机构改革成事业体制，但公益一类、全额拨款的公证机构仍占据较大的比例，故而接下来仍需积极推动符合条件的公证机构向公益二类或合伙制进行转型。另外，在改制过程中，需要综合考虑公证机构的发展状况以及当地的经济条件、人口数量、民众的公证需求等诸多因素，不能“一刀切”地将公证机构改制成公益二类，甚至是自收自支性质的公证机构，应视具体情况来选择合适的公证体制，避免出现名义上为公益二类，而实际上按照公益一类、全额拨款模式进行运作的情况。

第二，对县域公证机构实行公证体制改革“多轨”模式。县域公证机构直接面向广大基层农村地区，其提供的公证服务往往涉及民生保障类以及一些公益类业务，存在办证量少、业务类型单一、收费低、社会影响较大等特点，且县域公证人员也普遍存在年龄结构偏大、学历水平偏低等问题。故而，对于县域公证机构改革应因地制宜，根据实际情况而选择相应的改革或发展模式：一是对于那些经济比较发达、公证法律需求比较大的县域，应当继续推进公证机构向公益二类、自收自支甚至是合作体制进行转换；二是对于那些发展较差、缺乏独立运行能力的公证机构，应当采取财政全额拨款、政府购买公证法律服务、人才引进等政府兜底方式维持公证机构的运作，以保障当地的公证法律服务供给；三是根据县级行政区划的地理位置、交通以及人口等具体情况，将相邻的几个县域的公证资源进行整合，合作共设一个公证机构辐射多个县域提供公证法律服务，减轻县域公证机构公证案源少、收入较低所带来的财政压力，从而实现县域公证机构的良性发展；四是对于那些经济较为落后、公证人才一般不愿留守的贫困县域，可由市区实力较强的公证机构在县域设立办证点或分处，由其轮流派驻执业公证员，为当地居民提供公证法律服务。

第三，确切落实公证机构的独立法人地位与自主管理权。从公证权力运行的内在机理以及公证事业的发展规律来看，公证机构的独立自主运行具有必要性与正当性。公证体制改革致力于公证体制向事业体制乃至合作制转型，其核心要义便在于实现公证机构的自主管理，调动公证机构的积极性。然而，由于公证机构的独立法人地位与自主管理权在部分地区或公证机构未能得到贯彻与践行，故而造成了“体制转换机制不转”的现实问题。鉴于此，有必要从以下几点进行调整：一是科学认识司法行政机关与公证机构之间的关系，转变司法行政机关的管理职能，由微观管理转向宏观管控与监督，简政放权，由公证机构进行自主管理。地方司法行政机关需切断与公证机构之间的利益牵连，舍弃过去的家长观念，减少对公证机构的不当干涉，尊重其自主管理权。二是确保公证机构的财产独立，依法建立法人财产制度，且设立的独立财务账户，公证收费不得用于司法行政机关的办公开支，公证机构的财产也不得被无偿调用。三是完善公证主任负责制以及岗位目标责任制，做到分工明确、责任到位。公证机构依据制定的内部管理制度进行业务管理、质量管理、财务管理、档案管理、行政管理等一系列管理工作，真正实现依法依规自主管理，司法行政机关一般不得干预公证机构的日常管理工作。

第四，积极推行公证人员编制备案制和企业财务化管理。为保障和落实公证机构的选人用人自主权，对于划入公益二类的公证机构实行编制备案制。司法行政机关应当加强与编办、财政、人社部门进行沟通协调，确保编制备案制落到实处，解决部分公证机构因编制紧缺所导致的人才招聘困境，充分发挥公证机构在人才培养、吸引和使用等方面的主导作用。另外，对于缺乏编制备案制适用条件的公证机构，应通过核定的人员编制合理调整公证人员队伍结构，确保核定的编制优先用于公证员，减少公证员人才流失，同时也应杜绝司法行政机关等不当占用公证机构人员编制的情形。此外，对于人力储备不足、发展较差的部分县域公证机构，可以在编制核定上给予一定支持，增强公证岗位的人才吸引力。

在财务管理方面，建立健全科学合理的公证机构运营成本及利润的核算制度，对于具备条件的公证机构，明确其纳税主体地位，公证收费不再纳入非税账户，不再实行收支两条线，真正与财政脱钩，实现独立核算、自负盈亏，大力推行企业化财务管理制度。

（三）建立合作制公证处管理规范，助推合作制公证处健康发展

H省的合作制公证机构改革试点已逾两年，从A市H公证处与E市B公证处的试点情况来看，合作制公证机构在体制机制、自主管理、法律服务供给等方面具有明显的灵活性优势，更有利于提升公证活力，助力公证事业发展与公证法律服务创新。与此同时，在改革推进过程中也呈现出主观认知不足、管理规范缺失、执业秩序遭受挑战等一系列问题，故而有必要继续优化完善，确保合作制公证机构的规范运作。

第一，树立对合作制公证机构的正确认识。在调研过程中，有部分一线公证员对于合作制的改革方向并不认可，认为合作制公证机构的存在会扰乱公证市场，破坏公证公信的整体形象，与公证机构的公益性定位相背离。也有合作制公证机构的公证员反映，由于合作制与事业体制两种性质公证机构的存在，普通民众容易形成误识，认为带有“公家”背景的事业体制公证机构的公信力要强于合作制公证机构。基于此，一方面，应正确认识合作制公证机构的性质。根据《公证法》以及相关法律规范的规定，公证机构具有公益性、非营利性的基本属性。合作制公证体制虽然将公证法律服务推向市场化，但并不意味着其舍弃了公益性与非营利性的机构定位，而变成了营利法人。从《民法典》对营利法人的界定来看，营利法人是指以取得利润并分配给股东等出资人为目的成立的法人，显然，合作制公证机构并不满足“出资人分配利润”的营利模式。可见，公证机构的市场化运转以及公证收支的自负盈亏并未改变其本质上的公益属性，合作制公证机构仍可定位为非营利性法人。另一方面，应正确认识合作体制与公证权、公证公信力之间的关系。国家权力的性质与权力行使主体的性质之间并不具有必然的对应性。公证权作为国家权力体系中的法定证明权，既可以由过去的行政体制公证机构行使，也可由现阶段的事业体制公证机构行使，还可由接受国家委托的合作制公证机构行使，二者之间并不矛盾。而且，由合作制的公证机构行使公证权恰好契合了公证权力社会化的整体发展趋势。另外，公证公信力的形成以国家赋予的法定证明权为依托，以公证业务质量为保障，其与公证机构以及公

证人员的性质并无必然的关联，公证机构姓“公”姓“私”都不会直接导致公证公信力的变化。对于合作体制的公证机构，只要国家对公证人员的任职条件、公证业务的质量以及公证管理等进行严格的监管与规制，规范公证权力的运行，合作制公证机构所开展的公证业务便具有同等的公信力，不会有所减损。一言以蔽之，合作制虽然改变了原有公证机构的组织形式和体制模式，但其公益非营利法人的性质定位不会改变，公证权的国家权利属性不会改变，公证文书的法律效力与公信力不会改变。有鉴于此，司法行政机关应加大宣传，在公证队伍乃至普通民众中树立对合作制公证机构的正确认识。

第二，建立合作制公证处的管理规范。由于公证体制上的差异，合作制公证机构在准入条件与审批程序、合作人的资质与权责、内部管理与收入分配、公证机构的变更、终止和清算等许多方面都与事业体制的公证机构有所不同，需要在法律规范层面作出明确的规定。然而，合作制公证机构改革试点至今，在国家层面所依据的仅有《司法部关于推进合作制公证机构试点工作的意见》《关于推进公证体制改革机制创新工作的意见》等少量的规范性文件，《公证法》《公证机构执业管理办法》《公证员执业管理办法》等公证行业的基本法律规章中并没有关于合作制公证机构的相关规定。H 省在推进公证体制改革的过程中，出台了《关于加快推进全省公证机构体制改革的意见》，其虽对合作制公证机构改革作出了整体部署，但并不涉及合作制公证机构的具体运作与内部管理。为保障合作制公证机构的规范运行与办证质量，促进其健康发展，H 省司法行政机关应在总结试点经验的基础上，尽快出台 H 省合作制公证处的管理规范。事实上，制定合作制公证处的地方性规范文件在其他省市已有不少典范，比如四川、广东等地司法厅分别出台了《四川省合作制公证处管理办法》《广东省合作制试点公证机构管理办法（试行）》。如今，H 省出台合作制公证处管理规范的时机已经成熟，相应的地方规范性文件制定应提上日程。

第三，健全合作制公证机构的内部管理制度。根据省内两家合作制公证机构的试点经验，并积极借鉴四川、广东等地的有益做法，积极探索符合合作制公证机构性质特点的内部治理结构与管理制度，切实发挥合作人会议、业务监督委员会议等管理机制的作用，建立健全科学的决策议事制度，完善财务、考勤、档案等日常管理制度，并通过更为灵活合理的人员奖惩、晋升机制与绩效分配机制，最大限度地发挥合作体制的优势，调动公证人员的积极性。

第四，加强对合作制公证机构办证的监督指导。公证质量是公证工作的生命线，也是公证行业发展的重要基石。对于合作制公证机构而言，其更应当注重公证业务的质量，以高效优质的公证法律服务来赢得公众的信任。故而，在赋予合作制公证机构高度自主权的同时，也应加强对合作制公证机构办证的监督指导。其一，健全合作制公证质量管理体系。合作制公证机构应当建立科学、规范的公证质量内部管理制度，严格把关公证受理、审查、出证、送达等公证环节。司法行政机关也应对合作制公证机构的内部管理规范进行审查、评估，并对存在质量风险的管理制度责令改正。其二，通过公证质量自查、抽查等一系列检查制度，保障具体办证过程中的业务质量。同时，还可通过公证机构内部的公证质量分析研讨活动，提升公证员的业务能力与服务水平。司法行政机关在抽查的过程中应重点审查合作制公证机构的收费行为是否存在私自收费、压价竞争等不正当竞争行为、公证处或公证员是否存在违规办证的问题。其三，H省公证员协会和A市公证员协会应当注意研究合作制改革试点中的新情况、新问题，防范公证质量风险，并通过制定公证业务规范、发布提示警示信息、开展公证业务培训等方式对其进行指导。要注重发挥公证复查争议投诉等外部监督机制的作用，对于处理投诉中发现的合作制公证机构办证存在的问题，应当及时反馈沟通，并要求整改。

（四）优化公证绩效分配方案，多手段集聚公证人才

绩效分配是调动公证人员积极性的重要杠杆，但从H省的整体情况来看，部分公证机构并未用好用活这一杠杆，从而导致公证人才吸引乏力的问题。有鉴于此，有必要作出以下调整：以按劳分配，多劳多得，效率优先、兼顾公平为基本遵循，探索符合公证机构公益属性和社会功能的绩效分配激励机制。公证机构的绩效工资实行总量控制，由财政局、人社局等主管部门核定公证机构的绩效工资总量。公证机构可自主制定绩效工资的内部分配方案，并在核定的绩效工资总量内依据该方案发放个人绩效。在核定绩效工资总量时，应充分考虑公证机构的发展状况、业务收入等因素而分档确定，建立符合公证法律服务规律的动态调整机制。在绩效工资总量的核定方式上，对于具备条件的公证机构，应尽量采取按照公证收入的一定比例动态确定绩效工资总量的方式，以绩效工资总量为杠杆促

进公证机构积极开拓公证业务，提升效益。对于那些按照当地公务人员人均绩效工资总量的特定倍数或其他方式确定公证绩效工资的公证机构，在核定绩效工资总量时应当考虑当地的经济条件、公证营业情况等因素，相较于其他事业单位或行政机关，核定的绩效工资总量不宜过低，以增加公证岗位的人才吸引力。公证机构制定绩效工资内部分配方案，应将人员绩效收入与岗位职责、工作业绩、实际贡献等挂钩，打破绩效分配的平均主义，调动人员积极性。为避免出现单纯追求经济效益等问题，公证员的绩效分配不能直接以公证收费为评价指标，而应综合考虑公益业务量、小额公证数量以及公证延伸服务等其他贡献情况。主管部门应核定公证机构工作人员的绩效工资上限与下限，避免出现收入分配严重不均的情况。公证机构应切实执行同工同酬政策，确保编制人员与合同制人员在待遇方面得到同等对待。此外，各级司法行政机关要加强与当地人社、财政等部门的沟通协调，争取最大限度的支持，推动公证机构绩效工资改革的平稳进行，发挥其激励作用。

H 省的公证人才储备薄弱，人才供给不足是制约公证行业发展的重要因素。因此，如何发展公证人才，增加公证行业的人才吸引力是接下来的工作重点。除了优化公证体制机制，改革公证绩效分配，提升公证人员待遇以外，还可从以下几点集聚公证人才：一是加强与高校合作，实现公证人才订单式培养。H 省司法行政机关应深化与省内高等院校的合作办学，在高校积极开设公证法专业的特色课程，对口培养公证专业人才。同时，依托 H 省高等院校与省内优秀公证机构，在高校合作设立公证理论研究与人才培养基地，在部分优秀公证机构设立公证人才实训基地。最后，组织公证机构参加高校的合作洽谈会、校园招聘会等，直接吸纳法学专业人才加入公证队伍，尤其是通过法律职业资格考试的优秀毕业生，真正实现从培养、实训到招聘一条龙的公证人才订单式培养模式。二是畅通其他法律职业队伍人才的进入渠道。加快打通法律职业共同体的成员顺畅进入公证队伍的渠道，通过优惠政策、优先招聘等方式积极吸纳律师、法官、检察官和法学专家等法律专业人士，实现公证人员与其他法律职业人才之间的有序流动，进一步优化公证队伍结构。三是制定公证人才招聘计划，积极储备公证力量。各公证机构根据其人员配备情况、公证业务量、营业情况、空余编制数量等初步拟定公证人员的招聘计划并上报当地人社部门，人社部门经审查后应纳入当年公开招聘事业单位工作人员招聘计划。对于编制紧缺的公证机构，可通过自主招聘的方式聘用公证人才，并对其实行同岗同工同酬。对于存在过渡期公证员的公证机构，须招录或招聘等额数量公证员或公证员助理（符合公证员执业申请条件），以解决过渡期结束后的缺员问题。四是通过人才引进渠道解决县域公证人才储备问题。对于贫困偏远地区公证机构存在的人才吸引力不强、人才储备不足的问题，可通过人才引进方式，提高县域公证执业人员待遇，保障县域公证事业的连续性和稳定性。五是完善公证人才选拔申报机制。加快建立以职业能力为导向、以工作业绩为重点、注重职业道德和职业知识水平的公证人才评价体系。逐步完善社会化的职业技能鉴定和公证人才评价办法，促进公证人才评价多元化。实施专项职业能力考核制度，积极开展公证员高级专业技术资格评聘工作，为公证员提供专项职业能力认证服务。

（五）创新公证法律服务领域，积极发展赋强公证业务

H省在金融领域公证、知识产权保护公证等新型公证业务领域内的发展整体不足，公证服务领域拓展相对有限。基于此，一方面，各级司法行政机关应积极采取多项措施，为公证机构拓展创新业务创造有利条件。司法行政机关应加强与政府有关部门、行业协会、组织之间的沟通协作，建立相应的合作机制与平台，为新兴领域公证服务的发展奠定基础。积极争取新型公证业务的政策支持，通过地方政策的制定，逐步推进重点领域公证业务的法定化，鼓励与扶持当地公证行业的发展。推动建立政府购买特定公证法律服务制度，以政府采购方式促进新型公证法律服务的蓬勃发展。另一方面，加强对公证服务创新经验的提炼与推广。针对各地公证机构在拓展公证服务领域、创新公证服务方式等方面的先进做法，司法行政机关与公证协会应当认真总结优秀经验，并通过各种新闻媒体平台进行宣传，打造公证特色名片与服务品牌，发挥其示范作用，进而在全省范围内予以推广。另外，还应加强对公证新型业务的理论研究，制定完善公证新型业务指导目录。

赋强公证是H省公证行业未来发展的着重点，基于H省赋强公证运行过程中存在的问题，有必要从以下几点进行完善：其一，明确赋强公证的付费主体。赋强公证的成本负担是制约银行等金融机构选择这一特殊公证手段防范金融风险

的重要因素。《公证法》《公证服务收费管理办法》仅明确规定由当事人或申请人按照规定支付公证费，而赋强公证的申请人既包括作为借款一方的债务人，也包括作为放贷一方的金融机构，申请公证的费用应该由债务人承担，还是金融机构承担，抑或是二者共同承担并不明晰。从全国各地的赋强公证实践来看，这三种费用承担模式均有适用，赋强公证付费制度较为混乱。事实上，赋强公证的目的在于快速实现债权，提高金融机构的不良贷款清收效率，减少金融借贷风险，金融机构无疑是赋强公证的最终受益方，理应由其承担申请公证费用。而且，将赋强公证的成本转移给借款方承担，既有违公平原则，也加大了企业融资成本，还可能引起信访投诉问题。故而，应明确银行等金融机构作为赋强公证的付费主体，将申请费用纳入金融机构正常营运成本之中。当然，在借贷双方协商同意的基础上，也可由双方按照一定比例共同承担公证费用。其二，优化赋强公证费用分次收取的模式。赋强公证制度的适用涉及三个环节，即对债权文书出具赋予强制执行效力公证文书（合同公证环节）、公证机构根据债务人不履行或者履行不适当的情况出具执行证书（出具执行证书环节）、债权人依据公证债权文书、执行证书向法院申请强制执行（申请法院强制执行环节）。其中，前两个环节的申请费用属于公证费用，且相应的收费模式并不相同。根据《H省公证服务收费管理办法》（2020年修正）的规定，合同公证环节的申请费用是在证明合同（协议）公证基础上按每件1000元的标准加收，而涉及财产关系的合同公证则按照按标的额比例分段累计收费，收费往往较高；出具执行证书环节的申请费用则按照每件1000元的标准收取，收费相对较低。由此可见，赋强公证收费存在先多后少的特点。但从赋强公证的适用情形来看，大部分办理赋强公证的债权债务关系并未出现债务人不履行或者履行不适当等情况，公证机构出具执行证书的比例较低，故而，很多金融机构不愿意因此而承担前期较为高昂的合同公证或赋强公证成本。有鉴于此，有必要转换赋强公证费用收取的模式，先少后多，将部分公证成本转移到出具执行证书环节，优化金融机构办理赋强公证的成本结构，提高金融机构申请赋强公证的主观意愿。其三，发挥公证员协会的协调作用，从省一级金融机构入手，解决金融机构申请办理赋强公证的费用支出名目问题，明确将公证费用纳入金融机构的运营成本。其四，加强公证机构与法院之间的业务交流，并通过业务指导、研讨分析等方式提升赋强公证的质量，从而保障赋强公证能得到顺利执行。

（六）建立信息资源共享机制，加强公证核实力度

信息资源相对闭塞是影响公证核实的重要缘由。司法部应当加强与公安、民政、不动产登记机构等部门之间的合作，实现全国公证信息资源与户口、婚姻关系、不动产登记等信息资源之间的整合，提高公证信息查询核实效率。事实上，在 2018 年，司法部、自然资源部便共同出台了《关于推进公证与不动产登记领域信息查询共享机制建设的意见》，在全国范围内推进公证与不动产登记领域的信息查询共享。接下来，司法部应进一步推进与公安、民政等其他部门之间的信息资源共享与整合。在信息平台方面，以全国公证行政管理和行业管理系统为依托，加大投入与开发，实现公证与其他部门信息资源之间的全方位、实时对接，确保查询信息的准确性与及时性。

加强公证核实力度还可从以下几点进行：

第一，修改公证法律规范，明确违反配合核实义务的法律后果，以及当事人提供虚假信息的制裁措施。《公证法》确立了公证机构对于有疑义的公证事项与证明材料享有核实权，且明确要求“有关单位或者个人应当依法予以协助”，但并没有对公证核实的强制措施以及有关主体不予配合的法律后果作出规定。从公证运行的实践来看，公证核实受阻的问题日益严峻，许多部门、组织对公证机构核实的配合和支持程度较低。为保障公证质量，有必要对《公证法》进行修订，明确规定有关单位或者个人拒绝或消极配合公证机构核实应承担的法律责任，督促其依法协助公证机构开展核实工作。另外，对于提供虚假证明材料的当事人，应由主管的司法行政机关对其采取罚款等行政制裁措施，造成他人权益损害的，还应承担民事赔偿责任。通过这些制裁手段，对不法当事人形成震慑，保障当事人诚实善意地提交真实的证明材料，减少公证机构的核实风险。

第二，司法厅、省级公证员协会应当加强与公安、民政、不动产等行政部门之间的沟通协作，从省一级打通与相关部门之间的核实通道，明确信息查询与核实的具体流程与规范。

第三，一些经营效益较好的公证机构，可以探索建立公证核实组，专门从事公证核实业务，提高核实效率。

第四，明确公证审查核实的程度，只要达到“高度盖然性”的标准，便可认定公证事项为真实而予以出证。公证机构审查核实申请公证事项以及相关证明材料是否真实，事实上是主观判断，受制于公证员的能力、成本与效率等因素，公证员所认定的真实其实也是一种“法律真实”，无法达到“客观真实”的程度。那么，公证员核实到什么程度才算是达到“法律真实”？由于公证事项一般限于民商事和经济领域，公证证据也主要在民事诉讼中得以适用，故而，公证核实的程度也应比照民事诉讼的证明标准，采“高度盖然性”的核实标准。

（七）加强公证服务信息化建设，积极探索在线公证模式

公证信息化是公证行业改革创新的重要任务。熊选国副部长在全国公证工作会议上强调公证信息化建设是一项系统工程，当前要重点做好整体规划和布局、推进公证业务信息化、推进公证管理信息化、推进信息互联共享等四个方面的内容。针对H省公证信息化建设的不足，应当着重从以下几点加快推进公证信息化：一是加强公证机构的门户网站、公众号等平台的建设。门户网站与公众号是公证机构对外展示的“窗口”，有助于提供公证的整体形象，增强群众对公证服务的认可度。省内各公证机构应加大投入，大力建设自己的门户网站、公众号，合理布局各版块内容，积极推送或转发有关公证信息，发挥平台宣传、服务延伸等综合功能。二是大力开展在线公证业务，积极探索在线公证模式。公证机构可依托门户网站、公众号等信息平台，开通网上预约、网上咨询等基本功能，为群众申请公证提供便利。具备条件的公证机构可以通过购买或与第三方合作开发的方式，建立在线公证系统，实现公证业务全流程在线办理，即线上申请公证、受理、资料上传、远程视频、审核、在线签名等，真正实现当事人在家即可办证，做到“一次都不跑”。同时，司法行政机关或公证协会应加快制定《在线公证规则》，并加强对公证机构开展在线公证的业务指导。三是以用户反馈的需求或问题为导向，加强省级办证系统建设，提高用户体验感与办证效率，切实发挥该系统在推进H省公证管理信息化方面的重要作用。

（八）大力开展公证业务培训交流，提升公证服务水平

一是大力开展公证职业技能培训。在全体公证队伍开展入职教育、岗位培

训、更新知识培训、计算机技术运用等各类职业培训，并在培训内容上重点突出对公证业务技能实战培训。司法行政机关或公证员协会应制定公证人员业务培训计划，确保公证员每年职业培训时间不少于40学时，培训覆盖面需达到100%。公证培训可以线下、线上以及在优秀公证机构跟班学习等多种方式进行，满足各公证人员的培训需求。

二是加强公证队伍的业务研究与人员交流。定期组织开展公证理论研究和实务研讨活动，通过区域内各公证机构之间的相互交流学习，共同提升公证业务水平。加强与高校法学院系、科研基地、法院、律师等之间的合作交流，打破行业内研讨交流的知识与理念僵化，拓宽公证视野。鼓励公证人员参加全国性的公证研讨与培训交流活动，并在财政等多方面支持公证人员去外省优秀公证机构进行学习交流，汲取优秀经验。

三是加大公证培训与人才培养的资金投入。各公证机构每年要设立公证人才培养的资金预算，在年收益中提取一定比例的资金用于公证人才培养。地方司法行政机关或公证员协会也应对当地公证人员培训交流、人才培养有固定资金的投入。另外，对公证人员在职期间取得硕士研究生以上学历、入选优秀公证案例、在省级以上专业刊物发表论文等，可以给予一定的物资奖励。

四是建立公证人才代际传承机制。鼓励和引导公证行业内建立“名师带徒”制度，对于具备条件的公证机构可通过“老带新”“传帮带”等方式，搭建青年公证人才快速成长平台。

五是加大公证办证硬件设施建设，提升公证服务水平。由司法行政机关出面，通过多方协调与沟通，解决部分公证机构办证场地紧张问题，加强遗嘱室、录像室等办证室的配备。对于具备条件的公证机构，应当积极推动接待、办证、制证、档案、文印等各功能场所的科学合理划分，优化公证工作环境。另外，通过设备采购、财政支持等方式，在全省各公证机构实现身份证识别仪、人脸识别系统全覆盖，加强公证办公设备的整体配备。

司法鉴定服务现状考

一、现状分析

（一）司法鉴定机构现状

1. H 省的司法鉴定机构数量情况

通过统计 H 省司法鉴定机构的数量，再与全国平均水平进行比较：一方面可以得知 H 省司法鉴定机构数量是否达到全国平均水平；另一方面可以初步估计 H 省的机构数量是否能够满足本省对司法鉴定业务的需求。

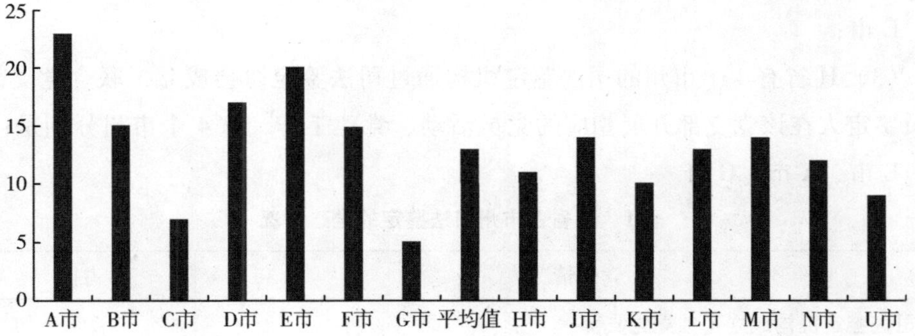

图 1　H 省的司法鉴定机构数量现状

（1）H 省司法鉴定机构的机构数量总计 185 家；

（2）H 省司法鉴定机构数量最多的市州是 A 市，总计 23 家；

（3）H省司法鉴定机构数量最少的市州是G市，仅5家；

（4）H省司法鉴定机构数量的平均值是13家；

（5）根据司法部公共法律服务管理局授权发布、点睛网负责运营维护的国家司法鉴定名录网数据，截至2020年3月26日，我国司法鉴定机构总数量为3042家，各省司法鉴定机构数量的平均值为90家，H省司法鉴定机构的数量显著高于全国平均数，反映出H省整体司法鉴定行业具有较大规模。

2. H省司法鉴定机构的内部管理制度的建设情况

通过对H省各个市州提供的材料数据分析与实地调研访谈，发现各市州司法鉴定机构都普遍制定了较完善的机构内部管理制度，基本完成了制度上墙公示等工作。

3. H省司法鉴定机构的党建工作的开展情况

根据《中国共产党章程》规定，凡是有正式党员3人以上的，都应当成立党的基层组织，并且定期不定期地开展党员活动，加强党群联系。因此，是否设定党支部及开展相应党建工作亦构成司法鉴定机构规范化运行的重要考察方面。

（1）根据实地调研访谈，发现目前H省绝大多数司法鉴定机构是依托于医院或者高校等，以类似于二级机构的形式存在，因此这些司法鉴定机构并没有成立独立的党支部，其党员鉴定人是通过其所属的医院或者高校等开展相应的党员活动、党建工作；

（2）H省仅有2个市州的司法鉴定机构成立了独立的党支部，分别为：J市、E市；

（3）H省有4个市州的司法鉴定机构通过司法鉴定协会成立了联合党支部，党员鉴定人在该党支部开展相应的党员活动、党建工作，这4个市州分别是：D市、E市、A市、C市。

表1　H省各市州司法鉴定的党建情况

党建情况	占比
仅司法鉴定机构成立了独立党支部	7%
司法鉴定既成立了独立党支部也成立协会联合党支部	7%
仅司法鉴定协会成立了联合党支部	22%
司法鉴定没有成立独立党支部和协会联合党支部	64%

4. H 省司法鉴定机构的办公设施与仪器设备的配备情况

考察 H 省的司法鉴定机构的办公环境是否优良以及就司法鉴定业务范围内是否配备齐全的仪器设备，可以直接反映 H 省司法鉴定服务的硬件条件。

（1）根据相关材料梳理与实地调研访谈得知：H 省各市州的司法鉴定机构在其已经具备资质资格的鉴定业务范围内所需要的设施设备基本配备齐全。

（2）然而，由于一些市州的司法鉴定机构的鉴定业务量不足，出现了因收入不足以维持设施设备的供应与保养，逐渐出现设备缺失与老化的现象。例如，通过实地调研访谈发现，G 市的司法鉴定机构由于开展尸检鉴定业务极少，最终导致尸检台设备的淘汰。

5. H 省司法鉴定机构的鉴定业务类型情况

为分析 H 省司法鉴定业务类型是否齐备，对 H 省是否实现了四大类鉴定业务的全覆盖，能否全面满足 H 省人民群众的鉴定业务需求进行了考察。同时，还就各市州中存在未实现全覆盖的原因进行分析、提出建议。

（1）司法行政主管四大类司法鉴定业务，包括：① 法医类鉴定（法医病理鉴定、法医临床鉴定、法医精神病鉴定、法医物证和法医毒物鉴定）；② 物证类鉴定（文书鉴定、痕迹鉴定和微量鉴定）；③ 声像资料鉴定（包括对录音带、录像带、磁盘、光盘、图片等载体上记录的声音、图像信息的真实性、完整性及其所反映的情况过程进行的鉴定和对记录的声音、图像中的语音、人体、物体作出种类或者同一认定）；④ 环境资源损害类鉴定（污染物性质鉴定、地表水和沉积物环境损害鉴定、空气污染环境损害鉴定、土壤与地下水环境损害鉴定、生态系统环境损害鉴定、其他环境损害鉴定）。

（2）各市州中具备法医类、物证类、声像类这三类传统鉴定业务的市州是 E 市、A 市、B 市。

（3）各市州中实现了法医类、物证类、声像类、环境资源损害类四类鉴定业务全覆盖的市州仅有 A 市与 B 市。

综上可知，H 省基本面上实现了司法鉴定业务四大类的全覆盖，然而，基本面上的全覆盖不等于业态的均衡发展，根据访谈知悉，不少市州的鉴定机构存在业务类型单一的问题。

（二）司法鉴定人员现状

1. H省司法鉴定人员数量情况

某个区域内司法鉴定人员的数量可以直观地反映出该区域内满足司法鉴定业务需求的能力大小，从理论上来看，人数与满足需求的能力成正比。

（1）H省的司法鉴定人员总数是1758名；

（2）各市州的司法鉴定人员数量分别为：A市（316名）、B市（175名）、E市（165名）、J市（149名）、N市（132名）、F市（128名）、M市（114名）、D市（105名）、C市（103名）、K市（95名）、L市（86名）、H市（67名）、U州（65名）、G市（58名）；

（3）H省的司法鉴定人员各市州数量的平均值是126名。

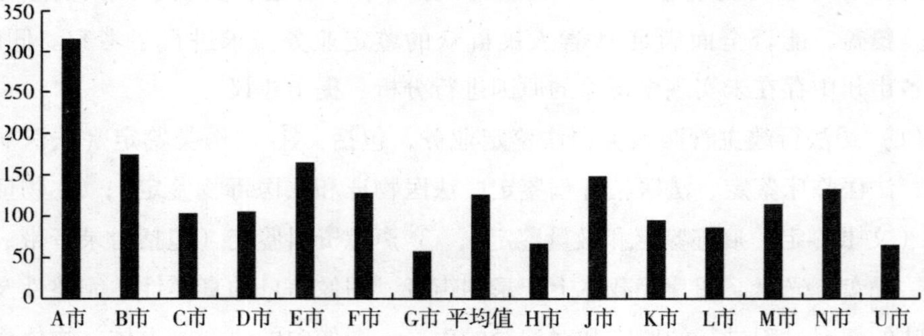

图2　H省司法鉴定人员数量现状

（4）① 各市州的司法鉴定机构中，鉴定人数量最多的机构是A市的某安司法鉴定中心，共计45名鉴定人；② 各市州的司法鉴定机构中，鉴定人数量最少的机构共9家，均只有3名鉴定人，分别为D市的某泰司法鉴定所、E市的某医专司法鉴定所、J市的某常司法鉴定所、H市的某吉司法鉴定所、L市的某阳司法鉴定所、L市的某峰司法鉴定所、L市的某宜司法鉴定所、N市的某周司法鉴定所、U市的某格司法鉴定所。

2. H省司法鉴定人员结构

为了解H省司法鉴定人员结构的合理性，主要从三个方面予以考察：执业司法鉴定人员中的副高以上职称比、执业司法鉴定人员中的专职比以及执业司法鉴定人员中的 45 岁以下人员的年龄比。① 高职称意味着：鉴定人员的职业素质较高；② 专职比高意味着：鉴定人员的工作专注度高；③ 45 岁以下鉴定人员年龄比高意味着：鉴定人员队伍新鲜血液充足，整个鉴定行业处于良性循环过程。

（1）H 省司法鉴定机构人员职称情况

H 省各司法鉴定机构的鉴定人员达到副高以上职称的总人数是 1066 名，占鉴定人员总数的 60.6%；司法鉴定人员副高职称比最高的市州是 N 市，达 77%；司法鉴定人员副高职称比最低的市州是 J 市，仅 42%。

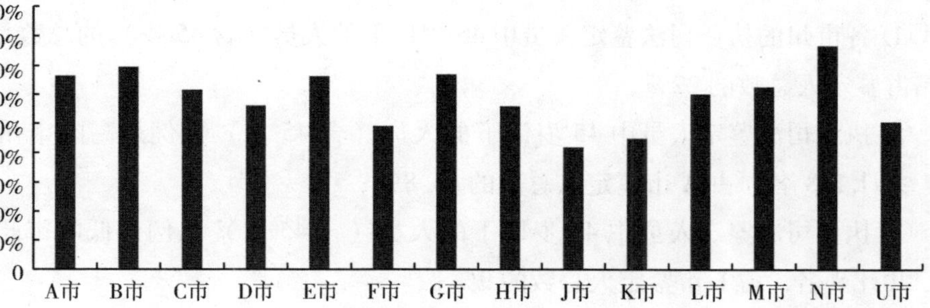

图 3　H 省司法鉴定机构人员副高职称比情况

（2）H 省司法鉴定机构人员专职情况

各市州的专职鉴定人员的总数是 695 名，各市州的专职鉴定人员的平均值是 50 名，A 市的专职鉴定人员数量最多，达 127 名，G 市的专职鉴定人员数量最少，仅 12 名。

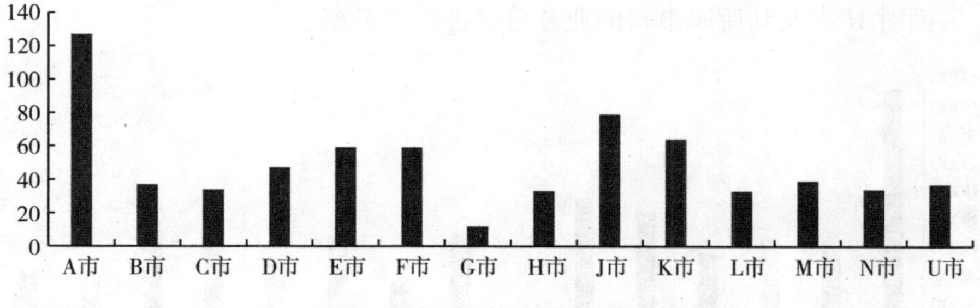

图 4　H 省司法鉴定机构人员专职人数现状

以市州为单位，K 市的专职鉴定人比例最高，达 68%；G 市的专职鉴定人比例最低，仅有 20.7%。

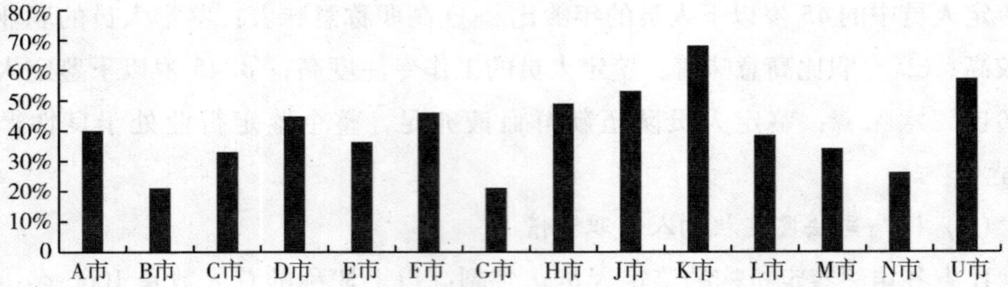

图5　H省各市州司法鉴定人专职比情况

（3）H省司法鉴定机构人员年龄情况

① 各市州的执业司法鉴定人员中45岁以下的人员（含45岁）的总数是385名，占鉴定人总数的22%；

② 执业司法鉴定人员中45岁以下的人员（含45岁）比例最高的市州是A市，共计148名，占A市鉴定人总数的46.8%；

③ 执业司法鉴定人员中45岁以下的人员（含45岁）比例最低的市州是L市，共计8名，占L市鉴定人总数的9%；

④ H省执业司法鉴定人员中45岁以下的人员（含45岁）平均值是27名。

（三）司法鉴定业务现状

1. H省司法鉴定业务量情况

司法鉴定业务总量可以说明司法鉴定行业本身的体量、规模、市场化的程度等，因而对H省及其所属市州的业务总量进行了考察。

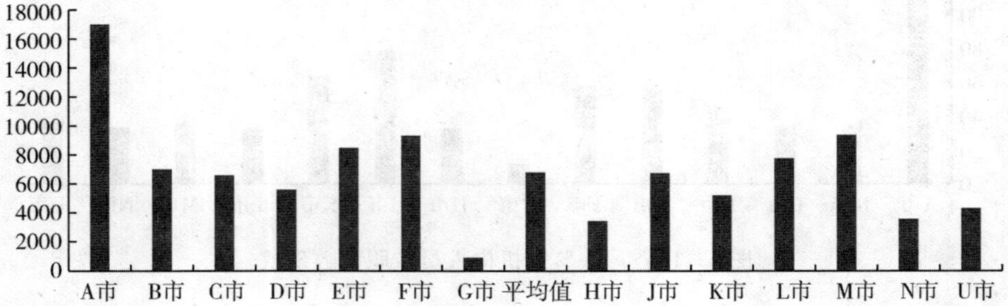

图6　H省各市州司法鉴定业务量情况

（1）H 省的司法鉴定业务量的总数是 95423 件；

（2）司法鉴定业务量最多的市州是 A 市，共计 17000 件；

（3）司法鉴定业务量最少的市州是 G 市，共计 914 件；

（4）各市州的司法鉴定业务量的平均值是 6816 件。

2. H 省非诉类鉴定业务情况

通过统计非诉类鉴定业务数量及其占总鉴定业务的比例，可以了解司法鉴定行业的诉前化解功能发挥的效能程度。

（1）H 省非诉类鉴定业务量总计是 50269 件；

（2）非诉类鉴定业务量最多的市州是 A 市，共计 10000 件，占 A 市鉴定业务量总数的 58.8%；

（3）非诉类鉴定业务量最少的市州是 G 市，共计 548 件，占 G 市鉴定业务量总数的 60%；

（4）H 省各市州非诉类鉴定业务量的平均值是 3591 件。

通过数据分析可以得知在 H 省的司法鉴定业务中，非诉类鉴定业务量在整个司法鉴定业务量当中占较高比例，表明了 H 省的司法鉴定行业在诉前的纠纷当中起到了较好的诉前化解纠纷的作用。

3. H 省法律援助类司法鉴定业务情况

既然将司法鉴定纳入公共法律服务中，就应当体现出其公益性，尤其是其中的法律援助类司法鉴定业务的实际开展情况应作为重点事项予以考察。

（1）H 省没有任何一个市州的市司法局制定了法律援助类司法鉴定的实施办法和设有法律援助类司法鉴定专项经费。

（2）各个市州存在法律援助类司法鉴定业务的实践。具体到各个市州：法律援助类司法鉴定业务量最多的市州是 J 市，共计 186 件（2.8%）；法律援助类司法鉴定业务数量最少的市州是 D 市，数量为 0 件。

（3）J 市法律援助类司法鉴定业务数量最多的原因是：因为 J 市司法局的领导重视推动该项工作的开展，J 市的司法鉴定机构自主制定了法律援助类司法鉴定的实施办法和设有专项经费。

（四）H 省司法鉴定质量现状

1. H 省司法鉴定机构资质等级情况

一个司法鉴定机构能够通过国家级资质认定和实验室认可、国家实验室认可或者省级资质认定中的任何一个，说明该司法鉴定机构鉴定人的专业度、鉴定设备的配备情况、鉴定业务开展情况等都获得了权威性的认证，反映了其鉴定质量的优异性。

（1）H 省通过国家级资质认定和实验室认可的鉴定机构共 4 家，分别是：某雅医院司法鉴定中心、某蓉司法鉴定中心、某衡司法鉴定所、某信司法鉴定所；

（2）H 省通过国家实验室认可的鉴定机构共 3 家，分别是：某雅司法鉴定中心、某电子数据司法鉴定中心、某人民医院司法鉴定中心；

（3）H 省通过省级资质认定的鉴定机构为包括某真司法鉴定所、某证司法鉴定中心、某河司法鉴定所、某环境保护科学研究院、某安司法鉴定中心、某华司法鉴定所、某楚司法鉴定所、某大学司法鉴定中心、某文司法鉴定中心在内的 34 家司法鉴定机构；

（4）获得上述高级认定资质的机构最多的市州是 A 市，共计 17 家，其中国家级 7 家，省级 10 家；

（5）没有获得上述高级认定资质的机构的市州分别是 D 市、E 市、H 市、U 市、G 市、M 市。

2. H 省司法鉴定重新鉴定率情况

司法鉴定重新鉴定率在一定程度上反映了司法鉴定机构出具的鉴定意见书获得被鉴定人的认可程度，具有一定的评估价值。根据相关材料梳理与实地调研抽查，发现 H 省各市州的司法鉴定重新鉴定率情况如下：

（1）司法鉴定重新鉴定率最高的市州是 N 市（2.44%）；司法鉴定重新鉴定率最低的市州是 E 市（0.1%）；

（2）H 省司法鉴定重新鉴定率超过 2% 的市州有两个，分别是 N 市（2.44%）与 B 市（2%）；

（3）H省司法鉴定重新鉴定率维持在较优水平，即低于1%的市州分别是E市（0.1%）、F市（0.8%）、U市（0.53%）、G市（0.2%）；

（4）H省司法鉴定重新鉴定率的平均值是1.23%。

根据上述统计情况可知，H省大多数市州的司法鉴定重新鉴定率保持在较低水平，但就个别市州而言，司法鉴定重新鉴定率存在偏高的情况。需要注意的是，本实证考察所获得的上述数据，主要依靠有限的材料梳理，并且在多次的访谈中发现关于重新鉴定率的理解和统计，机构间存在一定分歧，可能因此造成最后统计结果上的误差。

3. H省司法鉴定有效投诉率情况

有效投诉率是指人民群众对于司法鉴定机构或鉴定人员存在的一些违法操作或者侵犯其合法权益的行为，向司法行政部门反映，监管部门受理并查明属实的，对司法鉴定机构或鉴定人员进行处罚，包括勒令整顿、行业惩戒与行政处罚等，这些案件数占当年鉴定业务总数的比例，这一比例能够反映人民群众对该市司法鉴定行业的满意度。

（1）各市州司法鉴定有效投诉率为0的市州共计9个，分别是J市、D市、H市、F市、B市、C市、K市、G市、M市；

（2）各市州中，E市（0.01%）、A市（0.017%）、N市（0.03%）、U市（0.02%）、L市（0.05%）的司法鉴定有效投诉率低于8/10000但不为0。

根据对各市州的材料梳理以及实地调研访谈的情况可知：H省各市州司法鉴定机构的整体运营情况较好，各市州人民群众对各市司法鉴定行业较为满意。

4. H省各市州司法鉴定机构及人员受到惩戒情况

（1）H省（2019—2020年）各市州司法鉴定机构及人员受到行业惩戒或行政处罚的总数是12例；

（2）各市州司法鉴定机构、司法鉴定人员受到行业惩戒或行政处罚最多的市州是A市（超过3起）；

（3）各市州的司法鉴定机构、司法鉴定人员没有受到行业惩戒或行政处罚的市州共计9个，分别是J市、H市、F市、B市、C市、K市、G市、L市、M市；

（4）各市州中，存在但低于3起司法鉴定机构、司法鉴定人员受到行业惩戒或行政处罚案例的市州共计4个，分别是D市、E市、N市、U市。

二、问题分析

（一）地域发展不均衡

从统计数据的角度分析，14个市州司法鉴定发展水平差异很大。H省东部、北部城市的司法鉴定发展相对较快，如A市、B市、F市和J市；而H省西部城市的司法鉴定发展相对较慢，如U市、G市和H市。且上述市州之间的差距较大。从司法鉴定机构数量来看，位于榜首的A市具有23家，而G市仅有5家；从2020年业务量来看，案件数量最高的城市可以达到17000件，但最少的却只有914件；即便是在同一个市州，市与县区的司法鉴定机构差距也非常大，以A市为例，其下辖某宁县的某楚司法鉴定所2019年度业务量有710件，而同样位于A市城区的某人民医院司法鉴定中心上年度业务量有1816件。以上数据直观地说明了H省各市之间，市与县区之间的司法鉴定发展不均衡的现状。

从司法鉴定机构进行分析，经济发达程度不同的城市，其司法鉴定机构发展模式配套存在差异。目前就H省司法鉴定机构的发展模式来看，主要有三种类型：传统的医院二级机构制司法鉴定机构；发起主体与其他组织合作建立的司法鉴定机构；公司制的司法鉴定机构。通过调研访谈发现，医院二级机构制的司法鉴定机构在H省相对普遍，在各个市州均有此类型的司法鉴定机构，此类司法鉴定所附属于医院，基础设施、鉴定人员、财务管理都来自医院；在经济发展适中的城市，出现了合作建立的司法鉴定机构。合作建立的司法鉴定机构区别于医院二级机构制司法鉴定机构的是其法人不再是医院的行政领导人员，而是其他自然人或法人，与医院采用签订合作协议的形式，与医院共享设备，自负盈亏的经营模式。合作建立的司法鉴定机构在一定程度上摆脱了医院的管理，具备经营能动性和积极性。而在经济发展较好的A市，则出现了首个公司制的鉴定机构——某安司法鉴定中心，这是面对司法鉴定服务的社会需求作出的一次创新性的探索，其走出了民营司法鉴定规模化、品牌化、科学化之路。但目前经济发展欠佳的城市只配备了传统的司法鉴定经营模式，整体活力不足、入不敷出的现象较为普遍。

（二）业务类型相对单一

整个 H 省的业务类型从种类来说基本满足四大类（法医类、物证类、声像类、环境损害类）全覆盖的要求。但从普及程度来说，只有法医类司法鉴定达到普及的程度，物证类司法鉴定相对较少，声像类和环境损害类的司法鉴定则是屈指可数。

H 省共有 185 家司法鉴定所，具有法医类司法鉴定业务的有 171 家，具有物证类的司法鉴定机构有 12 家，而具备声像类的司法鉴定机构仅有 6 家。具备环境损害鉴定的司法鉴定机构全省更是只有 2 家。经调研了解，声像类和环境损害类司法鉴定由于其专业性更强，需要更多的高学历人才以及成百上千万的高精度仪器设备才能支撑其日常运作，而传统的司法鉴定所缺乏经济实力开展此类业务。

法医类司法鉴定有五个子项目：法医病理类司法鉴定、法医临床类司法鉴定、法医精神病类司法鉴定、法医物证类司法鉴定、法医毒物类司法鉴定。H 省区县一级的司法鉴定机构普遍只开展一到两项子项目，并以法医临床、法医病理、法医毒物为主。业务类型单一使得被鉴定人需要异地甚至多次办理，这给被鉴定人带来了很大不便。司法鉴定机构的业务类型种类的申请并不受限制，但 H 省司法鉴定机构整体表现出业务类型单一的问题，大大降低了公共法律服务的公共性，也无法实现便民的宗旨。

（三）鉴定人员结构有待优化

司法鉴定人员结构问题是制约 H 省司法鉴定行业发展的重要因素之一，只有高学历与实务能力并重的人才的不断涌入，才能使司法鉴定行业蓬勃发展。经统计分析本次调研所得数据，H 省司法鉴定人员结构存在着严重的问题。司法鉴定人员的年龄结构和专兼职比例均有待优化。H 省司法鉴定行业的鉴定人员年龄结构出现老龄化的现象，从事司法鉴定行业的人员年龄普遍偏大，45 周岁以下的司法鉴定人员在整个司法鉴定人员队伍中仅占 22%。归根结底是传统经营模式造成的困境，具体如下：其一是司法鉴定机构依附于医院，鉴定人员直接来源于医院，招聘人才需通过医院的筛选，因此大大限缩了人才引进的路径；其二是传统经营模式是院长负责制，但由于权力配置不合理而导致出现了院长有责无权的窘境，院长因畏惧担责从而导致司法鉴定机构无法得到更大的权限吸引非医院系统的人才；其三是司法鉴定的专业性高使得医院为了避免投诉纠纷而谨慎聘用年轻人才，更愿意选择有一定工作经验的医生。

除了年龄老化的问题，专兼职比更反映出司法鉴定行业存在的问题。目前整个行业的司法鉴定人员均是以兼职为主，辅之以专职人员，兼职人数占比高达60%。司法鉴定的专业度高，鉴定结果能直接决定当事人的利益，特别是在2017年《民事诉讼法》修订之后，司法鉴定的作用显著提升。但是，以兼职人员为主的配套方案与其在诉讼程序上的重要地位不相匹配，如果该问题无法解决，金钱鉴定、人情鉴定等乱象必然会蔓延。除了兼职人员的问题，司法鉴定行业的专职人员也存在“挂名化”的问题。目前专职人员除了鉴定机构负责人，主要是来自公检法的退休法医师。部分地区的司法鉴定机构对专职人员的聘任只是为了符合法定要求，最终所聘请的专职人员并没有发挥到该有的作用。司法鉴定队伍的结构改革任重道远。

（四）法律援助类司法鉴定推动不足

司法鉴定属于公共法律服务，必须以人民为中心，促进社会公平正义为宗旨，同时保障困难群众也能获得必要的司法鉴定服务。法律援助类司法鉴定正是司法鉴定公益属性的重要体现。2021年1月21日，司法部公共法律服务管理局印发《司法鉴定与法律援助工作衔接管理办法（试行）》（以下简称《办法》），就加强司法鉴定与法律援助工作衔接，依法减免受援人司法鉴定费用作出明确规定。《办法》第八条规定，司法鉴定机构依法减免法律援助案件受援人司法鉴定费用。法律援助机构可以按照相关规定，将法律援助案件中产生的司法鉴定费用列入直接费用予以安排。司法鉴定机构减免司法鉴定费用和法律援助机构安排核报的司法鉴定费用比例或额度由各省（区、市）、新疆生产建设兵团根据本地实际情况确定。

由于实地调研时间在《办法》出台之前，H省各市州的司法行政机关对法律援助类司法鉴定未出台相关规定和设定法律援助类的经费，法律援助类司法鉴定费用也由司法鉴定机构单独承担。由于缺乏政策和经费的支持，除了个别市州提倡司法鉴定机构主动为法律援助类案件做费用减免，办理了一定数量的法律援助类司法鉴定案件，H 省其他市州办理该类案件的数量极少。可见，当前 H 省各市州司法鉴定机构对于办理法律援助类案件的积极性普遍不高，主要原因可能在于司法鉴定机构减免费用与法律援助机构核报费用之间缺乏具体衔接机制。此次《办法》的出台着重解决的便是这个问题，各市州对该政策的落实情况极为关键。

（五）额外名册影响公平竞争

H 省司法厅每年度都会发布司法鉴定机构、鉴定人名册，所有符合规定的司法鉴定机构都能对外接受司法鉴定业务的委托，并且我国司法鉴定机构没有级别之分，这决定了司法鉴定机构之间的地位是平等的，而不存在领导与被领导的关系，因此司法鉴定市场内可以展开合理的公平竞争。但根据司法鉴定机构反映，目前存在着法院、交警大队、保险公司等主体另设司法鉴定目录的现象，造成了某些获得资质的司法鉴定机构却无法获得该有的案源，严重影响了行业内部的秩序。由于本次调研对象不包括法院、交警大队、保险公司等主体，除了法院外，无法判断其他主体的该类行为是否具有正当性，但不能排除其中的违法可能性。

首先，关于法院限定名册的行为具有合理性，但可能影响鉴定机构之间的公平竞争的问题。根据最高人民法院 2020 年公布的《关于人民法院对外委托司法鉴定机构管理规定》，人民法院委托鉴定工作实行对外委托名册制度。对外委托名册是指根据审判执行工作需要，通过事前集中审查，将自愿报名并符合一定条件的鉴定机构鉴定人分门别类编制成册，方便当事人协商和人民法院随机选择，以减少对外委托工作的随意性和盲目性，有利于提高审判执行工作质效。但该名册是否对外公布，另设司法鉴定机构名册的标准是否公开，该名册的设定是否在事实上具有影响公平竞争的效果？以上问题在实践中争议较大。根据走访的情况来看，只有较少的司法鉴定机构知道该名册是否存在；如果名册存在而不对外公开，选定标准不公开，那法院的权力就无法得到有效的监管，名册的设定倘若造成了事实上影响公平竞争的效果，违法违规的可能性则会增大，名册背后存在与鉴定机构之间的不当利益联系的风险就不能被忽略。此外，司法鉴定机构反映存在交警大队、保险公司指定司法鉴定机构的现象，并且均无法给出令人信服的回复。司法鉴定委托单位选定司法鉴定机构必须本着公平公正公开、便民高效的原则，不能破坏司法鉴定市场的正常运作。额外名册的存在很可能在一定程度上干扰行业内司法鉴定机构之间的公平竞争，不利于司法鉴定行业整体的发展。

（六）鉴定问责依据不足

司法鉴定意见被称作“证据之王”，在诉讼中双方谁有过错及其过错大小，法官大都依照司法鉴定意见作出判决。然而，目前鉴定人作出的错误鉴定缺乏有效的问责机制，主要起到监督制约作用的是鉴定人出庭作证环节，但从本次调研的情况来看，在整体的司法鉴定案件当中，法院通知司法鉴定人出庭的案件非常少。《民事诉讼法》明确规定了鉴定人出庭作证的制度和不出庭的后果，但在司法实践中，如果当事人对鉴定结果质疑或不满，法院更倾向于以重新鉴定的方式解决而不是要求鉴定人出庭。法院不会因为鉴定人的错误鉴定而追究其法律责任，这大大降低了鉴定人的违法成本。

司法鉴定监督机关对司法鉴定人案件质量的监督主要通过投诉查处、检查资质设备和查阅卷宗等方式，对存在问题的鉴定意见难以从实体内容上对司法鉴定人员进行有效的问责和纠错。即便是在程序上发现了错误，市一级司法局也没有权限对其违法行为进行查处，必须报省级司法局审核再作出处罚与否的决定，因此每年在H省受到行政处罚的司法鉴定机构或司法鉴定人的案件极少。并且，司法鉴定协会的行业监督也未能发挥应有的作用，基本上处于形同虚设的状态。

在缺乏问责机制的情况下，鉴定人限于技术水平或者责任心问题，加上法律上没有明确认定故意或重大过失的技术方法，即便出现了结论错误的鉴定意见，往往也无从处罚。如何建立对司法鉴定人的问责制，保证司法鉴定的质量处于较高水平，是一个需要研究解决的社会问题。

三、对策建议

（一）建立与经济发达程度相匹配的司法鉴定二元评价体系

我国经济社会发展存在突出的地域不均衡问题，中东南沿海地区与中西部地区之间、城市地区与农村地区之间、经济发达城市与经济欠发达城市之间，无论是经济体量、人口数量、基础设施、公共资源等方面均存在巨大的差距。这一差距同样反映在司法鉴定的业态发展当中，如果在制定以市州为评价对象的评估指标体系时，将经济发达的 A 市与经济落后的 U 市、G 市等城市放在同一评估指标之下，不仅对后列城市不公平，而且还会对后列城市造成面向未来的不良导向。这种差异化的指标设计考量同样适用于其他省份。因此，在今后构建并进一步优化司法鉴定评估指标体系时，可以在以下方面予以重视：

首先，应当将评估对象城市的 GDP 体量与人口数量纳入指标设定的框架当中予以考量。例如，在评估司法鉴定业务数量时，不宜采取一元结构的定量评价，而更适合以年度 GDP 体量和人口体量作为划分区间，设计两个相互独立区间的考评标准，即采用一种二元机构的评价指标体系。

其次，应当对处于上述不同区间的城市制定不同程度的指标。例如，对于经济体量和人口数量庞大的城市，无论是司法鉴定机构数量、司法鉴定人员数量、司法鉴定业务数量还是司法鉴定业务类型覆盖等，均应当采用较高的评估标准，否则轻易即可达标，不能实现面向未来规划的发展性。反之，则应当采用较低标准，但又同时具有相对超越其现状的发展指标。

最后，应当对两个不同区间城市的司法鉴定机构采取不同的发展政策。例如，在一些经济发达的市级城市，其司法鉴定机构往往存在公司制类型，其技术条件、人员队伍、业务数量等均具有突出的优势；而一些处于欠发达区县城市的司法鉴定机构则长期处于入不敷出的运营困境。对于前者，应当制定鼓励市场化的发展政策，对于后者，则应当制定政府支持的公益保障政策。

（二）统筹推进业务类型覆盖的供给侧改革

由于纳入公共法律服务体系当中的司法鉴定包括法医类鉴定、物证类鉴定、声像类鉴定、环境损害类鉴定四类。相应的，应当侧重从促进司法鉴定服务供给的覆盖率角度来设计各省的机构业务类型布局，具体而言，可以从以下两个方面努力：

一方面，统筹推进四大类业务覆盖的区域供给均衡。从 H 省的情况来看，在实现省内四大类齐全的情况下，目前环境损害类司法鉴定只有东部的 A 市和 B

市两个城市开展相应业务。然而，整个H省的西部城市尚未有一家司法鉴定机构开展此类业务，而如G市、U市等西部城市正是H省自然资源和生态环境保护的重心，因此，应当考虑在司法鉴定的发展规划中，通过充分调查研究和资源整合，助力H省西部地区建立一家具有开展环境损害类鉴定业务的司法鉴定机构。同理，在以省为区划单位来考虑司法鉴定业务发展的均衡性时，应当在结合地缘联系的基础上，合理划定为几个区域，做到区域内的业务类型全覆盖。

另一方面，统筹协调市县两级业务覆盖的供给均衡。考虑到H省声像类鉴定和物证类的设备和人员门槛较高，且业务体量不高的情况，因而不能要求所有城市均具有这两项业务类型。然而，却可以通过梯度区分的思路来进行鉴定服务供给的布局，在市州一级，加快推进除环境损害类鉴定以外的三类业务类型全覆盖。在某些市州存在物证类或声像类开展确有突出困难的情况下，亦可通过完善市际合作的方式满足该市群众的司法鉴定服务需求；在区县一级，考虑到目前主要依托医院开展法医类司法鉴定业务的现状，工作的重心在于同时避免司法鉴定机构之间的重复建设和子项目类型缺失问题。通过统筹协调，推进各司法鉴定机构之间法医类业务的重点建设，实现法医临床、法医病理、法医毒物等子项目的全覆盖。同理，从全国各省司法鉴定业务的市县两级发展的均衡性出发，亦应考虑市级承担高门槛业务供应，县级保障基本业务供应的方案。

（三）构建有吸引力的司法鉴定人员保障制度

无论是从人民群众的司法鉴定服务需求的满足还是从司法鉴定机构的持续发展来看，司法鉴定人员队伍的数量和质量是最为基础的支撑。现有的司法鉴定机构主要是依托医院、高校等平台，其业务申报的人员资质亦借助于公检法系统、医疗系统以及高校系统等已获得相应职称的人员，因而普遍呈现出形式上副高职称以上占比较高，但专职比和45岁以下青年占比较低的结构。为解决各司法鉴定人员队伍专职占比不高、年龄结构老化，以及经济排名靠后的城市司法鉴定人员数量不足的问题，可以从以下两个方面进行改革，具体而言：

其一，缩短从业工作年限要求。由于来自警校或医校的本科毕业生，需要从事相关工作5年以上才能获得司法鉴定人员资格。五年从业经验的高要求，加之公务员或者医疗行业的待遇和保障明显优于司法鉴定行业，这极大挫伤了应届毕业生选择进入司法鉴定人员队伍的积极性。因此，H省可以考虑通过法定途径向全国人大常委会提出议案，将从业时间的要求从5年改为2~3年，同时准许其他专业毕业的本科生在从事相关工作5年以上申请司法鉴定人员资格。

其二，从财政转移经费中配套经济落后地区司法鉴定人员引入专门经费。由于在经济落后地区，尤其是区县一级城市，司法鉴定机构普遍存在人员稀缺的困境，甚至有些鉴定机构的人员全部由公检法或医院的退休人员组成，极度缺乏对青年人才的吸引力。因此，从保障这些地区司法鉴定业务的公益性供应角度出发，可以考虑将本就具有转移支付性质的财政部分，配套落实引进优秀外来司法鉴定人员的专门经费，为基层公共法律服务提供新鲜血液。

实际上，上述改革更适合从中央立法或政策层面推进，以避免地方立法权限欠缺或地区间政策不平等的问题。

（四）内外并举推动法律援助类司法鉴定的实施

在司法鉴定被定位为公共法律服务重要组成部分的前提下，为经济困难群众减免司法鉴定费用，亦即提供法律援助类司法鉴定服务成为应有之义。从已有的制度规范来看，《司法鉴定收费管理办法》第十七条规定了针对符合法律援助条件的人和其他确有困难的委托人可以获得司法鉴定费用减免的依据。为进一步推动法律援助类司法鉴定的实施，司法部公共法律服务管理局进一步制定了《办法》。

然而，从目前的情况来看，法律援助类司法鉴定的运行基本处于依赖司法鉴定机构自主减免费用的阶段，这也意味着实践中的法律援助类司法鉴定的体量偏低。为推动法律援助类司法鉴定的数量增长，可以在以下两个方面进行努力，具体而言：

一方面，加快推进有条件的市州将司法鉴定纳入法律援助目录。由于《办法》第八条第三款规定，司法鉴定机构减免司法鉴定费用和法律援助机构安排核报的司法鉴定费用比例或额度由各省（区、市）根据实际情况确定。因此，为推动法律援助类司法鉴定服务的贯彻落实，各省司法厅可以在掌握各市州法律援助经费使用情况的基础上，对有条件实施的城市，明确将司法鉴定纳入其法律援助目录当中，根据实际情况确定金额比例或额度。

另一方面，通过吸纳外部捐赠的途径拓展经费来源。由于目前多数市州的法律援助经费存在资金紧张的问题，将司法鉴定纳入法律援助目录无疑面临着较大的阻力。因此，可以考虑通过建立公共法律服务基金会等形式，通过公共法律服务的普法宣传，鼓励企业、社会组织的外部力量向基金会进行捐赠，对捐赠主体进行表彰或提供其他政策优惠，以拓宽法律援助类司法鉴定服务的资金来源渠道。

（五）清理和规范其他主体公布的司法鉴定机构名册

从应然层面来看，司法行政部门依照法定条件和程序审核后，授予申报主体司法鉴定机构资质的，即具有了开展相应司法鉴定业务的法定权利。然而，从本轮调研了解的情况来看，不少市州反映当地存在公安、检察、法院等部门另外公布司法鉴定机构名册或隐性的此类现象。虽然上述主体的这一行为在一定意义上是为自身委托司法鉴定提供进一步的指引，但却存在限制司法鉴定机构之间公平竞争权的实际影响。为此，应当对这一问题作出以下两个方面的反应，具体而言：

一方面，协调公检法系统清理隐性的司法鉴定机构名册。各地公检法机关自行制定的隐性司法鉴定机构名册，常被诟病为其与名册上的司法鉴定机构存在利益同盟的不正当关系。这种隐性名册的存在，损害了司法公正的形象，在司法鉴定行业造成了极为恶劣的影响，应当及早进行清理整顿。

另一方面，推动公检法系统规范选择司法鉴定机构的程序。由于公检法机关委托司法鉴定是一种客观的业务需求，其从已有的司法鉴定机构当中择优选择无疑是一种合理表现。因此，对于上述机关通过网络平台等公开司法鉴定机构名册的行为，应进一步规范其选任程序，并要求其将选任标准予以公开。

（六）完善司法鉴定问责制度

从应然层面来看，司法鉴定能够为人民群众化解纠纷和司法过程提供助力。然而，若司法鉴定机构或司法鉴定人员的违法从业行为不能得到及时有效的问责，将导致司法鉴定的公信力丧失，并最终损及整个司法鉴定行业的健康、持续和稳定发展。

调研发现，绝大多数市州的司法鉴定机构或司法鉴定人员受到行政处罚的案件为零，且少有行业惩戒的案件。虽然从形式上来看，这是一种正面的结果。然而，在多次访谈中，司法行政部门的工作人员反映出一些反思意见。在很大程度上，这种现象的背后离不开当前司法鉴定问责制度存在缺陷的原因。因此，下一步应当在以下两个方面作出努力。

一方面，省人大常委会应当加速制定地方的《司法鉴定管理办法》。虽然《全国人民代表大会常务委员会关于司法鉴定管理问题的决定》第十三条规定了对司法鉴定机构或鉴定人作出暂停执业或撤销登记处罚决定的情形。但关于“因严重不负责任给当事人合法权益造成重大损失的”缺乏进一步的认定标准。加之《司法鉴定执业活动投诉处理办法》第十二条将“仅对鉴定意见有异议的”纳入了不予受理投诉的情形，这导致司法行政部门对司法鉴定机构或鉴定人缺乏处罚的明确依据。因此，省人大常委会可以在通过广泛调研和充分论证的基础上，及早出台《司法鉴定管理办法》，细化处罚裁量基准，增强地方进行问责制度的可操作性。

另一方面，支持建设省内的司法鉴定行业协会，激活行业惩戒的制度效能。由于多数市州的司法鉴定行业协会并无支撑其常态运作的足额经费和专门人员，因而使得行业惩戒形同虚设。然而，从司法鉴定的监管效能来看，行业协会的构成特征决定了其具有相比司法行政部门的专业优势，可以考虑重点拨付经费支持省内司法鉴定行业协会的建设，并进一步完善下属的司法鉴定行业惩戒委员会机制，切实激活行业惩戒的制度效能。

法律援助服务现状考

一、H 省法律援助服务实施现状

通过对 H 省各地法律援助服务情况进行实地考察和调研，总结归纳当前 H 省法律援助服务的基本情况如下：

（一）法律援助经费使用和管理情况

H 省各市州严格遵循 2019 年司法部、财政部印发的《关于完善法律援助补贴标准的指导意见》及 2017 年 H 省财政厅、H 省司法厅印发的《H 省法律援助经费使用管理办法》相关规定。各地法律援助经费使用合规，管理情况良好。

1. 经费来源情况

H 省重视法律援助经费投入，2020 年全省法律援助经费投入总额高达 11558.04 万元，其中法律援助业务经费为 7448.12 万元，占总经费投入的 64.3%。绝大部分的地区经费来源独立，全省多数地区均将法律援助经费单独列入政府财政预算，但也存在个别地区财政未将法律援助经费单独列入预算的情况。各地法律援助业务经费来源分为三部分：一是中央转移支付资金；二是省级转移支付资金；三是市本级财政拨款。此外，自 2009 年起，根据财政部、司法部印发的《中央专项彩票公益金法律援助项目实施与管理暂行办法》规定，从中央集中彩票公益金中安排法律援助项目中央专项彩票公益金，专门用于开展针对农民工、残疾人、老年人、家庭权益受到侵害的妇女、未成年人的法律援助。

2020 年，H 省全省中央专项彩票公益金法律援助项目资金总额为 523. 17 万元，占法律援助业务经费总额的 7% 。

2. 经费使用情况

2020 年，全省法律援助工作各项经费支出总额为 11564. 06 万元，其中业务经费支出 7345. 23 万元，占经费支出总额的 63. 5% 。各地经费使用情况良好，均建立审批、拨付、管理等一系列使用流程规范。法律援助经费能够做到专款专用，经费支出审批严格、流程规范，不存在挪用、截留、挤占、虚列支出等违反经费使用管理制度的现象。

各市（州）级法律援助中心经费来源及使用情况详见表 1。

表 1　2020 年度各市(州)级法律援助中心经费收支情况

地区	经费来源	数额	经费投入总额	经费使用情况	经费支出总额
A 市	中央转移支付资金	2019 年中央转移支付资金 74.60135 万元,剩余 74.60135 万元,2020 年中央转移支付资金为 54 万元,共计 128.60135 万元	328.60135 万元	法律援助案件补贴:209.766 万元	271.020816 万元
				123468 经费:51.8024 万元	
				驻中院、铁路运输法院、A 市仲裁院值班律师补贴:4.98 万元	
				案件评查总经费:3.6524 万元	
	同级财政拨款	200 万元		核酸检测费用 0.820016 万元	
B 市	中央省级转移支付资金	38 万元	71 万元	法律援助案件补贴:53.41 万元	84.1606 万元
				律师值班补贴:28.6041 万元	
	同级财政拨款	33 万元		其他支出:2.1465 万元	
C 市	中央及省级转移支付资金	转移支付资金 31 万元	146.2 万元	法律援助案件补贴 66.14 万元	95.98 万元
		中央专项彩票公益金法律援助项目资金 2000 元		政府购买法律援助咨询服务补贴 14.58 万元	
	同级财政拨款	法律援助经费 45 万元		驻看守所值班律师补贴:0.26 万元	
		刑事辩护全覆盖专项经费 50 万元		宣传、培训等其他费用:15 万元	
		值班律师经费 20 万元			

续表

地区	经费来源	数额	经费投入总额	经费使用情况	经费支出总额
D 市	中央省级转移支付资金	77.8 万元	104.2 万元	法律援助案件补贴:97.35 万元	129.45 万元
				咨询补贴:20.67 万元	
				值班律师法律帮助补贴:2 万元	
				代书补贴:0.23 万元	
	同级财政拨款	26.4 万元		宣传费用:8 万元	
				培训费用:1.2 万元	
E 市	中央省级转移支付资金	78 万元	131.9 万元	法律援助办案补贴费:167.93 万元	189.04 万元
				法律援助咨询补贴:4.47 万元	
				法律援助宣传费、培训费:1.56 万元	
				法律援助代书费:0.18 万元	
	同级财政拨款	53.9 万元		公共法律服务中心运行费:9.8 万元	
				法律援助其他费用:5.1 万元	
F 市	中央省级转移支付资金	99.41 万元	108.95 万元	法律援助办案补贴费:80.37 万元	98.18 万元
				值班律师值班补贴:7.68 万元	
				代书补贴:1 万元	
	同级财政拨款	9.54 万元		宣传费用:5.9 万元	
				培训费用:3.23 万元	

续表

地区	经费来源	数额	经费投入总额	经费使用情况	经费支出总额
G市	中央省级转移支付资金	20万元	50万元	法律援助办案补贴:27.05万元	40.45万元
				咨询补贴:10.8万元	
	同级财政拨款	30万元		宣传费用:2万元	
				培训费用:0.6万元	
H市	中央省级转移支付资金	34万元	61.54万元	法律援助办案补贴费:50.21万元	61.54万元
				12348热线值班工资:8.05万元	
	同级财政拨款	27.54万元		宣传、培训等其他工作费用:3.28万元	
J市	中央省级转移支付资金	32万元	102万元	法律援助办案补贴费:64.16万元	133.34万元
				值班律师值班补贴:14.18万元	
				宣传费用:10万元	
	同级财政拨款	70万元		门面租金:45万元	
K市	中央省级转移支付资金	29万元	73.28万元	法律援助案件补贴:25.82万元	45.42万元
				值班律师值班补贴:14.6万元	
				宣传费用:2万元	
	同级财政拨款	法律援助专项经费40万元		培训费用:1万元	
		同级财政法律援助办案经费4.28万		法律文书制作费用:2万元	

续表

地区	经费来源	数额	经费投入总额	经费使用情况	经费支出总额
L 市	中央省级转移支付资金	22 万元	47 万元	法律援助办案补贴费:37.4 万元	42.4 万元
	同级财政拨款	25 万元		值班律师值班补贴:5 万元	
M 市	无单独财政拨款	法律援助办案补贴费:17.93 万元	28.37 万元	M 市	无单独财政拨款
		值班律师值班补贴:10.44 万元			
N 市	中央省级转移支付资金	48 万元	76 万元	法律援助办案补贴费、值班律师值班补贴:76 万元	76 万元
	同级财政拨款	28 万元			
U 市	中央省级转移支付资金	42.8 万元	50.8 万元	法律援助办案补贴:20.7 万元	27.71 万元
	同级财政拨款	8 万元		值班律师法律帮助补贴:7.01 万元	

备注:U 市数据为 2019 年度经费来源及支出情况,因 2020 年财务只能统计上半年度经费支出情况,故以 2019 年数据作为经费使用情况的参考。

3. 办案补贴发放情况

2020 年 H 省全省共支出法律援助办案补贴 5594. 53 万元、咨询补贴 517. 38 万元、值班律师法律援助补贴 573. 96 万元以及代书补贴 26. 87 万元。其中法律援助办案补贴按照承办人员类型发放，具体情况如下：社会律师办案补贴发放总额为 4774. 53 万元，占办案补贴发放总额的 85. 3%；基层法律服务工作者办案补贴发放总额为 749. 57 万元，占办案补贴发放总额的 13. 4%；法律援助机构人员办案补贴发放总额为 61. 93 万元，占办案补贴发放总额的 1. 1%；注册法律援助志愿者办案补贴发放总额为 8. 5 万元，占办案补贴发放总额的 0. 2%。法律援助办案补贴按照案件类型发放，具体情况如下：刑事案件办案补贴发放总额为 3215. 62 万元，占办案补贴发放总额的 57. 5%；民事案件办案补贴发放总额为 2334. 92 万元，占办案补贴发放总额的 41. 7%；行政案件办案补贴发放总额为 43. 99 万元，占办案补贴发放总额的 0. 8%。

各市（州）本级法律援助中心办案补贴发放情况良好，均有规范的法律援助办案补贴发放表，办案补贴能够做到按季度，以银行转账的方式及时、足额发放。值班律师办案补贴发放规范、各地办案补贴发放实际数额根据办理案件性质、难易程度及各地经济水平稍有不同，但都符合《H 省法律援助经费使用管理办法》所规定的办案补贴发放标准。各市办案补贴发放情况详见表 2。

表 2　法律援助案件补贴（单位：元）（市本级）

	民事案件	行政案件	刑事案件		
			侦查阶段	审查起诉阶段	审判阶段
《H 省法律援助经费使用管理办法》	1500 ~ 5000	1500 ~ 5000	800 ~ 1800	800 ~ 1800	1500 ~ 3200
A 市	3750	3750	1500	1500	3000
B 市	2000	2000	800	800	1500
C 市	1500 或 2200	1500 或 2200	1000	1000	2000
D 市	1800	1800	800	800	1500
E 市	2000	2000	1000	1000	1800
F 市	1800	1800	800	800	1000（不开庭）/1800（开庭）

续表

	民事案件	行政案件	刑事案件		
			侦查阶段	审查起诉阶段	审判阶段
G 市	2000	2000	1800	1800	2000
H 市	2000	2000	1000	1000	1800
J 市	2000	2000	1800	1800	1800
K 市	2000	2000	1000	1000	2000
L 市	2000	2000	800	1000	1500
M 市	2500	2500	800	1000	1500
N 市	2500	2500	1500	1500	2500
U 市	1500	1500	800	800	1500

（二）法律援助机构设置情况

1. 法律援助机构性质情况

以各市州的市一级法律援助中心的机构为例，当前 H 省法律援助机构的性质主要分为三种：

第一种为公益一类事业单位，除 F 市、U 市、C 市以外，其他地区市级法律援助中心机构性质均为事业单位。在此性质定位下，市一级的法律援助中心承担着组织、指导、协调全市的法律援助工作的职能，而监督和管理职能则由市司法局的公共法律服务科行使。此类法律援助中心工作人员编制全部为事业编制或由事业编制与行政编制共同组成。

第二种为行政单位，属于司法局的二级直属单位，F 市、U 市市级法律援助中心性质均为行政单位。在此性质定位下，强化了法律援助中心的行政管理职能，市一级的法律援助中心除办理市本级的法律援助业务之外，还可以在业务上监督、指导、管理下级法律援助工作，公共法律服务科统筹全市公共法律服务有关工作。此类法律援助中心的工作人员编制全部为行政编制或由事业编制与行政编制共同组成。

第三种因机构改革尚未到位，机构性质尚不明确，C 市级法律援助中心的机构性质为此种类型。截至目前，C 市法律援助中心相关业务及工作由公共法律服务科办理，人员编制为行政编制。

2. 法律援助工作立体网络建立情况

截至 2020 年 12 月 31 日的统计数据，H 省全省现有法律援助工作站 2901 个，其中 1937 个工作站的设立依托基层司法所，占工作站总数 66.8%，964 个工作站的设立依托工会、共青团、妇联、老年委等部门，占工作站总数 33.2%。各地积极建立横纵相交的立体法律援助工作网络，形成纵向到底、横向到边的服务工作格局。

从纵向来看，各地以市法律援助中心为引领，县（市）、区法律援助中心为核心，乡镇（街道）法律援助工作部为支撑、村（社区）法律援助联络员为补充的四级工作体系已经形成，法律援助服务的触角进一步向基层延伸。以 E 市子县为例，E 市子县全市 521 个行政村共设立了 5423 个法律援助工作联络点，争取每个村和社区有 10 个站点。通过选定在当地具有一定影响力的人作为联络员，来进一步宣传法律援助服务，引导有需求的当事人就近向司法所法律援助工作站或区法律援助中心提出援助申请并协助上级法律援助机构开展本辖区法律援助工作。

从横向来看，各地积极在看守所、法院、总工会、人社局、信访局、妇联、残联、妇女儿童活动中心、武装部、交警队等地设立法律援助工作站，横向援助体系基本覆盖了弱势群体。

据此，H 省纵向到达村（社区），横向涉及各主要弱势群体的纵横相交法律援助工作网络已基本成形。

（三）法律援助案件质量规范建设情况

1. 法律援助案件质量管理情况

各地重视案件质量监督管理，法律援助办案质量是衡量法律援助服务水平的重要因素之一，是法律援助服务的生命线。在 H 省司法厅引领下，H 省各地都较为重视对法律援助案件的质量监督和管理并在办案质量上取得显著成效。各地紧抓案件质量管理，主要体现在以下几个方面：

（1）承办法律援助案件人员资质和选派情况

全省 2020 年共办结法律援助案件 36582 件，其中执业律师办理 30493 件，占年度办结案件的83.35%；基层法律服务工作者办理4868件，占年度办结案件的13.31%；法律援助机构工作人员办理1140件，占年度办结案件的3.12%；注册法律援助志愿者办理81件，占年度办结案件的0.22%。从全省2020年度已结案件中承办人员分布情况来看，绝大部分案件由执业律师办理，以此保障法律援助服务的专业性及质量。此外，各地重视承办法律援助案件人员资质和能力，有些地区能够做到量才适用。对于可能判处无期徒刑、死刑的案件以及未成年人刑事案件，大多数地区能够选派执业年限较长、经验较为丰富的律师来承办此类案件。部分地区能够在指派律师最低要求的基础上进一步发挥主观能动性，量才适用调配本地区的律师资源，如A市、B市的法律援助中心对律师所擅长办理的案件类型进行区分，以此保障案件办理的质量；L市实行传统的轮流指派承办法律援助案件的律师的“轮派制”与受援人可以挑选承办法律援助案件的律师的“点援制”相结合的指派方式，根据案件性质类型、律师专业特长、受援人意愿特点等，合理指派承办人员，从源头上保证案件质量；F市法律援助中心建立了指派无期徒刑、死刑案件援助律师库和指派家事及未成年人案件律师库；再如M市、U市等地法律援助中心推行各律师事务所的主任、合伙人等资深律师参与办理法律援助案件的“大律师办案制”，与“点援制”相辅相成，旨在通过加强“大律师”的参与程度来提升法律援助案件的办案质量。

（2）业务培训活动开展情况

为加强对承办法律援助案件的律师及工作人员业务能力、执业纪律和职业道德等方面的培养，省厅及省法律援助中心积极组织各项培训、交流、研讨活动。活动涉及法律援助案件办理质量、重大疑难案件办理经验、工作开展经验交流等内容，邀请知名高校学者、省法律援助中心专家、优秀案件承办律师、优秀法律援助工作人员等专家学者传授经验，参训人员涵盖全省各市州和县市区法律援助管理人员、法律援助机构负责人、承办法律援助案件的律师、法律援助工作人员等。除省统一组织的培训学习以外，各地也积极开展法律援助服务的各项学习培训活动。诸多业务培训的开展对案件质量起到了积极的保障作用。

（3）法律援助案件质量评查活动开展情况

H省法律援助中心及各地法律援助中心重视案卷质量评查活动的开展，为法律援助办案质量提供了有效监督。2020年省司法厅以省、市、县分级的形式组织全省法律援助案件质量评查，范围覆盖所有市、县级法律援助机构，95%的法律援助机构合格率达100%，63%的法律援助机构案件优良率较去年提高10个百分点。2020年由省厅及省法律援助中心组织的全省刑事法律援助案件质量评查结果见表3。除H省法律援助中心开展的案件评查活动外，各地也按年度对本市法律援助案件质量进行评查。在2020年各地自行组织法律援助案件质量评查活动中，全省7个地区合格率达到100%，12个地区合格率高于95%，14个地区合格率皆高于或等于90%。各地自行组织的法律援助案件质量评查活动结果见表4。从全省及各地开展的法律援助案件质量评查结果来看，各地案件质量情况总体良好，合格率较高。

表3　2020年H省刑事法律援助案件质量评查市州情况统计表

市州	优秀案件数	优秀率	良好案件数	良好率	合格案件数	合格率	不合格案件数	不合格率	优良率	参评案件数
A市	5	5.00%	17	17.00%	78	78.00%	0	0.00%	22.00%	100
B市	2	2.00%	15	15.00%	83	83.00%	0	0.00%	17.00%	100
C市	0	0.00%	3	5.00%	56	93.33%	1	1.67%	5.00%	60
D市	1	0.77%	7	5.38%	121	93.08%	1	0.77%	6.15%	130
E市	0	0.00%	16	12.31%	114	87.69%	0	0.00%	12.31%	130
F市	1	0.91%	8	7.27%	101	91.82%	0	0.00%	8.18%	110
G市	1	2.00%	2	4.00%	47	94.00%	0	0.00%	6.00%	50
H市	1	1.37%	13	17.81%	59	80.82%	0	0.00%	19.18%	73
J市	0	0.00%	13	13.00%	87	87.00%	0	0.00%	13.00%	100
K市	0	0.00%	7	11.67%	53	88.33%	0	0.00%	11.67%	60
L市	0	0.00%	5	4.17%	114	95.00%	1	0.83%	4.17%	120
M市	2	1.67%	4	3.33%	110	91.67%	4	3.33%	5.00%	120
N市	2	1.43%	20	14.29%	118	84.29%	0	0.00%	15.72%	140
U市	0	0.00%	2	2.25%	85	95.51%	2	2.25%	2.25%	89
全省	15	1.09%	132	9.55%	1226	88.71%	9	0.65%	10.28%	1382

表4　2020年各市组织法律援助案件质量评查情况统计表

	办理案件总数	抽取案卷总数	抽取案件占比	优秀案卷		良好案卷		合格案卷		不合格案卷	
				数量	占比	数量	占比	数量	占比	数量	占比
A市	7203	200	2.78%	21	10.5%	86	43%	93	46.5%	0	0%
B市	3615	400	11.07%	80	20%（优良率）	80	20%（优良率）	360	90%	40	10%
C市	1881	69	3.67%	3	4.3%	16	23.2%	46	66.7%	4	5.8%
D市	8109	238	2.94%	7	2.9%	37	15.5%	193	81.1%	1	0.42%
E市	5757	129	2.24%	0	0%	24	18.6%	100	77.52%	5	3.88%
F市	3136	108	3.44%	15	13.89%	19	17.59%	73	67.59%	1	0.93%
G市	2101	50	2.38%	0	0%	3	6%	47	94%	0	0%
H市	2298	73	3.18%	0	0%	8	10.96%	65	89.04%	0	0%
J市	6351	100	1.57%	0	0%	3	3%	97	97%	0	0%
K市	3329	60	1.8%	8	13%	18	30%	34	56.7%	0	0%
L市	4299	120	2.79%	0	0%	5	4.17%	114	95%	1	0.83%
M市	2315	120	5.18%	2	1.66%	2	1.66%	116	96.66%	0	0%
N市	5296	130	2.45%	2	1.5%	16	12.3%	112	86.2%	0	0%
U市	3058	83	2.71%	0	0%	4	4.8%	77	92.77%	2	2.4%

（4）针对受援人员的回访调查情况

法律援助作为保障和改善民生的一项公共法律服务，受援人员是否满意是案件办理质量的根基和重要考量因素。各市州本级法律援助中心均开展了案件回访活动。梳理相关材料数据来看，各地所回访的案件大多为申请类案件，全省有11个地区市级法律援助中心回访案件全部为申请类案件。各地法律援助案件回访情况详见表5。

表 5　2020 年度法律援助案件回访情况（单位：件）（市本级）

地区	2020 年度办理案件总数	申请类案件总数	回访案件总数	回访案件中申请类案件总数	回访案件占办理案件的比例	回访申请类案件占办理申请类案件的比例	回访申请类案件占回访案件的比例
A 市	757	360	70（回访时间 2020. 4. 24—2020. 11. 3）	70	9. 247%	19. 4%	100%
B 市	385	101	76（2020 年一到三季度）	76	19. 74%	75. 2%	100%
C 市	339	182	241（回访时间 2020. 1. 7—2020. 10. 12）	125	71. 09%	36. 87%	51. 87%
D 市	529	146	46（2020 年一到三季度）	46	8. 695%	31. 5%	100%
E 市	748	13	7（2020 年）	7	0. 935%	53. 8%	100%
F 市	445	191	80（回访时间 2020. 5—2020. 11）	80	17. 977%	41. 9%	100%
G 市	183	122	61（回访时间 2020. 1. 10—2020. 11. 18）	61	33. 333%	50%	100%
H 市	308	51	39（回访时间 2020. 6. 30—2020. 12. 16）	39	12. 662%	76. 5%	100%
J 市	345	103	97（2020 年）	97	28. 115%	94. 1%	100%
K 市	241	69	144（2020 年一、二、四季度）	53	59. 751%	76. 8%	36. 805%
L 市	314	128	128	128	40. 764%	100%	100%
M 市	156	7	15（回访时间 2020. 2. 24—2020. 10. 17）	7	9. 615%	100%	46. 666%

续表

地区	2020 年度办理案件总数	申请类案件总数	回访案件总数	回访案件中申请类案件总数	回访案件占办理案件的比例	回访申请类案件占办理申请类案件的比例	回访申请类案件占回访案件的比例
N 市	342	90	63 （2020 年）	63	18.421%	70%	100%
U 市	191	33	14 （回访时间 2020.5.18—2020.10.23）	14	7.329%	42.4%	100%

备注：A 市 2020 年度市本级回访台账的表格中有些未分案件类型，无法详细统计回访案件。

2. 卷宗材料制作及归档工作情况

各地法律援助案件卷宗材料制作情况较为规范。为保障法律援助案件文书的规范性，H 省法律援助中心制定了统一的法律援助卷宗格式文书范本，各地也充分发挥主动性和积极性，对卷宗材料进行进一步的细化规范。如 C 市法律援助中心制作了办理认罪认罚案件的谈话笔录以强化律师在见证认罪认罚过程中所提供的法律帮助；E 市的法律援助中心为规范承办法律援助案件的律师的办案行为，要求承办法律援助案件的律师制作质证、发问和辩护提纲。

各地法律援助案件卷宗发放和归档良好，严格规范卷宗发放和归档。工作人员发出法律援助卷宗的同时，一并向承办人员告知办案注意事项，收卷时按要求审查卷宗完整度和文书制作规范度，检查合格的方予收卷，不合格的指出问题后退回卷宗。

（四）民事、行政案件经济困难标准执行情况以及对特殊群体援助情况

1. 各市民事、行政案件经济困难标准执行情况

H 省《关于完善法律援助制度的实施意见》中规定放宽法律援助经济因难标准，公民申请法律援助的经济困难标准，各地可参照本市州人民政府确定的城乡居民最低生活保障标准的 2 倍或低收入家庭标准执行。全省 12 个地区的市级法律援助中心执行最低生活保障标准的 2 倍这一标准，1 个地区的市级法律援助

中心执行低收入家庭标准，1个地区对经济困难标准进行放宽，D市经济困难标准设定为最低生活保障标准的3倍。在对各地进行实际调研后，各地对于经济困难标准的执行情况详见表6。

表6　经济困难标准（单位：元）（市本级）

经济困难标准	市州	具体数额
最低生活保障标准的两倍	A市	1300（650×2）
	B市	1156（578×2）
	E市	1140（570×2）（城市）、680（340×2）（农村）
	F市	县级市城镇1040农村700、市辖区城镇1060农村720
	G市	1000（500×2）（城市）、616（308×2）（农村）
	H市	1040（520×2）（城市）、670（335×2）（农村）
	J市	2000
	K市	1000（城市）、800（农村）
	L市	1160（580×2）
	M市	1000（500×2）（城市）、616（308×2）（农村）
	N市	1000
	U市	1040（520×2）（城市）、666（333×2）（农村）
最低生活保障标准三倍	D市	1200
低收入家庭标准	C市	1662

备注：F市县级市：F市壬县、F市己县、F市庚县、F市戊县、F市丁县；市辖区：F市甲区、F市乙区、F市丙区、F市癸功能区、F市子功能区、F市癸丑功能区。

2. 特殊群体援助工作的开展情况

（1）特殊群体覆盖执行情况

2016年印发的H省《关于完善法律援助制度的实施意见》（以下简称《实施意见》）规定应扩大民事、行政法律援助覆盖面。对于残疾人、老年人、未成年人、妇女、失业人员、农民工等群体合法权益受到侵害且因经济困难没有委托代理人的，可以申请法律援助，其申请事项不受《H省法律援助条例》所规定的因经济困难申请法律援助事项范围的限制。从此次实地调研情况来看，各市较为重视对特殊群体的法律援助工作，半数地区对《实施意见》所规定的特殊群体实现全覆盖，全省 14 个地区的市级法律援助中心对老年人和未成年人这两类群体实现全覆盖，13 个地区的市级法律援助中心对残疾人和农民工这两类群体实现全覆盖，12 个地区的市级法律援助中心对妇女这类群体实现全覆盖。此外，还有部分地区在《实施意见》规定的特殊群体外，进一步拓展法律援助覆盖面，将法律援助特殊群体拓展到军人军属、退役军人、下岗工人等群体。各市具体执行情况详见表 7。

表 7　特殊群体覆盖情况（市本级）

	残疾人	老年人	未成年人	妇女	失业人员	农民工	其他
A 市	√	√	√	√	√	√	
B 市		√	√				军人军属
C 市	√	√	√		√	√	下岗工人
D 市	√	√	√	√	√	√	
E 市	√	√	√	√		√	军人军属
F 市	√	√	√	√	√	√	
G 市	√	√	√	√		√	少数民族
H 市	√	√	√	√	√	√	军人军属
J 市	√	√	√	√		√	军人军属
K 市	√	√	√	√		√	
L 市	√	√	√	√	√	√	军人军属
M 市	√	√	√	√	√	√	
N 市	√	√	√	√	√	√	军人军属
U 市	√	√	√	√（三期女职工不看经济情况）		√（农民工讨薪不看经济情况）	军人军属 退役军人

（2）针对特殊群体开展的法律援助活动情况

2020 年度 H 省针对特殊群体的法律援助工作取得良好成效。全省法律援助案件受理总量为 59335 件，受援人为农民工、妇女、未成年人等特殊群体的受理量高达 29860 件，占年度受理总量的 50.32%。其中各类特殊群体年度受理情况详见表 8。

表 8 2020 年 H 省全省特殊群体法律援助案件受理情况

	全省法律援助案件受理量（件）	该特殊群体年度受理量（件）	占全省年度受理量比例
农民工	59335	9892	16.67%
妇女	59335	8394	14.15%
未成年人	59335	6482	10.92%
老年人	59335	3334	5.62%
残疾人	59335	1758	2.96%

各地积极开展针对特殊群体的法律援助活动，竭力为其提供优质高效的法律援助服务，从而进一步扩大法律援助服务的影响力并打造法律援助服务品牌价值。

如 C 市设立 C 市农民工法律援助工作站，成立由 64 名律师组成农民工承办法律援助案件的律师志愿团，为农民工维权开辟绿色通道，农民工讨薪、工伤案件免于经济困难审查，简化程序，快速办理。2020 年全市共办理农民工法律援助案件 402 件，占 2020 年全市法律援助案件受理量的 24.3%。

D 市积极打造针对留守妇女儿童、下岗工人的“绿色通道”，为其提供优先受理、优先审查、优先指派，“订单式”法律服务模式，并实施点援制，建立承办法律援助案件的律师专业分类名录，载明律师专业方向、执业年限、办案经历等，在确定法律援助案件承办人时供留守妇女选择。

J 市出台应对疫情支持中小微企业稳定发展的法律服务实施细则。中小微企业因受疫情影响停产、停工，无法按期履行合同带来经济、法律纠纷及诉讼的，企业可以向法律援助中心申请法律服务。J 市的辛县与民政局达成针对特殊困境儿童群体法律援助协议，形成针对孤儿、农村留守儿童等特殊困境儿童的长效保护机制，常年对其提供法律援助。

G 市丁县在疫情防控期间为疫情防控的一线志愿者打通绿色通道，将一线志愿者纳入法律援助的覆盖人群，此类人员申请法律援助服务无需满足经济困难要求，只需符合法律援助事项范围即可。

（五）刑事案件辩护全覆盖工作推进情况

2017 年 10 月以来，按照《最高人民法院 司法部关于开展刑事案件律师辩护全覆盖试点工作的办法》，北京、上海、浙江、安徽、河南、广东、四川和陕西 8 个省（直辖市）积极探索开展刑事案件律师辩护全覆盖试点工作，取得了良好成效。2018 年 12 月，为进一步推动刑事案件律师辩护全覆盖工作，最高人民法院和司法部决定将试点期限延长，工作范围扩大到全国 31 个省（自治区、直辖市）和新疆生产建设兵团。

2019 年 H 省高级人民法院、H 省司法厅联合印发了《关于开展刑事案件律师辩护全覆盖试点工作的办法》和《关于刑事案件律师辩护全覆盖试点工作方案》，对 14 个市州本级和 84 个县（市、区）开展刑事案件律师辩护全覆盖试点工作作出全面部署。扩大刑事案件律师辩护全覆盖试点工作的范围，进一步推进和深化刑事案件律师辩护全覆盖工作，是落实全面依法治国的一项重要举措，是推进以审判为中心的刑事诉讼制度改革的具体举措，是深化律师制度改革的实际举措。

H 省部分地区的刑事案件辩护全覆盖执行情况见表 9。

表 9　H 省部分市州、市本级刑事案件辩护全覆盖相关数据统计情况

地区	刑事案件进入审判阶段的案件数量	刑事案件的审判阶段被告人能够获得律师提供刑事辩护或者法律帮助的案件数量（件）	刑事案件辩护全覆盖率	因开展试点扩大通知辩护法律援助案件数量（件）
A 市全市（2020 年 1—11 月数据）	3505	3505	100%	1713
B 市全市（2019 年数据）	3618	3473	96%	暂无相关数据
C 市本级（2020 年 1 月 1 日—12 月 8 日数据）	321	278	86.6%	2
D 市本级（2019 年数据）	927	927	100%	224

续表

地区	刑事案件进入审判阶段的案件数量	刑事案件的审判阶段被告人能够获得律师提供刑事辩护或者法律帮助的案件数量（件）	刑事案件辩护全覆盖率	因开展试点扩大通知辩护法律援助案件数量（件）
E 市全市（2020 年 1 月—12 月 5 日数据）	3124	2052	65.7%	1295
F 市全市（2019 年数据）	1274	1048	82.3%	114
G 市全市（2019 年数据）	1041	537	51.6%	暂无相关数据
G 市本级（2020 年 1—11 月数据）	419	355	84.7%	暂无相关数据
H 市全市（2020 年 1 月 1 日—6 月 30 日上数据）	829	829	100%	766
J 市全市（2019 年数据）	2265	1737	76.7%	暂无相关数据
K 市全市（2019 年数据）	4092	2319	56.7%	暂无相关数据
L 市全市（2019 年数据）	5538	4025	72.7%	暂无相关数据
L 市本级（2020 年数据）	709	605	85.3%	5

值得肯定的是，自 2019 年推行刑事辩护全覆盖以来，法律援助服务惠及了更多群众。各市因开展刑事辩护全覆盖工作，使扩大通知辩护案件量增多，2020 年全省各地扩大通知辩护案件总量达 15254 件，占年度刑事案件法律援助案件总量的 38.1%。全省 8 个地区扩大通知辩护案件数占年度受理刑事法律援助总量比例超过 40%，B 市比例达 78.48%，H 市比例达 65.53%。各地扩大通知辩护具体详见表 10。

表 10　H 省各市刑事案件扩大通知辩护统计情况

地区	扩大通知辩护案件数量（件）	年度受理刑事法律援助案件总量（件）	占年度受理刑事案件总量的比例
A 市	1713	5054	33.89%
B 市	1462	1863	78.48%
C 市	422	1002	42.12%
D 市	2587	6437	40.19%
E 市	1291	3260	39.6%
F 市	872	1811	48.15%
G 市	409	967	42.3%
H 市	766	1169	65.53%
J 市	1395	4973	28.05%
K 市	425	2537	16.75%
L 市	1252	3087	40.56%
M 市	545	1251	43.57%
N 市	1499	3813	39.31%
U 市	536	2270	23.61%

（六）法律援助值班律师工作开展情况

1. 值班律师工作站设立情况

各地积极设立值班律师工作站，为值班律师工作的开展搭建平台。截至目前，全省 14 个地区的市级法律援助中心在看守所设置值班律师工作站，13 个地区的市级法律援助中心在法院设置值班律师工作站；5 个地区的市级法律援助中心在检察院设置值班律师工作站。除在看守所、法院、检察院等地设立值班律师工作站，为认罪认罚案件提供见证及法律帮助之外，各地也积极拓展值班律师工作站的设置范围，在总工会、妇联、残联、妇女儿童活动中心、仲裁委、军分区、信访局等地设置值班律师工作站，旨在进一步发挥和强化值班律师的法律帮助职能。

2. 值班律师工作情况

随着各地值班律师工作站的建立与铺开，值班律师在提供法律帮助等方面发挥着重要的作用。与此同时，值班律师作为法律援助服务的提供主体，也使法律援助这一项民生工程服务于更多人群。如B市法律援助中心指派值班律师为认罪认罚犯罪嫌疑人提供法律帮助共979人次；N市在法院、看守所全部设立法律援助工作站，实行律师值班制度，共解答涉及犯罪嫌疑人、被告人咨询590余人次，转交法律援助申请130余件，其中涉及犯罪嫌疑人、被告人110人次；D市在12348、法院、检察院、看守所、警备区、信访局等地设立工作站，派驻110余名律师参与值班1200余人（次）。

（七）各地法律援助服务探索的有益经验

1. J市壬县：法律援助服务下沉，搭建村级电子政务平台

为将法律援助服务更好下沉至村级，J市壬县司法局、市法律援助中心积极与公安机关在内的多部门合作，通过加入政务服务平台，在村（社区）开通法律援助电子窗口。首先，此平台的搭建使个人信息通过电子系统即可查询，免去提交经济困难审查的烦琐程序。法律援助中心通过与公安机关共享户籍信息，村民只需在村级电子政务平台人脸识别仪前智能“扫脸”，姓名、身份证号码等个人信息一览无余，在申请法律援助服务时以系统记录的经济情况作为标准，无需再提交经济困难的纸质材料，快速便捷，简化了法律援助案件的核实受理等程序。其次，此平台的搭建使村民能够就近以最短的时间完成法律援助服务申请程序。平台搭建以减环节、减资料、减时限为原则，量身设计法律援助申请表，并根据实际情况变化随时调整表格内容。村民可以在此电子系统填报相关信息，对于申请资料完整合格的，最快5分钟即可完成审批，减少了村民申请法律援助的时间成本。最后，此平台的搭建为承办法律援助案件的律师办理相关案件提供了捷径。案件受理后采用与当事人就近原则指派律师，不仅省去承办法律援助案件的律师前往市法律援助中心办理手续来回奔波之苦，更缩短了办案时间。此平台的搭建通过科技手段将法律援助下沉到村级，不仅减轻了法律援助中心工作压力，更极大地解决了农村老百姓“法律服务难找、诉讼官司难打、人身损害难

赔”等困境。

2. F 市丁县：诉前调解室与法律援助中心驻法院工作站合二为一

为使法律援助服务体系更加高效、便民，F 市丁县司法局、F 市丁县法律援助中心积极探索并推进法律援助中心驻法院工作站合并。自 2019 年 7 月起，在 F 市丁县人民法院建立了诉前调解室，将法律援助工作站和调解室合二为一，为广大有法律需求人员提供咨询、代理、调解一站式服务。此种将法律援助工作站与调解室合二为一的工作模式使当事人省时、省力解决纠纷，平息矛盾，特别是与法院裁判工作相结合，矛盾纠纷调解后以司法确认的方式确认协议，免收当事人的诉讼费用。截至 2020 年 8 月 31 日，调解室共受理案件 1659 件，成功调解 528 件，其中涉及农民工工资、农民工受伤案 23 件。

3. B 市：规范值班律师法律帮助职能的行使

法律援助值班律师是提供法律帮助的主体，在认罪认罚案件中提供向犯罪嫌疑人、被告人释明认罪认罚的性质和法律规定以及犯罪嫌疑人签署认罪认罚具结书时在场等法律帮助。为进一步规范值班律师职能的行使并强化其作用，B 市法律援助中心统一制作《值班律师见证刑事案件认罪认罚情况登记表》。表中包含值班律师基本信息、见证时间、基本案情、认罪认罚相关规定告知情况等关键信息，将登记表发放给值班律师并进行单独统一归档管理。此外，针对值班律师见证认罪认罚工作单独制作月结报告，按月记录 B 市监管中心的法律援助值班律师见证认罪认罚的件数。此种统一制作文书并单独归档管理的模式有助于规范值班律师职能的行使，使值班律师能够更好遵守见证程序及执业、纪律要求。

三、H 省法律援助服务存在的显著问题

（一）法律援助经费不足，制约法律援助工作的开展

1. 法律援助经费不足的现状分析

（1）部分地区经费拨付不足

调研发现，部分地区的市级法律援助中心经费拨付不足，经费入不敷出。经

本次调研情况分析，H 省有 7 个地区经费有盈余，分别为 A 市、C 市、K 市、U 市、G 市、L 市和 F 市；有 2 个地区经费收入和支出持平，分别为 N 市、H 市；有 4 个地区经费入不敷出，分别为 B 市、D 市、J 市和 E 市。其中 E 市法律援助中心 2020 年经费收入 131.9 万元，经费支出 189.04 万元，经费缺口达 57.14 万元；J 市法律援助中心 2020 年经费收入 102 万元，经费支出 133.34 万元，经费缺口为 31.34 万元；D 市法律援助中心 2020 年经费收入 104.2 万元，经费支出 129.45 万元，经费缺口为 25.25 万元；B 市法律援助中心 2020 年经费收入 71 万元，经费支出 84.1606 万元，经费缺口为 13.1606 万元。B 市、E 市、D 市的市级法律援助中心的经费收入总额甚至尚不足以支付办案补贴及值班律师补贴等开支。

据调研，经费收入无法满足办案补贴及值班律师补贴开支的地区只能通过争取同级司法局、政府等部门支持或等下一年度转移支付资金到位再支付本年度补贴的方式暂时缓解经费不足的压力。且刑事辩护全覆盖制度的推行以及扫黑除恶的案件数量增多都加剧了法律援助中心办案经费支出的压力，经费收入与实际办案情况并不协调。如 L 市法律援助中心 2020 年受理案件数量较 2019 年相比增加 100 余件，但转移支付资金却由 2019 年拨付的 33 万元减为 2020 年拨付的 22 万元。此种经费不足的矛盾问题在县区级法律援助中心表现得更为突出，如 D 市辛县法律援助中心的转移支付资金及政府拨付资金逐年锐减，以政府拨付资金为例，2018 年政府拨付资金 15 万元，2019 年减至 5 万元，2020 年拨付 4 万元，但办案数量不减反增，办案补贴标准也一直在提高，导致法律援助各项工作的开展面临困境。

（2）大部分地区经费来源单一

法律援助专项资金是财政部门设立的专项用于法律援助事业的资金，是法律援助经费的主要来源。各地法律援助中心的经费保障主要来源于财政支持拨款和社会捐助。但各地通过动员社会各界力量发起社会捐助以此用于法律援助经费的情况不容乐观，全省 2020 年度 14 个市州仅 L 市筹措社会捐助法律援助经费 5.15 万元，其余 13 个市州并无社会捐助法律援助经费。此外，在经费短缺的现状下，部分地区的法律援助工作人员开始意识到需拓宽经费来源，提出与有关机关共同分担部分法律援助经费的构想，如派驻值班律师的补贴、推行刑事辩护全覆盖所产生的法律援助办案费用。但由于缺少明确规定，相关费用的责任主体仍然是法律援助中心，这也导致实践中缺少拓宽增加法律援助经费的有效渠道。

（3）中央彩票公益金的经费补充作用有限

中央专项彩票公益金法律援助项目自2009年设立以来，成了法律援助经费的补充来源。但根据实际调研发现，现今中央彩票公益金的执行存在问题，导致中央彩票公益金的经费补充作用有限。这主要体现在以下几个方面：

首先，受援群体不够广泛。《中央专项彩票公益金法律援助项目实施与管理暂行办法》规定公益金仅用于农民工、残疾人、老年人、妇女家庭权益保障和未成年人法律援助的项目。但H省各地为进一步拓宽民事、行政法律援助的覆盖面，视实际情况将失业人员、军人军属等群体纳入特殊群体的范围。相比之下公益金受援群体的规定仍然较为狭窄，没有根据近年来法律援助工作开展的实际情况予以调整。

其次，案件资助范围较窄。H省《关于完善法律援助制度的实施意见》明确规定，残疾人、老年人、未成年人、妇女、失业人员、农民工等群体合法权益受到侵害且因经济困难没有委托代理人的，可以申请法律援助，其申请事项不受前述范围限制。与之对比，公益金明确规定了案件资助的范围，行政诉讼并未纳入法律援助的事项中来，仲裁也没有明确为是可以申请法律援助的事项，司法鉴定、公证都不能申请法律援助。案件资助范围较窄，也会一定程度上影响公益金所发挥的社会效果。

最后，办案补贴较低且申报过程烦琐。公益金补贴金额较低，民事案件补贴金额为2000元，刑事案件为1200元，仍在执行2009年所确定的补贴标准。H省部分地区的办案补贴已超过公益金所规定的办案补贴，无法激发承办法律援助案件的律师办理公益金法律援助案件的积极性。且经实地调研，部分地区中彩金办案补贴发放的时间较长，补贴申报过程烦琐，填报信息多次重复，无形中增加了办案人员的工作压力。

2. 经费不足制约法律援助相关工作开展

（1）制约宣传、培训等活动的开展

法律援助经费包括办案（含咨询服务、值班律师等）补贴经费、培训和宣传经费等项目。但在经费总额不足、办案补贴经费需求量高的现状下，宣传培训等经费的使用空间严重被压缩。据表 11 所列各市（州）级法律援助中心宣传、培训经费支出情况，仅 C 市、D 市、K 市、G 市、J 市、E 市、F 市、H 市这 8 个地区支出了宣传、培训经费，且各地宣传、培训经费支出数额差距较大，如 C 市支出 15 万元，占经费总支出的 10.26%，E 市仅支出 1.56 万元，占经费总支出的 1.18%。其余 6 个地区均未支出专门的宣传、培训经费，其宣传活动主要依附于公共法律服务科和司法局组织的相关活动，培训活动主要借助于在开展全市案件评查活动时开展的培训。

表 11　各市（州）级法律援助中心宣传、培训经费支出情况

地区	宣传、培训经费支出总额	宣传、培训经费占总经费支出的比例
A 市	0 万元	0%
B 市	0 万元	0%
C 市	15 万元	10.26%
D 市	9.2 万元	8.83%
E 市	1.56 万元	1.18%
F 市	9.22 万元	8.46%
G 市	2.6 万元	5.20%
H 市	3.28 万元	5.33%
J 市	10 万元	9.80%
K 市	3 万元	4.09%
L 市	0 万元	0%
M 市	0 万元	0%
N 市	0 万元	0%
U 市	0 万元	0%

缺少相关经费的支撑会一定程度制约法律援助中心开展宣传及培训等活动，由此会减损宣传、培训等活动所具有的提高法律援助知晓率、提高办案及工作人员专业性等重要的作用。

（2）影响办案补贴发放金额及时效

因经费不足而影响办案补贴发放主要表现在两个方面：一是大部分地区办案补贴发放金额较低。本次调研统计了市级法律援助中心案件补贴发放的具体情况，各地办案补贴发放金额受经费影响差异较大。《H省法律援助经费使用管理办法》规定了本省案件补贴发放金额的范围。其中U市仅执行文件规定的最低标准，F市、D市在最低标准附近；B市、C市、K市、N市、M市、L市、E市、H市在补贴范围的中间标准以下；G市、J市的民事和行政办案补贴以及刑事案件审判阶段的办案补贴在补贴范围的中间标准以下，刑事案件侦查和审查起诉阶段的办案补贴在补贴范围的中间标准以上；A市的办案补贴在补贴范围的中间标准以上。二是经费不足地区办案补贴发放不及时。根据《H省法律援助经费使用管理办法》规定，法律援助中心应及时、足额兑现办案补贴。但部分地区因法律援助经费严重不足，直接影响了相关补贴发放的及时性。如N市庚县法律援助中心因经费问题，仍未发放2019年下半年的律师办案补贴。再如B市的部分县区法律援助中心的经费难以保障本年度的正常运行，只有下一年的转移支付的资金到位时才能发放上一年度的律师办案补贴。

（3）制约刑事辩护全覆盖工作的推进

随着刑事案件律师辩护全覆盖试点工作在H省的开展，各试点地区的法律援助中心刑事案件受案量激增。在肯定刑事辩护全覆盖工作价值的同时，也应意识到刑事案件受案量激增与法律援助中心经费有限之间的突出矛盾。部分地区因经费不足并未推行刑事辩护全覆盖，或者有些地方虽然开展了刑事辩护全覆盖也是勉强维持，难以保障办案质量。如N市庚县作为刑事辩护全覆盖的试点地区，在2020年7、8月因经费不足而暂停开展，经费缺口为20余万元。暂停开展半个月后，因法院要求又恢复推行，但未从根本上解决经费问题；G市甲区在试点推行期结束后，停止开展刑事辩护全覆盖工作。

（二）法律援助机构性质不统一

现阶段由于缺乏相关规定，导致实践中法律援助机构性质并不统一。H省各市州级法律援助中心机构性质见表12。

表12 H省各市州级法律援助中心性质情况

地区	机构性质	人员编制
A市	全额拨款的公益一类事业单位	事业编制
B市	全额拨款的公益一类事业单位	事业编制
C市	暂无机构定性	行政编制
D市	全额拨款的公益一类事业单位	事业编制 （现在法律援助中心工作人员属于顶岗性质）
E市	全额拨款的公益一类事业单位	事业编制
F市	行政机构	行政编制
G市	全额拨款的公益一类事业单位	事业编制
H市	全额拨款的公益一类事业单位	事业编制
J市	全额拨款的公益一类事业单位	事业编制
K市	全额拨款的公益一类事业单位	事业编制
L市	全额拨款的公益一类事业单位	事业编制
M市	全额拨款的公益一类事业单位	事业编制
N市	全额拨款的公益一类事业单位	事业编制
U市	行政机构	行政编制

除H省各市州一级的法律援助中心机构定性不统一以外，各市州本级与该市县区的法律援助机构性质也并不统一。如M市法律援助中心性质为事业单位，工作人员为事业编制，但M市的甲区和丙县人员则为行政编制，M市事业编制的工作人员每月没有1200元政法津贴，也没有550元车补，更没有依照公务员身份享有第13个月工资，待遇差异较大导致同工不同酬矛盾突出。以C市为例，C市全市法律援助机构性质情况见表13。

表13 C市全市法律援助机构及编制、人员情况

机构名称	机构性质	人员数及人员编制	备注
C市法律援助中心	未明确	5人，行政编	由公服科办理法律援助事项
C市甲区法律援助中心	未明确	2人，行政编	法律援助中心隶属于公服股
C市乙区法律援助中心	未明确	3人，行政编	法律援助中心隶属于公服股

续表

机构名称	机构性质	人员数及人员编制	备注
C市丙县法律援助中心	事业单位二级机构	4人，行政编2人、事业编2人	
C市丁县法律援助中心	未明确	2人，行政编1人、临聘人员1人	法律援助中心隶属于公服股
C市戊县法律援助中心	未明确	3人，行政编	局机关设定为单独科室，但三定方案中没有明确

各地法律援助机构性质并不统一，由此导致以下几个问题：

1. 法律援助中心职能模糊

法律援助机构性质定位直接影响到各级法律援助中心职能的发挥。以F市法律援助中心为例，F市法律援助中心定位为行政单位，除办理市本级的法律援助业务之外，强化了市级法律援助中心行政管理的职能。市级法律援助中心可以在业务上监督、指导、管理下级法律援助工作的展开。此外，市级法律援助中心的财政独立，发放案件补贴等有自己的审批流程，无需上报司法局，独立性和自主性更强。相比之下，以M市法律援助中心为例，M市法律援助中心定位为全额拨款的公益一类事业单位，可以组织、指导、协调全市法律援助工作，但是没有监督和管理全市法律援助工作的职能。市级法律援助中心工作重点为办理本级受理的法律援助案件，成为仅办理业务的机构，丧失行政管理职能。各地法律援助机构应承担何种职能并不统一，不利于法律援助中心明确自身职责，更不利于法律援助工作的开展。

2. 法律援助中心与公共法律服务科的职能分工尚未理顺

因法律援助中心的性质定位并不统一，导致各地法律援助中心所承担的职能并不明确，由此造成与公共法律服务科的职能分工尚未理顺的问题。各地法律援助中心与公共法律服务科的职能分工呈现三种现状：第一种是机构设定混同，公共法律服务科和法律援助中心的职责和任务并不明晰。如A市公共法律服务中心与A市法律援助中心在设立上虽是两个不同名称的机构，但实质是同时履行多项职能的同一机构；再如C市法律援助中心运行现状是由公服科办理法律援助事项。第二种是两种机构设定分离，但职能分工并不明确。公共法律服务科应承担指导、监督、统筹全市法律援助工作的职能，但在实际运行中哪些事项应由公共法律服务科承担，哪些又应由法律援助中心承担并不明确，缺乏较为细化的分工。如L市的值班律师工作站点设立、对值班律师的管理等事项由公共法律服务科负责，但N市等地设置值班律师工作站等事项由法律援助中心负责；再如H市由法律援助中心负责对法律援助案件进行评查，但L市由公共法律服务科负责案件评查及承办法律援助案件的律师考核。第三种是两种机构设定分离，职能分工较为明确，此种类型主要体现在F市。因F市法律援助中心性质定位为行政单位，所以仍然承担着行政管理的职能，对于全市的法律援助工作的开展有着监督、指导、管理职能，公共法律服务科则负责统筹全市公共法律服务体系和平台建设工作。

3. 同工不同酬矛盾突出，人才流失严重

由于各地的法律援助中心性质并不统一，导致当前法律援助工作人员队伍既有司法行政编制身份人员，又有事业编制身份人员，两种身份导致队伍构成混乱。且各地均反映，事业编制工作人员的基准工资及福利待遇均少于行政编制工作人员，但所承担的工作任务完全一致。此种同工不同酬的矛盾严重抑制工作人员的积极性，法律援助工作岗位对人才的吸引力不强，人才流失严重。

（三）法律援助人员匮乏

法律援助人员主要指的是承办法律援助案件的律师和法律援助工作人员。根据调研，各地均面临不同程度的法律援助人员匮乏的问题，并制约着法律援助服务工作的开展。

1. 承办法律援助案件的律师资源分配不均衡，全市承办法律援助案件的律师资源调配机制有待加强

据调研，各市州级的承办法律援助案件的律师资源数量较为充足，承办法律援助案件的律师年度人均办案量较低且承办法律援助案件的律师承办案件与受理案件总量的比例较高。如F市的市本级法律援助中心2020年共受理法律援助案件445件，市级现有49个律所，执业律师共计605人，均可被指派办理F市法律援助中心法律援助案件，承办法律援助案件的律师年度人均办案量为0.74件，

承办法律援助案件的律师资源充足，承办法律援助案件的律师办理案件占受理案件总数的98%，法律工作者仅办理极少数民事案件；L市的市本级法律援助中心2020年共受理法律援助案件311件，办理法律援助案件的专职律师共419名，承办法律援助案件的律师年度人均办案量为0.74件，承办法律援助案件的律师资源充足，市法律援助中心基本不会指派法律工作者办理法律援助案件；H市的市本级法律援助中心2020年共受理法律援助案件308件，办理法律援助案件的专职律师共113名，承办法律援助案件的律师年度人均办案量为2.73件，承办法律援助案件的律师资源充足，H市法律援助案件基本由律师办理。

与市级相比，部分县区受地理位置等诸多因素的影响，承办法律援助案件的律师资源短缺，人均办案量较高且办案压力较大。如L市丁县2020年共受理法律援助案件563件，办理法律援助案件的律师有16名，承办法律援助案件的律师年度人均办案量为35件；J市戊县2020年共受理法律援助案件759件，办理法律援助案件的律师有23名，承办法律援助案件的律师年度人均办案量为33件；L市甲区2020年共受理法律援助案件461件，办理法律援助案件的律师有23名，承办法律援助案件的律师年度人均办案量为20件；M市己县2020年共受理法律援助案件378件，办理法律援助案件的律师有19名，承办法律援助案件的律师年度人均办案量为20件；G市甲区2020年共受理法律援助案件656件，办理法律援助案件的律师有39名，承办法律援助案件的律师年度人均办案量为17件；D市辛县只有1家律所3名律师，只能通过与市中心律所合作的方式解决律师资源不足的困境；再如N市子县只有1家律所，与本地20万人口数量并不匹配，更多时候需要通过市级法律援助中心调配律师资源解决此困境。但目前缺少完备的全市律师资源调度机制，导致调配律师资源时会出现以下两个问题：

（1）缺少调配及管理机制

一方面，缺少统一明确的调配机制，市法律援助中心进行资源调配时并无规范的操作程序。此种调配机制的缺失又会衍生两个问题：一是对于涉黑涉恶等开庭时间长、律师需求量大的案件，很难保证市法律援助中心能够及时找到愿意承接此案的承办法律援助案件的律师；二是调配的承办法律援助案件的律师资质难以保障，如D市辛县反映调配的承办法律援助案件的律师大多是执业年限较短的年轻律师。

另一方面，缺少统一明确的管理机制。对于通过市法律援助中心调配资源办理的法律援助案件，由县区的法律援助中心发放补贴并负责案卷的归档。但县区法律援助中心并无管理通过调度承办法律援助案件的律师的资格，与本地律所和律师相比，工作开展并不顺畅。

（2）异地办案补贴规定尚不完善

因承办法律援助案件的律师资源分布并不均衡，跨地区办案成为化解承办法律援助案件的律师资源矛盾的主要方式。跨地区办案必然需要额外办案补贴，各地对于异地办案补贴的具体发放规定见表 14。

表 14　各地法律援助案件异地办案补贴发放规定

地区	异地办案补贴规定	
A 市	跨地区办案可以适当提高补贴标准，最高不超过补贴发放标准的 2 倍	
B 市	无相关规定	
C 市	跨市州、县市区办案的，根据办案成本适当增加办案补贴，增加部分最高不超过同类案件补贴的 1 倍	
D 市	跨市州、县市区办案的，根据案件受援人羁押地、开庭地、主要证据调查地所处地理位置分为三类地区，增加部分最高不超过同类案件补贴的 1 倍。住宿费、车票费凭发票实报实销	
	市城区、壬县、辛县	每次（天）200 元
	戊区、癸县、子县、丑县、已市、庚市	每次（天）300 元
	D 市以外地区	每次（天）300 元
E 市	疑难案件和跨地区办理的案件可以适当提高补贴标准，最高不超过补贴发放标准的 2 倍	
F 市	因办案需要，法律援助人员赴县市区开展会见、出庭、调查取证等相关工作，增加补贴 100～300 元	
	己县、丙区、乙区	增加补贴 100 元
	戊市、庚县	增加补贴 200 元
	癸丑功能区、丁县、辛县、壬县	增加补贴 300 元
G 市	无相关规定	
H 市	跨市州、县市区办案的，根据办案成本适当增加办案补贴，增加部分最高不超过同类案件补贴的 1 倍	

续表

地区	异地办案补贴规定
J 市	无相关规定
K 市	跨地区办案可以适当提高补贴标准，最高不超过各地实际执行标准的 2 倍
L 市	案情重大疑难复杂的或被告人（犯罪嫌疑人）羁押地、侦查机关所在地、审查起诉机关所在地、开庭所在地、主要证据调查地跨县市区的，承办人员可向法律援助机构提出申请，经法律援助机构审核后每件案件补贴可提高 300～500 元。跨省、市办案的，视具体情况酌情处理
M 市	无相关规定
N 市	跨地区办理的案件可以适当提高补贴标准，最高不超过各地实际执行标准的 2 倍
U 市	无相关规定

通过表 14 可知，各地对承办法律援助案件的律师异地办案补贴的规定并不统一，由此产生三个问题。一是部分地区并未明确规定承办法律援助案件的律师异地办案补贴问题，如 B 市、U 市、G 市、J 市和 M 市。承办法律援助案件的律师异地办案所产生的时间成本及直接额外经济支出难以保障，这将直接影响承办法律援助案件的律师异地办案的积极性，也将导致跨地区调配承办法律援助案件的律师资源面临困境，因为部分承办法律援助案件的律师不愿接受跨地区指派的法律援助案件。二是各地对承办法律援助案件的律师异地办案补贴的力度并不相同，如 A 市、K 市、N 市、E 市规定为最高不超过各地实际执行标准的 2 倍，C 市和 H 市规定为最高不超过各地实际执行标准的 1 倍，而 L 市补贴限制在 300～500 元之间，F 市限制在 100～300 元之间。此种办案补贴规定使承办法律援助案件的律师在办理跨地区案件时所得到的保障不同。三是各地承办法律援助案件的律师异地办案补贴的申请及审批程序存在区别。经调研发现，E 市和 L 市法律援助中心对于异地办案的差旅费补贴发放无需申请，法律援助中心工作人员在指派时即对需要异地办理的案件增加补贴；J 市法律援助中心因缺少律师异地办案补贴的规定导致承办法律援助案件的律师在申请时存在难度，报账较为困难。据此，为充分保障律师异地办案的相关权益，各地需要明确并完善因承办法律援助案件的律师资源不足而异地办案所产生的额外补贴的相关规定。

2. 工作人员数量少，没有做到“专人专岗”

据调研，大多数地区的法律援助中心面临工作人员数量少的困境。如H市法律援助中心除办理法律援助业务的工作人员外，仅剩工作人员1人；G市法律援助中心仅有工作人员1人；J市法律援助中心有在编工作人员2人和1名合同制员工；L市法律援助中心有工作人员3人。法律援助中心工作人员需要受理业务、指派律师、进行案卷归档、处理财务工作，使得工作人员数量与工作业务量间的矛盾突出。

由于法律援助中心的性质定位不明确，大多数县区的法律援助中心性质定位为内设股室，其与公共法律服务、律师基层法律服务管理合并为一个行政股室。大多县一级的法律援助中心工作人员也承担了公共法律服务的相关工作。这导致没有专人从事法律援助工作，没有“专人专岗”，此种现状极大程度地影响法律援助工作开展及工作质量。

（四）法律援助案件办案质量有待提高

通过省级、各市州开展的法律援助案件质量评查活动可知，H省大多数地区案件质量的合格率较高但优良率较低，大部分地区基本只能保证案件合格，法律援助案件办案质量仍有进一步提高的空间。各地在办案过程中所呈现出的问题主要集中于以下三个方面：

1. 部分案件指派律师资质存在问题

为了解H省法律援助案件办案质量的情况，调研团队对办理特殊案件的律师资质进行了考察。调研发现，A市、B市、D市、K市、U市、J市、H市、E市、M市这9个地区在办理可能判处无期徒刑、死刑的案件中，大多数情况下会指派执业年限较长、经验较为丰富的律师来承办此类案件，其余各地在对特殊案件指派法律援助案件的律师资质上则还需进一步提高要求。如G市张某故意杀人案，办理该案的律师仅持有律师职业资格证1年；再如N市黄某华故意杀人案，办理该案的律师持有律师职业资格证不满3年。各地在对特殊案件进行承办法律援助案件的律师指派时应加强对律师资质的把控。

2. 案件办理过程存在问题

通过梳理相关材料与调研访谈，发现办理案件的过程中存在一些直接影响办案质量的问题。

一是多数承办法律援助案件的律师会见次数少，存在“走过场”现象。通过查阅法律援助中心案卷的承办情况通报，发现大多案件承办法律援助案件的律师仅会见一次，部分承办人在会见过程中缺乏对事实的询问。且部分承办法律援助案件的律师会见笔录制作潦草、内容记载不翔实，笔录缺少反映与受援人充分了解案情、沟通辩护思路及辩护方案等活动的文字记录。

二是部分案件承办法律援助案件的律师阅卷笔录较为简略。主要表现为部分承办法律援助案件的律师的阅卷笔录对案情分析不详实。如记载案件事实和被告人供述的部分较为简略，缺少对案件性质以及相关法律依据的分析，缺少对案件证据材料的详尽分析。

三是部分承办法律援助案件的律师辩护词过于简单。如辩护词大多围绕认罪态度良好、系坦白、系初犯、系偶犯等常见辩护角度制作，并未结合案件具体情况和本案独有特征有针对性地发表辩护意见，辩护词的内容无实质价值。

四是对法律援助值班律师在认罪认罚案件中提供法律帮助工作的监督及管理力度不够。如绝大部分地区值班律师在认罪认罚案件中提供法律帮助的文书记载主要为认罪认罚具结书，并未要求值班律师依照案情需要制作会见、阅卷笔录，导致绝大部分值班律师并非行使会见和阅卷职能。此外，绝大部分地区的法律援助中心并未对认罪认罚具结书这一关键文书进行归档留存，导致法律援助中心无法全面掌握值班律师在认罪认罚案件中提供法律帮助的具体工作情况。

五是部分承办法律援助案件的律师介入案件时间短，准备时间过少，直接影响辩护效果。部分地区法院通知辩护时间过晚，如 K 市受援人谢某的抢劫罪一案，承办法律援助案件的律师从接到法律援助中心指派到参与庭审只有 3 个工作日的时间；再如 E 市受援人刘某明的非法持有枪支一案，从接到法律援助中心指派到参与庭审只有 3 天时间。

3. 回访及案件质量评查活动有待加强

案件回访及质量评查活动的开展是案件质量管理的关键环节，但据调研来看，各地虽开展回访及案件质量评查活动，但仍存在不足之处。

一方面，各地的案件回访活动亟待加强。上文表 5 对各市州本级法律援助中心的案件回访情况进行了统计，据该表所统计的信息可知，回访案件大多为申请类案件，有11个地区的回访案件全部为申请类案件。但对申请类案件的回访工作总体开展并不乐观，仅L市法律援助中心对申请类案件全部进行回访，J市申请类案件回访超过办理申请类案件的90%，其余地区申请类案件回访情况有待加强，应对申请类案件进行100%回访。此外，各地回访案件占办理案件的比例过低，仅K市超过50%，C市和L市超过40%，G市超过30%，其余地区比例都在30%以下。各市州法律援助机构负责人反映，回访率过低的原因是本地受理民事、行政案件较少，刑事案件占比较多，而针对刑事案件进行回访则因受援人羁押等原因导致回访工作开展面临困难。如M市本级2020年仅办理民事案件7件，占年度受理案件量的4.5%。据此，各地应加强刑事法律援助案件回访工作的开展，提升回访案件数量。

另一方面，各地的案件质量评查活动仍有待加强。上文表4对各地自行开展的案件质量评查活动情况进行统计。据表4所示信息可知各地抽取案件数量占年度受理案件数量的比例相差较大，如B市抽取比例达11.07%，J市抽取比例仅为1.57%。除上述地区外，其余各地的抽取比例也较低，基本在2%~5%。为案件质量评查活动能够尽可能挖掘和反映法律援助案件办理过程中所存在的问题及不足之处，抽取案件数量与年度受理案件数量的比例不应过低。据此，各地应按照年度受案量科学界定抽查案件数量，以此保障质量评查活动有效、科学开展。此外，各地抽取评查对象的期限跨度并不统一。如N市评查2019年1月1日到2020年10月1日受理并办结的案件，C市评查2020年1月至8月办结的案件，其余各地皆评查一年内办结的案件。为保障案件质量评查活动能够及时有效反映办理案件过程中显现的问题，抽取案件的期限跨度不宜过大，各地应定期对案件进行质量评查，以免抽取案件时间跨度过大，从而影响质量评查活动的效果。

（五）刑事案件辩护全覆盖工作推进面临困境

1. 刑事辩护全覆盖工作实际并未完全展开

2019年H省高级人民法院、H省司法厅联合印发了《关于开展刑事案件律师辩护全覆盖试点工作的办法》和《关于刑事案件律师辩护全覆盖试点工作方案》，在14个市州本级和84个县（市、区）开展刑事案件律师辩护全覆盖试点工作作出全面部署。同时，《关于开展刑事案件律师辩护全覆盖试点工作的办法》提出刑事案件律师辩护全覆盖试点工作的开展为期一年。但是，自试点工作结束之后，对于如何继续推进刑事案件律师辩护全覆盖工作，相关立法文件并未作出进一步解释，导致刑事案件律师辩护全覆盖工作并未完全展开。其一，对于已开展刑事案件律师辩护全覆盖工作的试点地区，是否继续开展未作明示。虽然当前仍有部分试点地区继续推进此项工作，但部分地区迫于经费与人员的双重压力在试点期限结束后停止开展刑事辩护全覆盖工作，如G市甲区、E市乙区。其二，对于尚未开展刑事案件律师辩护全覆盖工作的非试点地区，在已有成熟经验的基础上，是否应当尝试着开展此项工作，官方的态度并不明朗，非试点地区的基层法律援助机构尚在观望之中。

部分地区法律援助中心仅能做到通知案件的全覆盖，原因在于：第一，非试点地区并无刑事案件律师辩护全覆盖的工作要求，法律援助机构对于推动此项工作的积极性不高。第二，由于经费紧张，对通知案件指派律师的费用尚不能解决，推进全覆盖的财政难度可想而知。第三，对于部分案件，法院并没有通知法律援助机构。法律援助中心只能对通知的案件做到全部指派律师，在刑事辩护全覆盖工作推动中发挥的主动性不强。

2. 刑事案件律师辩护全覆盖的衍生问题

刑事案件律师辩护全覆盖的实现，作为实施法律援助主体之一的律师无疑起着至关重要的作用。由于法律援助资源的有限性，使刑事案件辩护全覆盖工作在推进中带来了衍生问题。

（1）一定程度上压缩民事、行政案件受理空间

刑事案件律师辩护全覆盖工作的开展，意味着承办法律援助案件的律师办理刑事案件数量的增加，在现有承办法律援助案件的律师数量不变的情况下，将大量的承办法律援助案件的律师资源投入了刑事案件中，势必会在一定程度上压缩民事、行政法律援助案件的受理。例如E市，妇女与老人作为法律援助工作应援尽援的覆盖人群，迫于资源紧缺的压力，法律援助机构在离婚案件中将年轻妇女排除在援助范围之外，针对老年人民间借贷问题也不再提供法律援助。

（2）一定程度上影响辩护效果

刑事案件数量剧增，使得承办法律援助案件的律师受理法律援助案件数量增

多，导致律师在每个案件中投入的精力有限，间接地影响了刑事案件的辩护效果。如L市丁县作为刑事辩护全覆盖的试点地区，2020年共受理法律援助案件563件，办理法律援助案件的律师有16名，承办法律援助案件的律师年度人均办案量为35件；J市戊县作为刑事辩护全覆盖的试点地区，2020年共受理法律援助案件759件，办理法律援助案件的律师有23名，承办法律援助案件的律师年度人均办案量为33件；L市甲区作为刑事辩护全覆盖的试点地区，2020年共受理法律援助案件461件，办理法律援助案件的律师有23名，承办法律援助案件的律师年度人均办案量为20件；再如M市乙区作为刑事辩护全覆盖的试点地区，2020年办案量最高的承办法律援助案件的律师年度办理案件达54件。较高人均办案量导致承办法律援助案件的律师办案压力过大，且在实践中，律师不仅要平衡自主开展的业务与法律援助业务的比例，还要将精力分散到自身学习培训及其他行政事务中，分身乏术。

(3) *存在承办法律援助案件的律师与委托律师并行局面，浪费法律援助资源*

由于信息共享机制的不完善，导致在同一件刑事案件中出现承办法律援助案件的律师与委托律师并行的局面。进而产生承办法律援助案件的律师介入刑事案件衔接不畅的问题。法律援助机构介入刑事案件中属于被动介入，即在法院通知后再指派律师，对于当事人及其家属当前是否委托其他律师的情况并不了解。由于承办法律援助案件的律师往往与当事人进行沟通，而当事人可能对家属委托律师的情况并不了解，因此容易造成承办法律援助案件的律师与委托律师并行的局面。此种情形下承办法律援助案件的律师作为刑事案件辩护的次位选择，援助工作被迫终止，早先付出的精力与时间付诸东流，造成了法律援助资源极大的浪费。

（六）法律援助值班律师职能亟待强化

1. 部分地区值班律师工作站设立较少

对于值班律师的定位，学界形象地将其比喻为“急诊室医生”。值班律师作为一种临时性的、救急性的法律援助者，其工作地点设置的选择，应当考虑哪些程序需要值班律师、哪个单位需要值班律师以及在哪里设置是最科学、最有效的，各地值班律师工作站设立情况详见表15。

表 15　值班律师工作站设置点（市一级）

	法律援助中心、12348	看守所	检察院	法院	其他
A 市		√		√	
B 市		√		√	劳动争议委员会、总工会、残联、妇联、妇女儿童活动中心、军分区、中航南航
C 市	√	√		√	
D 市	√	√	√	√	部队警备区、信访局
E 市	√	√	√	√	
F 市		√	√	√	
G 市	√	√			
H 市		√			人社局的劳动监察局、残联
J 市	√	√	√	√	信访局
K 市	√	√		√	政务中心、监狱
L 市		√		√	武装部、妇联、残联、团委、监狱
M 市	√	√	√	√	军人军属工作站、仲裁委工作站
N 市	√	√		√	铁路看守所、铁路运输法院
U 市	√	√	√（检察院自聘）	√	

根据各地值班律师工作站设立的实际情况可知，鉴于现实需求，当前 H 省值班律师工作地点普遍设置在四个机构，即人民法院、人民检察院、看守所和法律援助中心，部分地区将值班律师工作地点的设置扩大至工会、残联、军队、信访局等单位。全省 14 个地区的市级法律援助中心皆在看守所设置了值班律师工作站，旨在为被羁押的犯罪嫌疑人、被告人提供法律帮助。全省 12 个地区的市级法律援助中心在法院设置了值班律师工作站，G 市和 H 市未在法院设置。全省仅有 D 市、U 市、J 市、E 市、M 市、F 市这 6 个地区的市级法律援助中心在检察院设置了值班律师工作站。此外，全省仅有 D 市、U 市、J 市、E 市、M 市这

5个地区的市级法律援助中心在法律援助中心、看守所、检察院、法院全部设置值班律师工作站；C市、K市、N市这3个地区的市级法律援助中心在法律援助中心、看守所、法院设置了值班律师工作站；F市的市级法律援助中心在看守所、检察院、法院设置了值班律师工作站；A市、B市、L市这3个地区的市级法律援助中心在看守所、法院设置了值班律师工作站；G市的市级法律援助中心在法律援助中心、看守所设置了值班律师工作站；H市的市级法律援助中心仅在看守所设置了值班律师工作站。由此可见，部分地区设置值班律师工作站点较少，检察院和法院作为案件审查起诉和审理的部门，工作站设置情况有待加强，以此保障当事人及亲属能够及时获得法律帮助。

2. 值班律师较少行使会见、阅卷的相关权利，且在认罪认罚案件中的参与度有限

值班律师遍布侦查、起诉和审判这一刑事诉讼全过程，其具有服务对象广泛性和服务项目多样性的显著特征，但最能体现值班律师价值的环节就是在审查起诉这一阶段。作为认罪认罚从宽制度发挥作用最大的一个阶段，值班律师此阶段的参与度并不高。据调研，各地区的值班律师较少行使阅卷权，且会见也主要集中在见证签署具结书的环节，不会另行会见被追诉人。此种现状导致值班律师难以充分了解案件具体情况并与被追诉人进行充分的沟通交流，使得值班律师所提出的法律帮助有限，甚至沦为“认罪认罚案件的见证人”。

值班律师并未行使相关权利的情况中，更为重要的是存在控辩协商的参与度不高，见证过程不完全，甚至未参与控辩协商的情形。对于具结书的签署，检察机关会集中在看守所值班律师的值班日，统一进行整理，集中签字。鉴于看守所的值班律师值班天数有限，如J市法律援助中心在看守所设置的值班律师每周仅值班一天，E市法律援助中心在看守所设置的值班律师每周值班一到两天，有限的工作时间内处理多份文书，无法保障认罪认罚的参与度，控辩协商的有效性不强。法律援助中心作为值班律师工作的具体领导部门，是政法系统的末班单位，对案件的管控不具有主导性，也不具有权威性。根据法律规定，具结书的签署要求检察机关、被追诉人、值班律师或辩护律师三方在场，但实际调研中发现，实践中存在具结书签署不符合法定程序的现象。如M市的丙县，签署具结书的过程没有满足三方在场的要求，而是将具结书统一送至法律援助中心

交由值班律师签字，极大破坏了认罪认罚从宽制度的权威性，损害了被追诉人的合法权益。

3. 值班律师缺乏保障和监督机制

(1) 值班律师办案补贴与职责并不对等

我国的值班律师普遍采取轮岗制，通过坐班的方式处理案件，当前值班律师的值班津贴普遍较低，全省各地值班律师办案补贴情况见表16。

表16 值班律师值班补贴情况（市一级）

地区	值班补贴费
A市	300元/天
B市	350元/天（派驻市中院、市看守所、军分区）
	200元/天（派驻12348、公共法律服务中心、如法网）
C市	200～400元/天
D市	300元/天
E市	300元/天
F市	200元/半天；300元/天
G市	200元/天
H市	300元/天
J市	300元/天（派驻市中院、市看守所、市检察院）
	200元/天（派驻12348、公共法律服务中心）
K市	200元/天
L市	150～200元/天
M市	300元/天（派驻市中院、市看守所、军人军属等法律援助工作站）
	200元/天（派驻12348、公共法律服务中心）
N市	200～400元/天
U市	300元/天

各地150～300元不等的值班津贴，包括了值班律师的通勤等费用的开销。

以较少的收入捆绑了值班律师一天的时间，显然无法满足当前对值班律师工作保障的需要。同时，不同机构的值班律师工作量存在显著差异，法律援助中心与看守所的值班律师作为受众量最大的一部分，承担着相对较多的任务，在津贴金额设置这方面，部分地区并未区别对待。对于刑事案件而言，看守所内的值班律师普遍每周值班一天，工作量较大、经手案件较多，造成了超量的任务、过多的责任与“微薄”的收入之间的不匹配。在相同案件补贴的影响下，一些值班律师容易因为追求案件数量而忽视执业质量，出现走过场、说套路、对法律咨询敷衍回答、有必要阅卷时不阅卷、不认真考虑和提出量刑建议等情形，导致值班律师履职过程中积极性不足、法律帮助的效果不尽如人意。

（2）值班律师职能发挥缺乏有效监督机制

据调研，现有对值班律师的管理主要体现在值班律师签到及值班律师台账的制作上，监督和管理机制仍有待完善。如对于值班律师见证认罪认罚的案件没有统一的案件归档，对于值班律师提供法律帮助缺少统一文书记载。此外，现有的针对值班律师的考核机制大多以值班律师到岗率为考核，且主要考评依据为值班律师自行记录的工作情况，考核内容具化为值班律师的具体工作内容，无疑类似于值班律师自己制作考卷又自己答题，使对于值班律师的考核流于形式。为进一步强化值班律师法律帮助的职能，应完善对值班律师的监督机制。

（七）与公检法等部门协调存在问题

1. 因公检法等机关的工作情况不一，导致法律援助工作开展面临难度

法律援助案件的顺利办理除法律援助中心发挥职能之外，还需与公检法等部门衔接配合。当前各地法律援助中心积极落实通知后的法律援助指派工作，但是因为公检法等机关的情况和问题，导致法律援助工作开展仍然存在困境。

首先，与公安机关工作配合存在问题。主要表现为以下两个方面：一是公安机关通知辩护工作尚未落实到位。对于符合通知辩护条件的犯罪嫌疑人，公安机关尚未做到全部通知法律援助中心提供援助。2020年各市刑事法律援助案件侦查阶段通知辩护情况见表17。

表 17　2020 年刑事法律援助侦查阶段通知辩护的案件数量与应当通知辩护的案件数量对比

	侦查阶段通知辩护的案件量	应当通知辩护的案件总量	侦查阶段通知辩护的案件量占比	应当通知辩护的对象			
				未成年人	盲聋哑人	尚未完全丧失辨认或者控制自己行为能力的精神病人	可能判处无期徒刑、死刑的人
A 市	301	1126	26. 73%	886	43	18	179
B 市	88	326	26. 99%	245	31	1	49
C 市	88	285	30. 88%	234	8	13	30
D 市	146	1086	13. 44%	719	100	26	241
E 市	73	758	9. 63%	428	14	10	306
F 市	65	294	22. 11%	222	14	14	44
G 市	57	178	32. 02%	91	6	2	79
H 市	77	251	30. 68%	194	8	14	35
J 市	90	362	24. 86%	309	15	13	25
K 市	229	675	33. 93%	501	12	14	148
L 市	211	917	23. 01%	710	26	37	144
M 市	66	567	11. 64%	409	10	31	117
N 市	151	437	34. 55%	286	13	16	122
U 市	123	438	28. 08%	336	23	19	60

据表 17 数据可以得知，各地侦查阶段通知辩护案件量占应当通知辩护案件量比例较低，全省均在 35% 以下，且最低达到 9. 63%。此种数据足以揭示侦查阶段通知辩护工作并未到位的问题。此外，通知辩护工作尚未落实到位还表现为通知时间延迟。如现有法律并未规定立案后公安机关移送法律援助公函的时间问题，此种漏洞导致实践中公安机关在临近移送审查起诉前才将通知辩护的相关文书交由法律援助中心，导致承办法律援助案件的律师介入时间短。如 A 市法律援助中心工作人员反映，看守所一般是一周邮寄一到两次法律援助公函，没有做到一案一寄。二是公安机关提供相关文书的工作存在配合问题。司法实践中针对侦查阶段提供法律援助的案件，法律援助中心在案件归档时需要留存起诉意见书副本作为办理结案的依据。但因缺少明确的法律法规规定，导致实践中承办法律援

助案件的律师要求公安机关提供起诉意见书副本存在难度，公安机关经常以涉及案件信息为由拒绝，从而加剧了承办法律援助案件的律师办案压力和工作量。

其次，与检察机关工作配合存在问题，主要表现为两个方面。一是审查起诉阶段通知辩护工作尚未落实到位。对于符合通知辩护条件的犯罪嫌疑人，检察机关尚未做到全部通知法律援助中心提供援助。2020 年各市刑事法律援助案件审查起诉阶段通知辩护情况见表 18。

表 18　2020 年刑事法律援助审查起诉阶段通知辩护的案件数量与应当通知辩护的案件数量对比

	审查起诉阶段通知辩护的案件量	应当通知辩护的案件总量	审查起诉阶段通知辩护的案件量占比	应当通知辩护的对象			
				未成年人	盲聋哑人	尚未完全丧失辨认或者控制自己行为能力的精神病人	可能判处无期徒刑、死刑的人
A 市	522	1126	46.36%	886	43	18	179
B 市	158	326	48.47%	245	31	1	49
C 市	129	285	45.26%	234	8	13	30
D 市	546	1086	50.28%	719	100	26	241
E 市	421	758	55.54%	428	14	10	306
F 市	120	294	40.82%	222	14	14	44
G 市	106	178	59.55%	91	6	2	79
H 市	128	251	51.00%	194	8	14	35
J 市	209	362	57.73%	309	15	13	25
K 市	282	675	41.78%	501	12	14	148
L 市	418	917	45.58%	710	26	37	144
M 市	274	567	48.32%	409	10	31	117
N 市	285	437	65.22%	286	13	16	122
U 市	186	438	42.47%	336	23	19	60

据表 18 统计数据可知，与侦查阶段相比，审查起诉阶段通知辩护案件量明显提升，但各地审查起诉阶段通知辩护案件量占应当通知辩护案件量比例仍然较低，最高地区为 65.22%，最低地区为 40.82%。以上数据说明审查起诉阶段检察机关通知辩护工作仍有待进一步加强。二是法律援助中心与检察机关文书共享

面临难度。根据H省司法厅关于转发司法部《办理法律援助案件程序规定》的通知，对于审查起诉阶段提供法律援助的案件，承办法律援助案件的律师需留存起诉书副本至法律援助中心归档作为办理结案的依据，但检察机关经常以泄露案件信息为由拒绝承办法律援助案件的律师的申请。与此相同的还有具结书的归档问题。具结书是承办法律援助案件的律师和值班律师履行职能的重要文书及凭证，但由于相关法律法规并未要求案卷归档需要留存具结书，导致司法实践中检察院并未将具结书制作副本交予承办法律援助案件的律师或值班律师归档留存，这将影响承办法律援助案件的律师和值班律师在见证认罪认罚具结等工作的规范程度。

最后，与法院工作配合存在问题。这主要表现在两个方面：一是法院通知辩护工作尚未落实到位。在刑事辩护全覆盖工作开展的背景下，法院通知辩护不受指定辩护种类的限制。但实践中存在部分符合条件的案件，法院没有通知法律援助中心提供法律援助的情形。对于此种情形，法律援助中心只能做到法院通知辩护的案件百分之百提供法律援助。通知辩护工作落实存在问题，直接影响刑事辩护全覆盖工作的开展效果。2020年各市刑事法律援助案件审判阶段通知辩护情况见表19。

表19　2020年刑事法律援助审判阶段通知辩护的案件数量与应当通知辩护的案件数量对比

	审判阶段通知辩护的案件量	应当通知辩护的案件总量	审判阶段通知辩护的案件量占比	应当通知辩护案件的对象				
				未成年人	盲聋哑人	尚未完全丧失辨认或者控制自己行为能力的精神病人	可能判处无期徒刑、死刑的人	其他
A市	1851	2839	65.20%	886	43	18	179	1713
B市	1304	1788	72.93%	245	31	1	49	1462
C市	484	707	68.46%	234	8	13	30	422
D市	2770	3673	75.42%	719	100	26	241	2587
E市	1363	2049	66.52%	428	14	10	306	1291
F市	806	1166	69.13%	222	14	14	44	872
G市	422	587	71.89%	91	6	2	79	409

续表

	审判阶段通知辩护的案件量	应当通知辩护的案件总量	审判阶段通知辩护的案件量占比	应当通知辩护案件的对象				
				未成年人	盲聋哑人	尚未完全丧失辨认或者控制自己行为能力的精神病人	可能判处无期徒刑、死刑的人	其他
H市	600	1017	59.00%	194	8	14	35	766
J市	1433	1757	81.56%	309	15	13	25	1395
K市	555	1100	50.45%	501	12	14	148	425
L市	1478	2169	68.14%	710	26	37	144	1252
M市	747	1112	67.18%	409	10	31	117	545
N市	1202	1936	62.09%	286	13	16	122	1499
U市	579	974	59.45%	336	23	19	60	536

二是法院送交相关文书的时间过短。《法律援助条例》第二十条规定，由人民法院指定辩护的案件，人民法院在开庭10日前将指定辩护通知书和起诉书副本或者判决书副本送交其所在地的法律援助机构。此条规定了指定辩护案件送交指定辩护通知书及其他文书的时限，以此保障承办法律援助案件的律师有充足的时间做好相关准备。但对于因刑事辩护全覆盖而符合通知辩护的案件，人民法院送交相关文书的时间缺少相关规定，实践中因法院送交文书时间延迟导致承办法律援助案件的律师准备时间不足，一定程度上影响法律援助案件办理的质量。

2. 与有关部门信息共享存在壁垒

此问题主要表现在两个方面：一是对于当事人委托辩护信息共享不及时，由此导致法律援助资源的浪费。自刑事辩护全覆盖工作开展以来，存在法律援助中心为犯罪嫌疑人、被告人指派辩护律师后，家属又为其聘请律师这一现象。因公检法部门无法及时与法律援助机构共享所处案件阶段当事人辩护情况的有关信息，导致承办法律援助案件的律师从事此案有关工作后因当事人另行委托律师而退出，由此造成法律援助资源的浪费。二是与有关部门共享信息存在难度，导致法律援助工作开展面临困难。如E市子县的公安机关仅提供查询辖区范围内居民的户籍资料，E市子县法律援助中心在受理农民工讨薪一案时，承办法律援助案件的律师无法通过公安机关查询到外籍欠薪人的有关信息，从而给承办法律援助案件的律师工作的开展带来极大挑战。再如J市希望搭建电子政务平台，使公民能够通过此平台申请法律援助，以此减少提交经济困难审查资料等烦琐流程，但由于法律援助机构并不享有搭建平台所需的相关公民户籍信息，致使此构想尚未落实。

四、H省法律援助服务优化路径及完善对策

（一）强化法律援助经费制度性供给

1. 加大法律援助经费财政保障力度

增加法律援助经费投入总量，缩小经费保障的地区差异，保证各地基本均衡发展，推进实现法律援助服务均等化。一方面是加强省级财政保障的力度，逐步缩小法律援助经费保障的地区差异。省级财政统筹提供法律援助经费，上级政府财政对贫困地区进行财政补贴，加强对经济欠发达地区的转移支付力度。对于法律援助经费投入较大的地区，可以就增加部分向行政机关申请等额追加经费。另一方面是增强市县财政对法律援助经费的投入力度，经费由市县同级财政纳入统计财政预算，根据本地的财政实力以及法律援助案件总量拨付一定的经费，并可以根据地方经济发展水平及时作出动态调整。在刑事辩护全覆盖的环境下，需要增加刑事案件法律援助经费的拨款，提高办案经费的比例，推进办案质量与办案补贴挂钩的差别案件补贴制度，如针对复杂疑难案件可以提高办案补贴标准，保障律师办案质量。依据办案成本、服务状况等因素调整办案补贴标准以及值班律师的补贴标准，及时足额发放补贴。针对简单案件，办案成本低的，办案补贴标准可以适当降低。值班律师服务质量好并获得群众满意评价的，值班律师补贴标准可以予以提高。在司法资源普遍不均衡的现状下，加大经费财政保障的力度不仅是H省完善法律援助服务的对策，也是全国各地其他地区的应对方略。

2. 规范法律援助经费分类管理

对于未将法律援助经费单独列入政府财政经费并单独拨付的地区，应单独将法律援助经费纳入政府财政预算，以此保障法律援助服务经费的独立。此外，还需建立法律援助经费分类管理制度，提高经费的合理配置和使用效率。一是依据

经费的不同用途明确区分办案补贴经费、培训经费、宣传经费、行政经费以及其他经费投入。加强对法律援助经费的使用管理，根据法律援助工作中各经费使用情况合理配置各类经费额度并分类拨付，满足各项工作的最低经费要求。法律援助工作量大的类别可以设立较其他类经费更高的额度，如办案补贴经费可以高于宣传经费，同时宣传经费还是需要在满足宣传活动的情况下得到适当的拨付，不能因办案补贴经费过高就不予或者少予拨付宣传经费。针对不同类别的经费实行专项管理、专户管理、专款专用。如宣传经费只能使用于法律援助宣传工作，而不能挪用去弥补办案经费的不足。二是强化对法律援助经费使用的监督，法律援助中心自觉接受财政、审计和司法行政部门的监督、检查，任何部门、单位和个人不得截留、挤占和挪用经费，不得改变经费性质和用途。各种经费的支出都需要有记载，让法律援助经费用到实处。

3. 拓宽法律援助经费筹措渠道

为了给法律援助事业提供经费支持，要努力发掘多样的经费来源渠道，通过多重路径筹措资金。鼓励社会参与对法律援助活动的捐助，发挥社会捐助、行业奉献、福利彩票公益金等渠道筹集资金的作用。为提高社会各界的积极性，可以使向法律援助机构提供捐助和支持的社会组织和个人享受国家税收减免等优惠政策。中央专项彩票公益金作为法律援助经费的重要来源渠道之一，需要顺应社会的发展以便充分发挥法律援助基金会的资金募集作用，从而使中央专项彩票公益金法律援助项目顺利推进：第一，扩充受援群体。依据各地法律援助的现实开展情况，进一步拓宽中央专项彩票公益金的受援人群，将失业人员、军人军属等特殊群体纳入受援人员范围。第二，拓宽案件资助的范围。将行政诉讼、仲裁、司法鉴定、公证事项列为可以申请中央专项彩票公益金的事项。第三，提高公益金办案补贴标准。依据各地社会经济的发展状况，适当增加公益金补贴金额，使公益金所规定的办案补贴至少与普通法律援助办案补贴达到持平，增强承办法律援助案件的律师办理公益金法律援助案件的积极性。第四，简化补贴申报流程，尽可能简化信息填报内容，避免重复填写相关信息。第五，保障办案补贴及时发放。中央专项彩票公益金法律援助案件的办案补贴应按月或季度及时发放，确保中彩金项目顺利实施。

（二）明确并统一法律援助机构性质

1. 明确法律援助中心性质为行政机关

明晰法律援助中心性质定位。有些地方法律援助中心性质为行政编制，例如F市法律援助中心，有些地方法律援助中心的性质为事业编制，例如L市法律援助中心、B市法律援助中心。行政编制和事业编制的区别有二：第一，行政机关的上一级法律援助中心可以对下一级的法律援助中心进行指导、监督、管理，而事业单位仅仅具有监督职能，市法律援助中心不能对县区法律援助中心进行管理和指导。第二，行政编制具有自己独立的财政和内部审核流程，能够通过单位的财政发放补贴，且工作人员的待遇好，报酬高；而事业编制相较于行政编制报酬较低、待遇较差。因此，将法律援助中心的性质定性为事业编制，非常不利于法律援助中心进行层级管理和激发工作人员的积极性。

由此可见，应当将法律援助中心的性质定位为行政机关，以便于法律援助中心上下级之间的管理，并激发法律援助中心工作人员的工作热情。

2. 明晰法律援助中心和公共法律服务科的关系

厘清法律援助中心和公共法律服务科的关系。H省法律援助中心的工作和公共法律服务科职能分工不明确，使得部分地区出现法律援助中心和公共法律服务科职能混乱的问题，为解决此难题，应当首先明晰法律援助中心和公共法律服务科的关系，两者应当互相独立、分工负责、互不干涉。具体而言包括以下两点：第一，明确规定法律援助中心和公共法律服务科属于独立运行的两个机构，其人员和业务各自独立。第二，科学界定法律援助中心和公共法律服务科的工作范围。如公共法律服务科负责统筹、管理全市的公共法律服务相关资源，负责法律援助的行政性工作，如开展承办法律援助案件的律师、工作人员培训活动以及定期组织法律援助案件评查活动。法律援助中心负责受理法律援助案件、对承办法律援助案件的律师进行考评、对值班律师进行管理等业务类具体工作。

（三）加强法律援助队伍建设，吸纳专业法律人才

1. 建立与完善全市律师资源调配机制

H省律师队伍资源分配不均，使得部分地区的法律援助中心为法律援助案件

指派律师时存在指派困难的问题。为解决此困境，可以在律师资源紧缺的县区和乡镇探索、建立全市区域内的律师资源调配机制，即当各县区及乡镇面临律师指派困难的问题时，由市州一级的法律援助中心来进行统筹分配。

要建立并完善全市区域内的律师资源调配机制。其一，应当在全市范围内建立承办法律援助案件的律师资源库，在律师资源较为充足的地区里抽取律师纳入资源库中，同时特别注重在律师资源短缺地区的周边地区里尽可能多地抽取律师纳入资源库，在调配律师资源时不再局限于市州一级的律师资源，使得调配律师时能够更加方便。其二，市级法律援助中心应当基于承办法律援助案件的律师资源库统筹调配律师资源，对于指派存在困难的法律援助案件，县区法律援助中心应当及时告知市级法律援助中心，由市级法律援助中心统一从资源库中抽取律师并进行指派，从而防止指派过程中出现不同机构间的冲突或推诿现象。其三，还应当完善对律师异地办案经费补贴的相关规定，律师调配必然涉及跨地区办案，即其他地区的律师被调配到律师资源短缺地区办理案件，在此类情况下，办理案件必然会支出相关的交通费、住宿费等费用。为保证此类跨地区法律援助案件顺利进行、提高律师办理案件的积极性，应当明确关于承办法律援助案件的律师异地办案补贴的规定。因此，尚未明确异地补贴及相关规定的地区必须明确规定承办法律援助案件的律师异地办案应当给予补贴。不仅如此，跨地区法律援助案件还多包含大案要案，律师办理此类案件所花费的精力比普通案件更多，因此各地应当统一提高此类案件的经费补贴，如规定最高不超过各地实际执行标准的2倍。除此之外，还必须完善承办法律援助案件的律师异地办案补贴的申请及审批程序，尽可能简化流程，尽快发放。如明确规定承办法律援助案件的律师在案件办理完结15日内向市法律援助中心提交案件材料及异地补贴申请需要的相关材料，市法律援助中心自收到承办法律援助案件的律师提交的材料之日起15日内完成对异地办案申请的审核，最终市法律援助中心应当在收到案件材料之日起30日内为承办法律援助案件的律师发放异地办案补贴，从而确保承办法律援助案件的律师异地办案的补贴权益得到保障。其四，为优化对调配律师的管理监督，在对办理过跨区域案件的承办法律援助案件的律师进行年度考核时，还应当考察其跨区域案件的办理质量并听取案件当地法律援助机构的意见等，以实现对调配律师的监督。

2. 加强法律援助机构队伍专业专职化建设

为了使法律援助工作能够更好地进行，解决法律援助机构人员数量、质量上的问题，必须加强法律援助机构队伍的建设，促使法律援助机构队伍专业专职化。

具体而言，一是统一法律援助机构的编制性质，法律援助机构的工作具有政府行政属性，依法履行的是国家行政权力，因此人员编制也应统一为行政编制，进而提高法律援助机构人员的工作积极性，增强法律援助机构岗位的吸引力。二是重视法律援助机构专业人员配备，选配法律专业人才加入法律援助队伍。如将具有法律职业资格或法律从业经历的人才优先纳入法律援助机构中，从而壮大法律援助机构的专业人才储备。三是完善法律援助机构人员培训机制，针对新加入法律援助工作的人员从专业水平、职业素养等方面进行岗前培训，同时还可以针对已经参与法律援助工作的人员开展不定期的业务培训活动，其中应包括对法律援助相关政策新规的学习，从而提高法律援助工作人员的专业化水平。四是实现法律援助工作人员的专人专岗，明确法律援助工作人员的具体工作内容和工作职责。除此之外，还应当明确法律援助机构和其他公共法律服务部门的职能分工，防止法律援助机构工作人员身兼数职的情况发生。五是针对法律援助机构工作人员极其缺乏的欠发达地区，可以适当开展法律援助青年志愿者活动，吸引社会上的有志青年参与法律援助工作，如与当地高校开展合作，吸纳高校的专业法律学生加入法律援助工作，从而缓解法律援助工作人员不足的局面，壮大法律援助工作队伍。法律人才分布不均的问题是全国性的问题，完善资源调配机制，加强法律援助队伍专职化建设，同样值得其他省份学习。

（四）紧扣高质量发展要求，全方位把控案件质量

1. 整体完善法律援助工作机制

一是加强对法律援助工作的指导。编制法律援助工作指导手册，完善法律援助业务工作规程。法律援助中心可以编制法律援助工作指导手册，印发相关工作提示，并在指导手册或工作指示中明确细化接待、咨询、受理、审批、指派、办理、报结、归档等各个工作环节要求，规范服务行为。同时，开展对法律援助中

心工作人员指导手册培训，组织学习指导手册相关内容。

二是责任明确到人。建立法律援助中心值班人员问责制度，明确规定首问责任人制度。首问责任人制度是明确法律援助中心的工作人员负责的案件范围，以便知晓具体法律援助案件由谁具体负责。首问责任人需要在案件受理初审中履行指导申请人规范填写、厘清申请人具体诉求，提出适合的维权途径建议，以及作为案件联系人负责全案跟踪联络等职责，有效避免瑕疵案件、投诉案件的产生。

三是开展实时评价。由来访人员对窗口值班人员的咨询解答、服务态度进行即时满意度评价，并签名确认，督促值班人员不断提升服务意识、增强业务能力。

2. 从源头筛选承办法律援助案件的律师人才

(1) 建立“优秀律师入库”和“点援制”相结合的制度

为保障优质承办法律援助案件的律师办理法律援助案件，应当建立“优秀律师入库”和“点援制”相结合的制度。“优秀律师入库”是一种择优律师进入承办法律援助案件的律师库的一种制度，即法律援助中心通过常年和承办法律援助案件的律师沟通交流，达成对承办法律援助案件的律师的基本了解，将能力强、负责任的律师纳入承办法律援助案件的律师库，逐渐将不负责、不认真办理法律援助的律师排除出法律援助律师库的一种择优制度。

“点援制”是一种特色双选制度，即为当事人先选择承办法律援助案件的律师库中的律师，然后被选择律师也有意向选择办理该当事人法律援助案件的一项双选制度。这种制度能够保障受援人和律师的双重满意，点燃承办法律援助案件的律师的办案热情。

建立“优秀律师入库”和“点援制”相结合的双层制度保障，既能从源头上保证办理法律援助案件的律师都是资历深、能力强、职业素养高、责任心强的优秀律师，还能保障当事人的自主性，从而从根本上保障法律援助案件质量得到提升。

(2) 针对重难点案件推行“大律师办案”制度和“案件上移”机制

为保障重难点案件质量，应当推行“大律师办案”制度和“案件上移”机制。“大律师办案”制度具体是指由各律所的主任、合伙人等资深律师办理法律援助案件。重难点案件案情复杂，影响范围广，案件办理难度高。相对来说，这些“大律师”办案时间长、经验丰富，具有较强的职业素养，能够较好地完成此类重难点案件。因此，针对重难点法律援助案件，可以交由各律所的主任和合伙人承担，进而较好地保证此类案件的办案质量。

“案件上移”机制是指对于县区法律援助机构受理的疑难、复杂案件，可以移送至市级法律援助机构，由市级法律援助机构在全市范围内指派资深律师办理案件，以保障案件质量。

（3）定期对承办法律援助案件的律师进行培养和考核

为保持和提升承办法律援助案件的律师的专业性和工作能力，应当定期对承办法律援助案件的律师进行培养和考察，可以周期性组织相关培训活动，既方便承办法律援助案件的律师工作交流和总结，还方便对承办法律援助案件的律师进行考核。

3. 从办案过程中提高办案质量

（1）规范承办法律援助案件的律师办案流程和文书制作

为提高法律援助整体办案质量，应当规范承办法律援助案件的律师办案流程和文书制作。对于不同案件，由于案件的属性、难易度、复杂度、涉及的当事人以及最终损害程度不同，不便于规定统一的办案程序和统一的模式化文书。但是可以根据常见案件的类型制作典型的、具有指导性的办案流程和统一文书，以便规范承办法律援助案件的律师工作。

（2）突出对重难点案件的过程监督

一方面，重大案件必然会涉及当事人的重大利益，如果承办法律援助案件的律师未充分了解案件并与当事人沟通，则极容易导致当事人的合法权益受到损害。因此，更应当重视对重难点案件的质量提升工作。例如，针对可能判处无期徒刑、死刑的案件，可以规定承办法律援助案件的律师至少会见2次，承办法律援助案件的律师制作案卷材料时应保证制作的会见笔录、阅卷笔录中涵盖的案件事实、主要证据等内容翔实，并根据案件制作问话提纲、质证提纲、举证提纲、庭审发问提纲、辩护提纲等文书。另一方面，对于重难点案件可以由资历较深并善于处理此类案件的律师、专家以网上会议的形式开展讨论，从而提高此类案件的援助质量。

4. 完善后续法律援助案件监管机制

（1）注重全程跟踪监督

加强对法律援助案件办案过程和事后监督。对于普通法律援助案件，可以对承办法律援助案件的律师递送文书、材料实施日常监督，主要侧重于事后评查。对于案情相对复杂或者特殊的案件，由法律援助中心进行标注，案中进行实时监督；对结报的案件，逐卷地检查卷宗材料，发现不符合结报规定的，提出整改建议，退回补充完善。

对于正在办理的法律援助案件，抽取部分案件进行办案流程的询问和文书的监督，防止承办法律援助案件的律师工作浮于表面、办理案件形式化、相关文书过于简单。对于已经办结的法律援助案件，抽取部分案件对承办法律援助案件的律师制作的会见笔录、阅卷笔录、辩护词等法律文书进行检查。

（2）进一步规范并加强案件回访及质量评查工作

各地应规范并加强案件回访工作的开展。首先，针对申请类案件应做到百分之百回访，H 省部分地区对申请类案件的回访率仍较低，还应进一步落实回访工作。其次，针对刑事案件的回访工作仍有较大提升空间。现今刑事案件回访工作的问题主要集中在回访率低以及回访较为困难这两个方面。未来刑事案件回访工作应逐渐提高回访率，如回访率不应少于刑事案件年度办结量的 50%。针对回访较难的问题，各地应改进现有的回访方式，采用多种途径对受援人进行回访。如印制纸质版回访表并派发给承办法律援助案件的律师，并在案卷材料归档时统一收回；再如与公安机关、检察机关以及法院等部门协作时，将纸质回访表交由有关机关使其协助完成回访工作或者由有关机关工作人员负责对受援人进行现场回访并填写案件回访情况汇总表。最后，应进一步明确法律援助中心工作人员职责分工，确定专人负责案件监督管理，不定期对案件承办人和受援人进行回访。

此外，各地开展的案件质量评查工作有待进一步规范和加强。一方面，H 省多数地区评查所抽取案件的比例过低，为保障评查活动的客观性和有效性，应对案件抽取最低比例进行规定，如不少于本年度办结案件的 10%。但从全国有益经验看，“一案一评”将是案件质量评查工作的发展目标，如杭州市探索利用信息化、标准化、规范化手段，建立“一案一评”机制，多角度对每名承办法律援助案件的律师办理的案件情况进行全面掌握。据此，可以鼓励条件充足的地区根据本地区实际情况确定抽取案件的比例。另一方面，各地案件质量评查所抽取的对象期限跨度不应过大。对于经费、人员充足的地区可以对半年内办结案件进行质量评查，但其他地区抽取案件的期限跨度也不可超过一年，以此保证案件质量评查工作定期、顺利开展。

5. 建立差异化办案补贴发放机制

为进一步保障法律援助案件质量，可以从案件补贴发放的角度入手，建立差异化的办案补贴发放机制。即在保障律师办案成本、基本劳务费用的基础上，综合权衡实际工作量和办案效果，实行差异化补贴，以提高承办法律援助案件的律师办案的积极性、增强承办法律援助案件的律师办案的责任心，进而提高其案件办理的质量。

具体而言，一是明确规定办案补贴增加的情形及幅度，如刑事案件存在两次以上会见受援人的，办案补贴可以增加10%；承办法律援助案件的律师因辩护（代理）意见被司法机关采纳而作出有利于受援人裁判的，办案补贴可以增加10%~20%；在市法律援助中心案件质量评查中，被评为优秀等次的案件，办案补贴可以增加10%等，同时还规定存在多种增加办案补贴的情形时，总增加额不超过30%。二是明确规定办案补贴核减的情形及幅度，如刑事案件中承办法律援助案件的律师应当阅卷、会见受援人但未进行阅卷、会见工作的，办案补贴可以减少20%；阅卷笔录无案件事实、主要证据、阅卷意见等内容，或内容无法辨认的，办案补贴可以减少10%；结案初审时发现可能在案件质量评查中评为不合格案件的，暂缓发放补贴，待评查结果确定为不合格案件后，办案补贴可减少20%~30%等，同时再规定存在多种减少办案补贴的情形时（案件质量评查为不合格案件的情形除外），总核减总额不超过30%。在此种差异化案件补贴发放的机制下，承办法律援助案件的律师对待案件的办理也必然会更加认真仔细，案件办理的质量则进一步得到保障。

（五）多举措保障刑事辩护全覆盖工作进行

刑事辩护全覆盖工作是保障人权，促进司法公正，推进以审判为中心的刑事诉讼制度改革的重大举措。因此，应当结合H省实际情况，进一步推进和完善此项工作。对各地不再做试点地区与非试点地区的区分，进一步在全省范围内铺开刑事辩护全覆盖工作。对于早期试点地区的良好经验，要进行归纳总结，在现行法律制度框架内积极探索，大胆实践，边试点、边总结、边推广。

1. 健全刑事辩护全覆盖具体工作机制

首先，完善刑事辩护全覆盖经费保障机制。为保障刑事辩护全覆盖工作顺利进行，并解决刑事法律援助案件量与法律援助经费之间的矛盾，应当进一步完善刑事辩护全覆盖经费保障机制。一是各地政府应当拨付刑事辩护全覆盖工作专项经费，此经费专门用于支付因推行刑事辩护全覆盖工作而产生的刑事法律援助案件办案补贴以及值班律师法律援助补贴。专项经费拨付金额应参考上一年度本地区进入审判阶段的刑事案件数量以及审判阶段未委托辩护人的案件数量，并实行动态调整机制，同时指导各地司法局向当地财政部门及时通报全覆盖工作情况，确保经费及时到位。二是拓宽刑事辩护全覆盖经费来源渠道，以保障刑事辩护全覆盖工作开展。如广州市法律援助基金会设立“刑事案件律师辩护全覆盖资助项目”，通过发挥社会各界力量为全覆盖工作开展提供经费支持。H 省各地可以结合本地区实际情况，充分探索社会力量参与刑事法律援助工作的路径和方式。

其次，完善与法院的工作协调机制，强化并落实法院通知职责。刑事辩护全覆盖工作开展相关办法及工作方案明确规定了法院的通知职责，即对没有委托辩护人的被告人，人民法院应当通知法律援助机构指派律师、值班律师为其提供辩护、法律帮助。但据实地调研，H 省部分法院的通知职责尚未落实到位，仍存在应当通知但未通知法律援助机构的现象。在刑事辩护全覆盖工作开展过程中，法律援助中心处于“被动”地位，仅能做到对通知的案件全部提供指派，因此全覆盖工作具体落实情况主要依赖于法院通知职责的行使。为进一步强化并落实法院的通知职责，应做到以下几点：一是落实法院的告知职责。法院应严格按照 H 省高级人民法院、H 省司法厅联合印发的《关于开展刑事案件律师辩护全覆盖试点工作的办法》规定，告知被告人如果不委托辩护人，将通知法律援助机构指派律师为其提供辩护，并将口头告知制作的笔录或书面告知后的送达回执入卷并随案移送。二是应当加强一审开庭审理前对被告人辩护情况的审查。根据刑事辩护全覆盖工作开展相关办法规定，对法院未履行通知辩护职责的程序性制裁表现为“撤销原判，发回重审”。但此程序性制裁仅体现在二审程序。因二审程序并非所有刑事案件的必经程序，为切实保障被告人所享有的辩护权利，应进一步对一审开庭前被告人的辩护情况进行审查。如可以规定人民法院确定开庭日期后，应当对被告人的辩护情况进行审查。对被告人没有委托辩护人且法院未履行通知辩护职责的，应当立即通知法律援助机构，法律援助机构应当自收到通知辩护公函或者作出给予法律援助决定之日起3日内，确定承办律师并函告人民法院。因法院未履行通知辩护职责导致影响辩护律师履行职责的，法律援助机构可以商请人民法院变更开庭日期。三是加强法律援助机构与法院的工作交流。为全覆盖工作顺利开展，法律援助机构和法院应定期开展工作总结交流会，及时对工作开展过程中面临的问题及困难进行讨论，交流总结经验，加强工作衔接，确保法院和法律援助机构工作配合顺畅。

最后，完善值班律师工作机制，合理利用刑事辩护律师资源。刑事辩护全覆盖工作开展相关办法规定，对于被告人具有《刑事诉讼法》第三十五条、第二百七十八条规定应当通知辩护情形，没有委托辩护人的以及其他适用普通程序审理的一审案件、二审案件、按照审判监督程序审理的案件，被告人没有委托辩护人的，人民法院应当通知法律援助机构指派律师为其提供辩护；对于适用简易程序、速裁程序审理的案件，被告人没有辩护人的，人民法院应当通知法律援助机构派驻的值班律师为其提供法律帮助。据此，值班律师提供法律帮助成为刑事辩护全覆盖工作的重要组成部分。据调研，H省部分法院在通知法律援助机构时并未对提供辩护和法律帮助作出区分，导致法律援助机构为适用简易程序、速裁程序的被告人指派律师提供辩护，从而浪费刑事辩护律师资源。为此，法院在通知时应明确区分辩护和法律帮助，确保有限的刑事辩护律师资源得到合理利用。此外，还应完善值班律师工作机制，强化值班律师在刑事辩护全覆盖工作中的法律帮助职能，以此推进全覆盖工作顺利进行。一是确保适用简易程序、速裁程序审理的没有委托辩护人的被告人能够得到值班律师的法律帮助。通过制作统一的提供法律帮助通知书及指派书等文书将此工作落实到位并归档入卷。二是明确要求值班律师应形成书面的会见笔录、阅卷笔录等文书，以此保证值班律师在充分了解案情及当事人情况后提供有针对性的法律帮助。三是法律援助机构应当对值班律师提供法律帮助案件单独归档管理，以此监督值班律师职能有效发挥。

2. 着力解决刑事案件律师辩护全覆盖的衍生问题

刑事案件律师辩护全覆盖是法律援助工作的重要组成部分，但并不是法律援助工作的全部。因此，在推进刑事案件律师辩护全覆盖的同时，要注意到法律援助工作“案多人少”的客观事实，要着力解决衍生问题，推进法律援助工作的完善。

首先，要扩大法律援助人员主体范围，充分发挥民间组织与地方高校在法律援助中的作用。一方面，高校法学院教师拥有专业的法律知识可以解决法律援助工作中的法律问题；另一方面，掌握基本法学理论的法科学生完全可以胜任法律援助过程中法律咨询、代拟文书等辅助性工作。如H省C市司法局与C市某大学的法学院下属法律诊所、法律援助中心的积极合作，是在扩大法律援助人员主体范围背景下的有益探索，一定程度上缓解了承办法律援助案件的律师的办案压力，进一步释放了民事、行政案件的受理空间。

其次，推进刑事案件律师有效辩护工作的开展。刑事案件律师辩护全覆盖工作的目的就在于让每一件刑事案件都有律师辩护和提供法律帮助，这种辩护和帮助的开展不是形式化、走过场，不是以追求案件数量为目标，而是以高质量的辩护工作为最终目标。一是从总体上，为提高刑事案件法律援助的质量，法律援助机构应统筹调配律师资源，合理安排案源，解决律师资源分布不均、部分地区律师资源不足的问题，避免同一时间段承办多件案件或者无人承办案件等情况的发生。此外，各地应建立刑事法律援助案件律师库，甄选刑事业务能力强且职业素养高的律师入库，以此保障辩护和帮助质量。二是对于具体的案件，法律援助机构应当积极采取听庭的方式对律师的辩护工作进行监督，同时比对判决书与辩护律师辩护意见，考察辩护意见的采纳比例，从而作为律师有效辩护工作考察指标。三是充分发挥法律援助机构人员办案潜力，壮大法律援助机构人员队伍，以此发挥法律援助机构人员在调控承办法律援助案件的律师资源分配方面的作用。法律援助机构人员的性质定位类似域外美国等国家的“公设辩护人”，但H省2020年法律援助机构人员办案数量为1140件，仅占年度办结案件量的3.1%，其中C市法律援助机构人员办案数量为0，A市、H市、K市、U市的法律援助机构人员办案数量仅为个位数。由此数据可知，H省法律援助机构人员的法律援助工作仍有进一步完善的空间。应完善法律援助机构人员晋级渠道，建立激励机制，不断吸收社会律师加入法律援助队伍。在刑事辩护全覆盖工作开展中通过发挥法律援助机构人员职能以此缓解刑事法律援助案件数量与承办法律援助案件的律师数量的矛盾，改善部分地区承办法律援助案件的律师资源不足的困境。

最后，要积极建立信息共享机制，避免法律援助资源的浪费。针对同一件刑事案件，面对出现承办法律援助案件的律师与委托律师并行的局面，法律援助机构要改变作为案件的被动接纳者的固有定位，与公检法和看守所等单位建立信息共享机制。构建网上办公系统并要求律师在接受委托后第一时间在系统中填报相关信息来掌握当事人委托辩护情况，以此防止一件案件多人承办等情况的发生。

（六）推动值班律师职能实质化

1. 明确值班律师工作站点的设立

《刑事诉讼法》第三十六条规定："法律援助机构可以在人民法院、看守所等场所派驻值班律师。"由此可见，值班律师工作站可以设置在人民法院、看守所等地，在工作时间内、在工作场所内为被追诉人提供法律服务。虽然立法上并没有强制或限制值班律师工作站点的设置，但为了使值班律师的职能能够得到更好的发挥，必须明确值班律师工作站点的设置。

具体而言，首先应当合理设置值班律师工作站的地点，如看守所是最容易接触到被追诉人的地方，因此看守所应当有值班律师的派驻。又如检察院涉及案件的审查起诉，将值班律师工作站点设立在检察院有助于值班律师尽早了解案件情况，同时也便于检察机关听取值班律师意见，因此检察院也应当有值班律师的派驻。再如法律援助中心是受理法律援助案件的地方，法院是案件立案、审理的地方，为了进一步方便当事人及其亲属及时咨询值班律师，值班律师工作站也有必要在法律援助中心、法院设置。不仅如此，除了应当在以上场所设置值班律师工作站以外，各地还可以在保证值班律师能够及时、迅速地为当事人提供法律服务的前提下，依据本地的具体情况在其他场所区域设置值班律师工作站点。同时，值班律师工作的相关经费还可以由已设置工作站的机关与法律援助机构共同承担，以进一步保证值班律师工作站点能够顺利设立、值班律师工作能够顺利开展。其次，应当保证值班律师工作站地点设置的深入性，如看守所的值班律师工作站不应当设立在看守所大门之外，而应当设立在看守所的监区以内并且尽量设置在离监区较近的区域，从而方便值班律师会见被追诉人，进而保证值班律师能够深入了解案件情况，为被追诉人提供实质有效的法律帮助。再次，还应当防止值班律师资源浪费的情况发生，如值班律师的值班安排应当联系工作站点的具体情况进行，在法律帮助需求量不高的站点可以适当减少值班律师的排班，而在需求量较高的站点适当增加值班律师人数及其排班，从而有效分配值班律师资源、最大化发挥值班律师的作用。

2. 强化值班律师提供法律帮助的职能

为了进一步提高法律援助值班律师提供法律服务的水平，使当事人切实地得到有效的法律帮助，必须重视值班律师提供法律帮助职能的强化，而对值班律师职能的强化主要可以从以下几个方面入手：

（1）充分保障值班律师的阅卷权，规范值班律师的阅卷笔录

阅卷是值班律师了解案件情况的一项重要手段，只有在充分掌握案情的情况下，值班律师才能有针对性地提供有效的法律帮助，因此必须充分保障值班律师的阅卷权。除此之外，为了保证值班律师真正行使了阅卷权，还应规范值班律师的阅卷笔录，即值班律师应当明确记录下每次阅卷的时间、地点、内容、证据、意见等，形成一份形式规范、内容翔实的阅卷笔录，以确保其阅卷达到了确实、充分的程度。

（2）切实保障值班律师的会见权，规范值班律师的会见、谈话笔录

与被追诉人会见并进行沟通不仅可以有助于值班律师进一步掌握案件情况，还可以使值班律师及时地了解被追诉人的想法与态度，从被追诉人的角度为其提供有效的法律帮助，因此值班律师的会见权必须得到保障和落实，如明确要求值班律师与被追诉人应进行“一对一”会见，从而杜绝“一对多”会见的情况产生；又如应明确规定值班律师会见被追诉人时不被监听，会见时间也不受到不当限制；再如还可以考虑取消值班律师会见函，使其无需办理会见函就能见到被追诉人并及时为其提供法律服务，或者有条件的看守所可以通过远程视频系统使值班律师及时与被追诉人进行沟通，从而保证被追诉人能够第一时间接受值班律师的法律帮助。同时，为了使值班律师会见权的行使不流于形式，还应当规范值班律师的会见、谈话笔录，在会见被追诉人的同时，值班律师应当如实记录下时间、地点、被追诉人的求助以及值班律师的解答等会见内容，以保证值班律师会

见的真实性和有效性。

(3) 规范值班律师法律帮助工作台账的整理

值班律师应当如实、具体记录每日的工作台账，台账内容包括值班日期、受援人信息、咨询内容以及答复意见等，即通过工作台账不仅能反映值班律师的签到情况，还应当能反映出值班律师值班当天的具体工作内容，促使值班律师在值班期间能够积极、及时地为当事人提供法律帮助，切实履行自身职责。

(4) 加强值班律师对认罪认罚案件的参与度及职能行使的有效性

为提高值班律师在认罪认罚案件中的参与度以及提供法律帮助的有效性，阅卷及会见是重要方式，因此值班律师的阅卷权与会见权应得到充分保障。除此之外，值班律师必须参与具结书签署的过程并代表被追诉人利益与检察机关进行协商，为保证协商的有效性，值班律师应提前制作量刑建议提纲等协商所需的材料，从而能够为认罪协商的进行做好充足的准备，在具结书签署的过程中值班律师还应当制作认罪认罚笔录，笔录中应如实记录签署具结书的时间、场地、具体协商内容以及认罪认罚结果等，从而确保值班律师真实有效地参与认罪协商、提供有效法律帮助。

3. 加强对值班律师的监督管理机制

为了进一步规范值班律师提供法律服务的行为，减少值班律师在工作过程中随意应付、“走过场”、“说套路”的情况发生，有必要加强对值班律师的管理和监督。

首先，应当确立专门的值班律师库以及值班律师花名册，以便对值班律师进行统一的管理和指派，同时还能避免值班律师和法律援助辩护律师在指派工作上产生冲突；其次，应当专门针对值班律师提供法律帮助的案件进行整理归档，即值班律师参与的案件（包括认罪认罚案件）也应当整理成册并归档，案卷材料包括但不限于阅卷笔录、会见笔录、谈话笔录、认罪认罚情况表等，进而促使值班律师在提供法律帮助的过程中重视其执业质量，杜绝其以敷衍、随意的工作态度来应对受援人；再次，可以建立值班律师工作考核机制，法律援助中心可依据值班律师工作台账、值班律师案卷材料、受援人或被追诉人回访意见等材料定期对值班律师进行综合考评，最终的考评结果可以与值班律师补贴挂钩，对于考评结果特别优秀的值班律师，可以适当增加其值班补贴，除此之外，还可以将最终的考评结果作为值班律师所在律师事务所年度考核的依据之一，以此激励和监督值班律师团队正确履职。

值班律师制度是中国法治道路的重要一环，在保障人权方面发挥着极为重要的作用，而要使其真正发挥作用，有赖于行政部门加强对值班律师职能实质化的重视，防止值班律师沦为“见证人”，这不仅是H省政府的职责，也是各地政府乃至国家的职责。

（七）完善与公检法等部门的协调机制

1. 加强与公检法等部门的协作

首先是畅通与公安机关的协作。一是强化公安机关通知辩护工作。对于符合通知辩护的被追诉人，公安机关应该做到及时且尽数通知法律援助中心提供援助。公安机关通知法律援助工作未执行到位是属于程序违法，公安机关未能保障被追诉人法律援助权利的，需要给予其必要制裁措施。可以参考《行政机关公务员处分条例》或者《公务员法》中的类似规定对相关工作人员进行惩戒，若是情节严重构成犯罪的，应该追究其刑事责任。法律需要明确规定立案后公安机关移送法律援助公函的时间问题，也可以规定延期移送的特殊情形。该时间的确定要满足律师能够及时介入案件提供帮助并有充分的办案准备。二是为使法律援助中心对于侦查阶段提供法律援助的案件能够更好地归档和管理，H省应将起诉意见书副本作为法律援助案件案卷归档的必要材料。公安机关不能无正当理由妨碍律师获取起诉意见书副本，公安机关应当配合律师，不应该多次以各种借口阻挠律师的工作，要为律师取得材料提供便利，降低律师向公安机关索取材料的难度。

其次是加强与检察机关的配合。一是推进部分文书共享机制，检察机关与律师共享一部分文书材料，不得拒绝律师提出的请求其提供起诉书副本的申请。二是规范认罪认罚具结文书对接工作。为加强法律援助中心对认罪认罚案件的监督和管理，H省应进一步规定将认罪认罚具结书副本纳入法律援助案件案卷归档的必要材料。在审查起诉阶段，认罪认罚案件中的承办法律援助案件的律师或者值班律师应当积极获取被追诉人与检察机关达成认罪认罚协议的材料，如具结书副本，检察机关应当制作与原件相一致的具结书副本，在认罪认罚协商程序完成后，及时将副本交予在场的承办法律援助案件的律师或者值班律师。律师取得相关材料后将其带到法律援助中心归档留存。

最后是增强与法院的合作。一是法院要积极落实通知辩护工作。尤其要关注在刑事辩护全覆盖的情形下，法院应当积极通知法律援助中心提供法律援助。法院在开庭10日前将指定辩护通知书和起诉书副本送交其所在地的法律援助机构并初步审查核实被追诉人的辩护情况，可以向法律援助中心或者检察机关查证被追诉人或者其亲属是否委托辩护人，是否符合通知辩护的条件。在审查后确实属于通知辩护的情形下，如果被追诉人既没有委托辩护人也没有得到承办法律援助案件的律师的帮助，法院应当尽快采取补救措施，责令相关部门通知法律援助中心提供法律援助，以保障后续庭审活动的顺利进行。二是法院要保证通知辩护的时效性。因刑事辩护全覆盖而符合通知辩护的案件，法院要及时送交相关文书给法律援助中心，法律援助中心便可以及时指派律师，为承办法律援助案件的律师争取足够的准备时间，提高案件办理质量。

2. 推进实现与其他部门的信息共享机制

首先是推进智慧法律援助建设，共享关键信息。一是各机关建设良好的网上办公系统，如法院专网、检察院专网，实现信息共享。办案机关在审前各个阶段需要将关键环节的必要信息如办案单位、辩护情况、程序进度等信息及时整理公布在网页上，推进工作信息化，实现与法律援助中心的实时信息共享。除了办案机关在网上公布重要信息，还需要律师积极地配合工作。当律师承接了该案件，需要登录该网上平台，填写相关的承接情况，以便办案机关及法律援助机构能够及时获取当事人委托辩护的有关信息。二是法律援助中心积极开发运用在线法律援助系统。法律援助中心通过查阅浏览被追诉人的相关辩护情况，可以及时了解对于被追诉人有无指派的必要性。如果发现已经公布有承接律师的信息，法律援助中心可以在法律援助网上系统及时停止已经进行的法律援助或者拒绝法律援助的申请，避免受援人既得到了指派辩护律师的援助又委托了社会律师进行辩护的情形，优化法律援助资源的利用。

其次是与有关部门共享其他信息，顺利推进法律援助工作高效开展。一是构建信息共享平台。构建法律援助中心与其他部门的信息共建共享机制，充分利用大数据，建立起本地特别是弱势群体数据库，确保应援尽援。例如，在审查是否满足提供法律援助的条件时，针对经济困难审查标准，法律援助中心可以和民政部门共同分享经济困难人员经济状况。符合经济困难的申请人可以免去提交系列资料等烦琐程序，能够更快通过审核，及时获取承办法律援助案件的律师的帮助。同时公安机关可以针对特殊案件构建查询异地人员户籍资料的机制，法律援助中心持有异地被查询人与受援人的相关资料向公安机关提出申请，且提出查询的理由，经公安机关审查通过后可以由公安机关进行查询，然后将所查询的内容告知法律援助中心工作人员。二是加强对信息共享平台的监管，保护好个人信息隐私。在搭建信息共享平台时，法律援助中心与公安机关共同分享公民户籍信息，公安机关可以因法律援助中心的申请查询异地户籍资料，但不可以随意查询。查询到的信息只能用于法律援助工作的开展，不能作为其他用途，由此获知的关于个人隐私信息应当予以保密。

人民调解服务运行现状考

一、H 省人民调解服务现状考察

近年来，H 省大力发展经济事业，新技术、新经济、新业态、新模式不断涌现。经济社会发展成效显著，各领域发生深刻蝶变，但随之而来的是各类矛盾纠纷的大量涌现。尤其是 2020 年初，新冠肺炎疫情爆发，催生大量涉疫矛盾纠纷。这对人民调解工作现代化提出了新要求、新挑战。人民调解作为矛盾纠纷解决的重要法律制度，为维护和谐稳定的社会治安环境，建设法治社会作出了卓越贡献。

（一）机构设置

近年来，H 省司法行政系统着力加强人民调解工作。截至 2020 年 12 月，H 省每个乡镇（街道）、村（社区）均成立了人民调解委员会，每个县（区）也基本组建了联合人民调解委员会，但目前只有很少设区的市建立了人民调解员协会。多数人民调解委员会主要依托于村（社区）两委（即中国共产党支部委员会和村民自治委员会）、乡镇（街道）一级政府和司法所而设立，同时接受上级司法行政部门的业务指导。各地通过架构人民调解组织网格，力图构建以人民调解为基础的矛盾纠纷化解工作体系，基本已经实现了人民调解委员会逐级覆盖，并将网格线延伸到人民群众最需要的前沿领域，为纠纷快速解决提供了良好途径。

根据本地区矛盾纠纷的不同特点，各市充分发挥人民调解在化解矛盾纠纷中的基础作用，通过行业主管部门与司法行政部门联合设立行业性、专业性人民调解委员会，以主管部门管理日常工作，司法行政部门进行业务指导的模式具体开展日常调解工作。关于该类调解委员会的运作方式有以下两种：首先，单独设立以同类纠纷名称命名的行业性、专业性调解组织，如XX市医疗纠纷调解委员会。其次，将调解员派驻至相关单位（如法院、交警大队、民政局），在相关单位内部建立调解工作室，接受相关单位移交的调解案件，实现矛盾纠纷的分流化解。也存在两种模式相结合的行业性、专业性人民调解委员会。

目前H省各地基本达到了行业性、专业性人民调解委员会在医疗、交通事故、婚姻家庭领域的全覆盖。部分地方的物业管理纠纷人民调解委员会、消费者权益纠纷人民调解委员会等正在快速建立。从行政区划的层级来看，县一级所成立的行业性、专业性人民调解委员会数量最多，占据总数的50%以上。从地区分布情况来看，H省各市的行业性、专业性人民调解委员会建设情况存在失衡的趋势，如L市现约有181个行业性、专业性人民调解委员会，U市约有80个行业性、专业性人民调解委员会，而C市约有50个行业性、专业性人民调解委员会。

在硬件设施上，经过实地考察和现场访谈，各人民调解委员会基本实现了正式挂牌，有独立的办公场所，内部环境良好，布局合理、功能全面，能够保障专业化调解室的配备，内部基础设施齐全；也基本做到了调解程序、调解员职责、调委会主要成员名单等内容或制度化措施上墙，积极接受人民群众的监督。

（二）队伍建设

截至2020年12月，H省人民调解组织共有调解员约14万人，其中专职人民调解员1.5万人，兼职人民调解员约12.5万人，专职人民调解员约占调解队伍的10.7%，兼职人民调解员主要由村支两委、司法行政机关工作人员等兼任。专职人民调解员以政府购买服务的方式聘任为主，但数量较少，并且专职调解员年龄结构偏大。在各地的实地考察与现场访谈过程中发现，多数专职调解员是“五老”及退休返聘人员。这部分人民调解员社会阅历丰富，调解技巧娴熟。虽然因为年龄偏大，无法胜任电子化办公和案卷撰写、制作等工作，但调解能力突出，群众满意度高。另外，专职调解员具有高中以及高中以上学历的比例约为 87.7%，兼职调解员具有高中以及高中以上学历的比例约为 77.6%。

H 省各市对专职人民调解员准入机制的把关较为严格，在政府购买服务过程中通过考试、面试、考核等多种方式考察调解员的专业能力及水平。各地主要吸收群众基础好、热心公益、有责任心且具备一定相关专业知识的人员进入人民调解员队伍，而兼职人民调解员的准入机制则尚未有明确规定。经过实地考察和现场访谈，多数调解员表示司法行政机关每年会组织调解员培训工作。开展培训的方式主要是邀请实务部门的人员从调解技巧、法律法规等方面对调解员进行集中授课、短期研修式的规范化培训。个别调解委员会会组织调解员前往外地进行交流学习，以提升调解员的专业水平。

（三）调解服务情况

H 省人民调解工作规范化建设整体有序推进。通过实地考察和现场访谈得知，部分地区专门出台了相关文件，在人民调解组织的业务流程、服务规范等方面设立了统一的规范化标准，如《J 市人民调解案件立卷归档工作手册》。

据了解，H 省各地均制定了调解案卷及调解协议的格式要求，虽有些许区别，但基本与司法部格式保持一致，较为规范。案卷内容详细，包含申请调解书、调解笔录、调解协议、回访记录等内容。值得注意的是，案卷后均附有详细的回访记录，针对各类纠纷逐级回访，强调充分保障当事人合法权益，对比较复杂、可能出现反复的重大矛盾纠纷还强调进行持续追踪回访。全省调解成功率平均达到约 97.9%，调解协议履行率平均达到 96.6%。人民调解员在案件调解过程中会向当事人说明调解协议可以进行司法确认，重大案件与涉及分期付款的案件，当事人也多愿意前往法院进行司法确认，尚未有法院裁定驳回当事人司法确认申请的情形发生。

（四）工作管理

为解决基层人民调解工作经费不足问题，调动广大人民调解员调处矛盾纠纷的积极性，2019年H省司法厅联合省财政厅下发了《H省人民调解案件“以奖代补”管理办法》。该文件对人民调解案件“以奖代补”的奖励对象、矛盾纠纷的分类、奖励程序和经费管理等作出了明确规定，并且各市、县（区）司法局也可以和同级财政部门联合制定人民调解案件“以奖代补”具体实施细则，所需经费纳入同级财政预算，明确奖励标准、审核和发放程序，共同落实人民调解案件“以奖代补”工作。经实地考察和现场访谈得知，各市、县（区）均有认真贯彻落实省厅要求，根据当地经济发展水平，配置了不同数额的人民调解案件“以奖代补”专项经费，用于奖励调处矛盾纠纷的调解员。各地基本能够组成专门的“以奖代补”评审委员会，严格按照案卷审查规则、审查方案、审查纪律开展评审，同时对案件进行再次回访，查验案件的真实性，获取当事人反馈。保障评审工作落到实处，“以奖代补”的发放有据可依，并将补贴经费点对点发放到调解员账户。但由于地方财政水平的差别，“以奖代补”的经费水平也有一定差别。少数地区的“以奖代补”平均标准高于《H省人民调解案件“以奖代补”管理办法》中制定的标准，多数“以奖代补”的补贴水平基本与省厅标准持平，激励程度有限。另外，多数市对政府购买服务的财政支持有待进一步加强。各市的专职人民调解员数量亦能部分反映出政府购买服务投入不足的现状（如图1所示）。

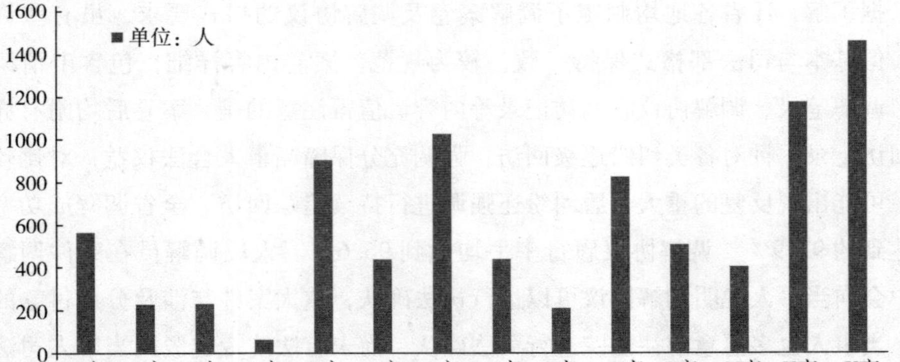

图1　H省各市专职人民调解员数量分布图

多数市州都将案卷评查评比列入日常工作内容，基本能够保障一年开展一至两次案卷评查评比工作。对上交的案卷进行评查评比是提高调解工作质效、案卷制作规范化程度的重要措施。多数市基本能够严格按照案卷评查规则、评查方案、评查纪律开展评查工作，各地通过抽查、全部审查、交换评比等诸多方式确保案卷评查工作高质量完成。部分地区通过集中评查和复查复核方式，将评查结果对外通报，表扬先进，鼓励后进，督促整改，有效地推动当地调解工作水平和效能的整体提升。另外，从与各市司法局工作人员的访谈得知，目前各市均未建立人民调解员的等级评定制度和信用档案。

二、人民调解服务的工作亮点

调解，亘古绵延，传承至今，不仅是中华民族的优良传统，也是享誉世界的纠纷解决领域的“东方经验”。在进入新时代以后，各地在当地党委和政府的指导之下，结合新时代背景下广大人民群众的新需求，积极开展新的探索，涌现了诸多各具特色的调解新经验。

（一）创新工作方式，坚持和发展“枫桥经验”

各地始终牢牢把握新时代“枫桥经验”丰富内涵，积极探索人民调解工作创新发展。如，H市甲区D街道积极构建街道调委会、社区调委会、社区网格三级调解网络。每一个网格由一名社区干部、网格管理员（由离退休干部、党员或者在当地有威望的群众担任）进行管理。并利用全社区推广建立网格微信群的工作方法，即以“家庭代表—楼栋长—职能部门工作人员—网格员—网格长—社区主任”为路径，按层级全面建立网格化服务管理微信群，建立街道总群1个，社区群40多个，形成了完整的纵向格局。在横向方面，进一步整合综治、信访、公安、司法、安全部门“五位一体”资源，建立联席会议制度和联络员制度，利用各部门单位人员的优势，互联互动，拓展矛盾化解渠道，促进矛盾纠纷的有效化解，形成多视角、全方位的调处模式。通过纵横两方面的建设，全面落实了网格式化解纠纷，做到“发现在早、防范在先、处置在小”，从而迅速有效地化解矛盾。再如，U市庚县全面推行矛盾纠纷化解“三二一”工作法，即按照“村（社区）三次、乡镇两次、县级一次”的调解步骤，自下而上逐级调处化解各类矛盾纠纷。其中村（社区）三次，即村（社区）干部按照分组包片的原则进行初次调解；调解不成功的，由村（社区）党支部书记牵头，组织村（社区）

调解委员会成员、网格员、驻村辅警进行再次调解；仍调解不成功的，由乡镇驻村（社区）干部牵头，组织村（社区）支两委成员、扶贫工作队员、网格员、驻村辅警进行第三次调解。乡镇两次，即先由乡镇政法委员牵头，司法所具体负责，综治中心人员、法律顾问参加，进行一次调解；调解不成功的，再由乡镇主要领导组织综治中心人员、法律顾问、司法所、派出所、法庭、信访办及乡镇有关站所负责人进行二次调解。县里一次，即由乡镇的县级领导、县信访接待中心或县矛盾纠纷调处中心组织相关单位和行业性、专业性调委会进行一次联合调解，仍然调解不成功的则引导当事人走司法诉讼程序。通过这样的方式真正实现了“小事不出村、大事不出镇、矛盾不上交”的目标。

（二）推动机制创新，搭建“一站式”解纷平台

各地在推进调解新发展过程中，始终坚持机制创新，重点搭建了“一站式”解纷平台，实现纠纷的一次性化解，解除人民群众的后顾之忧。

其一，H 市医疗纠纷调处中心着力打造“四位一体”一站式医疗纠纷化解模式，即法律咨询中心、医调中心、医疗事故技术鉴定中心、保险理赔中心。其中医调中心有专业的律师值班，为当事人免费提供法律咨询；六位专职调解员提供免费地化解医疗纠纷服务；在当事人申请后，医疗事故技术鉴定中心提供专业的鉴定；在当事人达成协议后由保险公司进行理赔；并且这四个中心均在一栋楼中办公，互相配合为当事人快速化解纠纷。此外，H 市医疗纠纷调处中心还建立了由 322 名医学、法学专家组成的专家库，为当事人免费提供专业意见。通过机制创新，搭建“一站式”的解纷平台，H 市医疗纠纷调处中心实现了从纠纷发生走进来到处置完毕走出去的一条龙、一站式服务。

其二，E 市丙区道路交通事故调解委员会不断摸索，形成了“3 + X”人员组织架构（即司法局、公安交警、人民法院为基础，联动民政、乡镇街道、保险公司、法律服务所等机构和单位）和“七位一体”一站式运行模式（即道路交通事故处理、勘查定损、保险理赔、普法宣传、人民调解、司法救助、法律诉讼）的新机制，为交通事故处理提供一揽子、全方位服务，使交通事故处理更高效、更快捷，大大节省了群众办事时间，也更加及时地化解了社会矛盾。

（三）服务下沉，重心放在基层

不少地区将化解纠纷的人民调解委员会站点设立在产生纠纷的当事人家门口，第一时间为人民群众提供解纷通道。如L市丁县大力推进人民调解的“百米服务圈”工作，即：在进一步完善村（社区）调委会规范化建设和健全自然村（组）纠纷信息员的情况下，将村（社区）调解组织的触角，进一步延伸到村（社区）调解员所在的自然村（组）、社区居民小组，在每个村调解员的家中和城镇社区居民小组挂牌设立矛盾纠纷受理点，并公示工作制度，负责受理并调处其所在的自然村（组）、社区居民小组的婚姻家庭、邻里、经营性、财产性、侵权性等一般性民间纠纷，使群众就近及时解决矛盾纠纷。再如，K市戊县开展的名为“屋场会”的化解纠纷模式。该模式采用群众工作方法，以方便群众为出发点，去掉一切繁文缛节，没有会议室的正襟危坐，几条长凳围坐着当事人双方，把问题挑明了说，将矛盾剖开了讲。坚持“群众的事和群众商量着办”，把更多的普通群众，特别是乡贤、经济能人、志愿者队伍等吸纳进来，切实做到民事民议、民事民办、民事民管，用群众自己商议的方式解决问题。为更方便群众的参与，会议时间一般安排在晚上或农闲时段，地点大都选择在群众居住相对集中的屋场或院子。

三、人民调解服务的问题阐释

通过对多地司法局、司法所和人民调解委员会进行实地调查以及对相关人员进行访谈，总结了人民调解工作在积极探索中积累的一大批有益经验后，也发现了H省存在调解服务发展的均衡性不足、调解机构设置科学性不够、调解队伍建设有待进一步强化、调解经费保障力度相对不强、调解管理规范制度化不够等问题，这致使人民调解服务未充分发挥应有的功能效用，在具体推进实施中遭遇多重困境。

（一）人民调解机构设置科学性不足

1. 部分人民调解委员会选址的科学性不足

现在村（社区）的人民调解委员会都设立在村（社区）民委员会，乡镇

（街道）人民调解委员会大多设立在司法所。这两类人民调解委员会目前的设立比较合理，便于群众寻求调解。但是部分行业性、专业性人民调解委员会没有根据其处理纠纷的特点选择适合的建立地点。如有的医疗纠纷人民调解委员会设立在卫生健康委员会的办公场所内，导致部分当事人因而对调解员的中立性有所怀疑。

2. 部分人民调解委员会设置的科学性不足

部分地区行业性、专业性人民调解委员会数量快速增加的主要原因之一是基于考核指标的压力。这些基于考核压力而设立的行业性、专业性调解委员会发挥的作用极其有限。比如，在走访过程中我们发现某个县（区）的行业性、专业性人民调解委员会并不负责具体调解案件，而主要负责案件的分流。有的行业性、专业性人民调解委员会虽已成立，但实际上其每年处理的案件却只有数个，甚至有的调解委员会从未调解过具体的案件，例如某些地区的物业、金融类行业性、专业性人民调解委员会。

3. 行业性、专业性人民调解委员会的设置责任落实不够彻底

设置行业性、专业性人民调解委员会的责任未得到完全落实，甚至某些地区在划分具体的责任者时存在认识误区。《司法部关于进一步加强行业性专业性人民调解工作的意见》规定："司法行政机关要加强与有关行业主管部门协调配合，根据相关行业、专业领域矛盾纠纷情况和特点，指导人民调解协会、相关行业协会等社会团体和其他组织，设立行业性、专业性人民调解委员会或依托现有的人民调解委员会设立人民调解工作室。"由此可见，设立行业性、专业性人民调解组织的责任主要在于行业主管部门，司法行政部门在其中主要起着协调、配合行业主管部门的作用。但在调研中发现，很多地区存在着行业性、专业性人民调解委员会的设立和管理完全由司法行政部门负责的情况。同时在这些地区，矛盾纠纷调处工作向司法所、司法局聚拢的趋势非常明显，甚至将司法所、司法局当成了矛盾纠纷化解的"消防队"。而《人民调解法》明确规定司法行政部门的职责是指导人民调解，参与重大疑难复杂纠纷调处，而并不担负设置和管理行业性、专业性人民调解委员会的职责。这一职责最终也应该由相关行业主管部门来承担，因而行业性、专业性调解组织的"谁主管、谁负责、谁保障"机制未落

实到位。

（二）人民调解队伍建设有待加强

人民调解队伍是开展人民调解工作的基础保障，近几年各地都加大了财政投入，为下级设定了调解员队伍量化指标，在人民调解员队伍建设方面取得了一些成效，但目前仍存在以下问题：

1. 专职人民调解员工作内容有待进一步明确

首先，少数专职人民调解员有名无实。某些地区的专职调解员队伍存在“挂名”现象，“挂名”的目的是达到上级部门的考核指标，这些所谓的“专职调解员”实际并不负责调解工作，仅仅挂名在村（社区）的人民调解委员会。其次，专职人民调解员身兼数职。实际上部分地区的人民调解员并非仅仅负责人民调解这一项工作，同时还会承担其他工作。在乡镇（街道）的人民调解委员会中的多数专职人民调解员主要在当地司法所中工作，协助司法所处理各项事务。在部分地区的劳务派遣公司与专职调解员签订的劳动合同中显示，所谓的“专职人民调解员”主要从事的工作包括开展社区矫正、人民调解、协助司法所处理相关事务这三项内容。再次，部分专职人民调解员流动性大。我们在访谈过程中发现，大多数地区的专职人民调解员流动极大，常常难以长期从事人民调解工作，部分专职人民调解员甚至工作未达一年便不再从事调解工作，这其中以相对年轻的专职人民调解员为主。最后，专职调解员拥有多重身份。部分地区的专职人民调解员不仅是某一个调解委员会的专职调解员，同时还是某个基层法律服务所的基层法律服务工作者，通常会担任其他诉讼案件的代理人和某些村（社区）的法律顾问。这难免会使专职人民调解员在多种身份之间分身乏术而难以专注于调解工作。这种“专职不专”的现象在部分地区的行业性、专业性的人民调解中主要体现为：实际主持调解工作的调解员主要为返聘的退休人员，而其中较为年轻的专职人民调解员则主要承担内勤工作，包括文书整理、接待当事人等。

2. 调解工作队伍的结构合理性相对不足

首先，当前人民调解队伍老龄化非常严重，没有形成有梯次的“老中青”

合理配置，部分地区人民调解员年龄分布如图 2、图 3 所示：

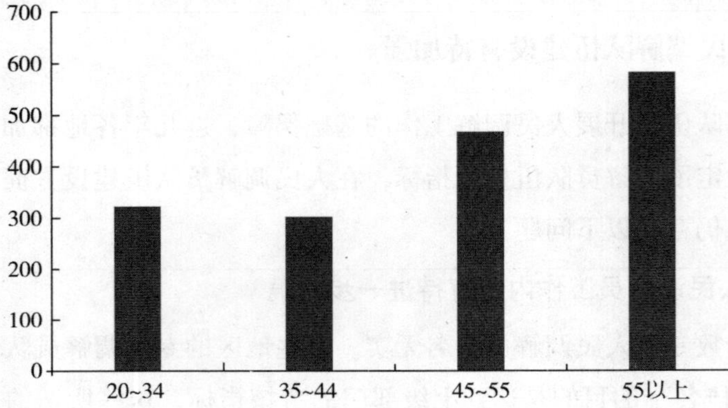

图 2　A 市壬县人民调解员年龄分布

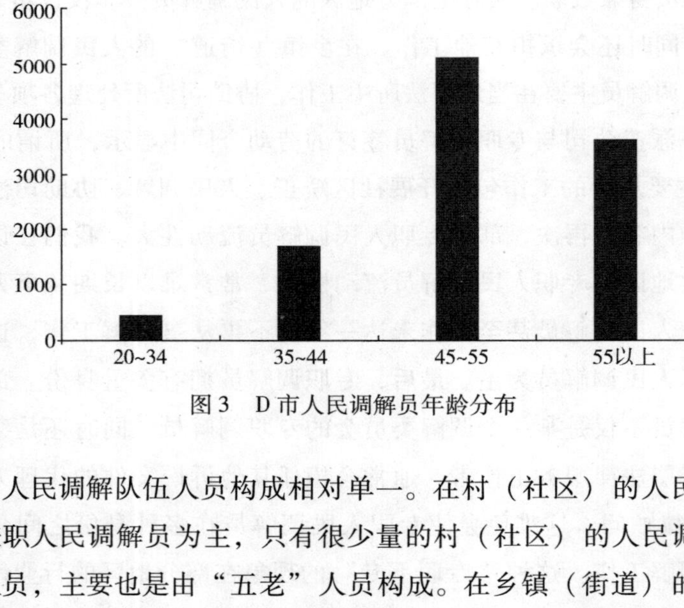

图 3　D 市人民调解员年龄分布

其次，人民调解队伍人员构成相对单一。在村（社区）的人民调解委员会中主要以兼职人民调解员为主，只有很少量的村（社区）的人民调解委员会有一名专职人员，主要也是由“五老”人员构成。在乡镇（街道）的人民调解委员会中的兼职人员主要为乡镇（街道）的公务人员，包括司法所、综治办工作人员和镇长等人员。县（区）联合人民调解委员会的兼职人民调解员也主要由政府的公务人员担任。行业性、专业性人民调解委员会兼职人民调解员亦由一定数量的相关政府部门公务人员担任，而专职人民调解员主要由政法部门等国家机关部门的退休人员担任。

（三）人民调解财政保障力度相对不强

1. “以奖代补”的支持力度还不强

首先，“以奖代补”制度的激励性不足。“以奖代补”制度的重要目的之一就是激发人民调解员的工作积极性，以期调解员对人民调解工作投入更多的热情。但实际情况却是在实际结案数量基本不变甚至增加的情况下调解案卷数量并没有呈现增长的趋势，甚至还有减少的趋势。由于村（社区）内主要是简单纠纷，“以奖代补”的奖励又比较低，所以“以奖代补”所起的实际作用并不大。在乡镇（街道）人民调解委员会中，其纠纷调解的主力是司法所的工作人员，但他们却不能领取“以奖代补”，所以这一机制的实际作用也不大。其次，“以奖代补”难以实现全覆盖。

一方面，部分地方存在不对行业性、专业性人民调解委员会调解的案件发放“以奖代补”奖励的现象。原因是“以奖代补”的财政保障金额有限，应当由其主管部门进行相应的奖励。同时，部分行业性、专业性人民调解委员会的经费比较充足，所以他们也就不再领取“以奖代补”奖励。

另一方面，根据《H省人民调解案件“以奖代补”管理办法》的规定，应对简单矛盾纠纷、一般矛盾纠纷、复杂疑难矛盾纠纷和重大矛盾纠纷四类都进行相应的奖励，但是不少地区奖励的范围主要是形成案卷的调解案件，这与“个案定补”的要求有差距。因此，人民调解员因简单矛盾纠纷和一般矛盾纠纷案件奖励数额较低而选择不做案卷的现象也经常发生。在这种情况下，调解员也就无法领取“以奖代补”奖励。

2. 专职调解员的财政保障力度还不大

专职人民调解员主要是通过政府购买服务的形式进入调解工作队伍。通过对司法行政人员、专职调解员进行访谈以及核实专职调解员的劳务派遣合同发现，多数专职调解员的月平均工资为2000元左右。另外，在职业规划中专职人民调解员也没有职级晋升空间，无法获得应有的职业成就感。虽然少量行业性、专业性人民调解委员会中的专职调解员工资相对较高，但是相比整个社会的平均工资而言依然不占优势，相对较低。

（四）人民调解管理规范制度化有待强化

1. 案卷评查评比制度明晰度相对不足

案卷的评查评比是规范调解的一个重要途径，但现在部分地区的案卷评查评比工作仍未制度化。首先，案卷评查评比主体尚未制度化。部分案卷的评查评比主体单一且不具有科学性，主要为司法局内部主管调解的科室，很多经验丰富的调解能手或者司法所所长并未参与其中，这就很可能导致案卷的评查评比流于形式或者仅仅是为了区分案件难易程度而去评查。当然，也有部分地区每个月定期组织有调解员参与的会议，并在会议上邀请各位调解员对案卷进行评查评比，同时还会相互传授彼此的调解技能。其次，案卷评查评比尚未常态化。部分地区的案卷评查评比并不是固定的工作内容，多是视情况决定是否开展。再次，缺少统一的案卷评查评比标准。有的地区虽然偶有开展案卷评查评比，但是其评比标准却模糊不清。有些地区的案卷评查评比标准因过于烦琐、死板而导致案卷评查评比结果不能真正反映调解的质量。最后，对案卷评查评比结果运用不足。部分地区只是为开展案卷评查评比而开展，未能充分利用案卷的评查评比结果对调解员形成有效的激励和督促，从而进一步规范调解。

2. 招聘与解聘制度的明确度相对不够

首先，招聘制度不明。部分地区的调解员主要选聘途径并非公开考试，而是通过内部推选或者其他途径。于是，在内部推荐过程中就会出现具体操作规范性不足或是公开性不够等问题。其次，解聘程序不明晰或者通过其他柔性方式实施。在与各地司法局工作人员访谈过程中得知，迄今为止，各地都还尚未发生过解聘的事件。另外，即使是要解聘，可能也是由与专职调解员签订合同的劳务派遣公司通过不再续签或者其他方式予以解聘。因此，由司法行政部门或者人民调解委员会予以解聘的实例在实践中也很难发生。

3. 考核规定清晰度相对不够

首先，对兼职人民调解员考核相对不足。在调解工作队伍中，兼职人民调解员大约占据了整个调解队伍的90%。但是，目前各地却没有对如此庞大数量的兼职人民调解员进行相应的考核与管理。其次，专职人民调解员的考核者不够集中。目前对专职调解员的考核基本处于“各自为营”的状态，而这也导致了考核具体标准零散化，难以形成统一标准。最后，考核结果难以实现激励效果。少量地区进行考核的目的仅仅是形成考核结果，不会将其运用到对调解员进行相应奖励或惩戒机制之中。

四、人民调解服务的优化建议

当前，各地的人民调解工作面临发展的均衡性不足、调解机构设置科学性不足、调解队伍建设有待进一步强化、调解经费保障力度相对不强、调解管理规范制度化不够等问题，限制了人民调解在化解纠纷、维护社会和谐稳定、推进诉源治理中的应有作用。基于此，应即刻采取一些行之有效的措施，以释放人民调解在社会治理中的应有功效。根据当前我国人民调解工作的实际现状，提出以下对策建议。

（一）有效设置人民调解组织以聚焦满足群众需求

一些人民调解组织的设立不仅在实践中未发挥自身的作用，还导致了资源的浪费。因此，人民调解组织的设置应着眼于现实需要和群众需求，使其可在实践中发挥其应有的解纷作用。

1. 根据现实需求科学设置行业性、专业性人民调解委员会

各地应当立足于现实需求和当地的具体实践，设置贴合人民群众需求的行业性、专业性人民调解委员会。同时，坚持重点推进与整体建设相结合，除了需要巩固现有以医疗调解、交通事故调解、婚姻家事调解为三大基石的行业性、专业性人民调解委员会之外，还需要聚焦地区特定领域的突出矛盾，探索建立如知识产权、环境污染等新型行业性、专业性人民调解委员会。在满足人民群众需求的前提下，不设指标，合理设立调委会，避免资源浪费。

2. 发挥联动效能，逐步建立“一站式”解纷平台

各地应当贴合矛盾纠纷当事人的需求，合理设置纠纷化解机制，依托各主管部门的联合协调，优化调解专业服务，如前文所述的E市丙区道路交通事故调解委员会。各地应当及时提炼E市丙区道路交通事故调解委员会的有益经验，深入

贴合群众需求，满足群众需要，推广此种“一站式”解纷的调解模式，使得人民调解组织成为矛盾纠纷多元化解机制中的关键连接点。

3. 严格落实行业主管部门主导设置行业性、专业性人民调解组织的责任

按照行业性、专业性调解组织“谁主管、谁负责、谁保障”机制，设置、管理行业性、专业性人民调解组织的工作应由行业主管部门负责，司法行政部门仅在其中发挥协调、配合行业主管部门的作用。但事实上，不少地区尚存司法行政机关主导设立、负责管理行业性、专业性人民调解组织的现象。为杜绝这一现象的发生，各地党委、政府需对此加以重视，树立行业性、专业性人民调解组织之设立、管理由行业主管部门主导负责的意识，并将这一意识灌输于相关行业主管部门以及司法行政部门。同时，督促相关行业主管部门和司法行政部门严格落实这一机制，力争做到使二者之间权责分明、分工协作，共同推进行业性、专业性人民调解组织的良好发展。

（二）优化人民调解队伍建设以切实提高调解效能

目前，人民调解队伍建设主要存在专职人民调解员非“专职”、乡镇（街道）和村（社区）人民调解员队伍结构单一、人民调解员队伍的培训不充分等问题。为有效提高调解效能，应从以下几个方面着手进行完善。

1. 探索社会公益性岗位，促进人民调解员职业化发展

在同部分地区主管人民调解部门的工作人员进行深入交流后，得知有地区将人民调解员确立为社会公益性岗位，并取得了相关人事部门的认可。社会公益性岗位跟公务员有所不同，因此待遇比公务员低。尽管如此，以社会公益性岗位来定义人民调解员，无疑有利于提高调解员调解案件的积极性及其自身的荣誉感。若矛盾纠纷多发地的人民调解委员会（人民调解工作室）全部向社会公开招聘职业人民调解员，并辅之以薪酬保障、职业准入、培训考核、名册备案、职称管理、等级评定等各项职业化管理机制，将更有利于人民调解员的职业化发展。

2. 明确调解员工作内容

在招聘专职人民调解员时，应当对其工作内容作出明确要求——专职人民调解员只负责调解工作，具体包括：调解案件、调解案卷的制作等与调解相关的其

他工作，而不允许专职人民调解员再承担与调解无关的工作。如此而来，专职人民调解员就只负责调解案件，更符合其应有的职能定位，也避免了调解员身兼数职现象的出现，减少了专职调解员的“挂名”现象，有利于将政府的财政经费投入花在刀刃上，增强人民调解员队伍的稳定性。

3. 改善调解队伍年龄结构

招聘专职调解员时应注重吸引年轻力量的加入，有意识地引导经验丰富的老、中年调解员教授年轻调解员调解技巧等知识，而不能只让年轻调解员负责卷宗的制作等内勤工作。同时年轻的调解员也可以给老、中年调解员讲授案卷制作和电子化办公方面的知识，带动老、中年调解员参与到调解案卷的制作中，促进老、中、青三代调解员之间相互学习和交流。通过“老带青、青帮老、代代传”的工作模式，培养储备一批优秀的人民调解员力量，形成有梯次的人民调解员队伍，提升整体的调解技能水平。

（三）增强人民调解经费支持和保障

人民调解经费保障不充分是制约各地人民调解服务发展的一大主要因素，经费保障的不足直接致使“以奖代补”制度的落实难、激励难，专职人民调解员岗位吸引力低、流动性大。具体可从以下几点逐步有效地保障和落实财政经费支持：

1. 严格落实“以奖代补”专项经费的发放，提高简易纠纷、一般纠纷和复杂纠纷案件的补贴标准

针对部分地区未对行业性、专业性人民调解员发放“以奖代补”补贴以及发放不及时的现象，应通过上级司法行政部门进行监督和纠察，同时辅以相应的惩戒机制来规制各级司法行政部门对“以奖代补”的落实不到位行为。同时，简易纠纷、一般纠纷和复杂纠纷案件的补偿标准较低，不利于调动兼职调解员调解案件的积极性，故应适当提高这三类案件的补偿标准。

2. 建立科学有效的薪酬激励机制是建立高素质调解员队伍的关键基础

首先，应适当提高调解员的待遇，设立人民调解社会公益性岗位，适当比照公务员待遇予以对待，吸引更多年轻人才加入调解员队伍，为调解队伍注入新鲜

的血液。如果工资待遇的现实问题不解决，很多关于调解员队伍建设的设想只能沦为空想。同时，应当设置一定的绩效考核奖金，并配套等级评定制度以提高人民调解员的工作动力。目前，无论是落实人民调解员等级评定制度，还是充实人民调解的人才队伍，都在很大程度上依赖于政府财政的支持。另外，提高人民调解员的薪资报酬也是减少调解员流动性的重要途径。

3. 明确用于在村（社区）人民调解委员会日常管理、培训和奖励人民调解员的专项经费

目前，村（社区）一级的人民调解委员会承担了大部分调解案件的处理工作，但却未得到政府财政的足够重视，工作量与所受到的待遇显然不匹配。在走访过程中发现，村（社区）所有的经费都是“打包”发放，实际分到调解服务的经费很少。由此可见，部分市州的村（社区）人民调解委员会工作并未得到足够的重视，所以明确给予村（社区）人民调解委员会的专项经费用于日常管理、培训和对优秀人民调解员的奖励就显得尤为重要。这样做不仅会提高村（社区）人民调解员的待遇和工作积极性，而且有利于村（社区）人民调解委员会的日常运行，令其真正成为化解矛盾纠纷的“第一道防线”。

（四）强化人民调解管理规范制度化建设

1. 全面落实案卷评查评比工作，建立健全配套的评审制度

首先，建议省级司法行政机关明确规定多元且科学的案卷评查评比主体。具体可以由本级司法局分管人民调解服务的领导、司法局人民参与和促进法治科的工作人员、各人民调解委员会调解骨干和司法所所长组成。之所以吸纳各人民调解委员会骨干进入评审工作组，一是可以保证结果的公正性，二是可以促进不同人民调解委员会之间进行交流，加强彼此之间的联系。其次，推动案卷评查评比成为常规化工作，将此作为相应人员的绩效考核标准之一，并建立统一且相对明晰、可操作性强的案卷评查评比标准。但应避免一些地方因自设过于烦琐、死板的案卷评查评比标准而导致案卷评查评比结果不能真正反映调解质量之现象的产生。最后，根据案卷评查评比结果给予调解员相应的奖励。这样不仅能够在鼓励人民调解员参与案卷评查评比工作，提高其工作积极性、增强其制作案卷的能

力，还以另一种形式提高了人民调解员的待遇，增强了其对调解工作的认同感和荣誉感。

2. 规范人民调解员的选聘和解聘程序

专职人民调解员多是以政府购买服务的形式进入调解队伍，主要有公开考试和推选两种方式，公开招聘工作具体由劳务派遣公司或者当地人事部门处理。推选方式的选聘和解聘程序则相对不够规范，具体可从以下几个方面着手完善。首先，明确列举推选产生的人民调解员须具备的资质和条件，同时规定调解员的哪些行为属于违规，应当对其进行解聘。其次，无论是选聘和解聘，都需要由人民调解委员会的管理人员通过联席会议来确定。最后，选聘人民调解员时应出具聘书并公开聘任结果、发放人民调解员证，解聘人民调解员时更应出具带有人民调解委员会印章的决定并予以公开，继而收回该调解员的调解员证。

3. 健全与奖惩激励机制相结合的人民调解员考核机制

以人民调解委员会为单位进行考核，调委会的主任和副主任具体负责调解员的考核工作，并将考核工作纳入调委会主任和副主任的绩效考核内容。考核内容包括工作实绩、群众满意度以及遵守工作纪律情况等，其中重点考核调解员的岗位责任制度、回访制度、信息传递与反馈制度；将考核结果与奖惩激励机制挂钩，加强对优秀人民调解组织和调解员的宣传表彰，树立一批先进人民调解员的典型，并加强对后进人民调解组织和调解员的鼓励与支持。此外，还应为人民调解员队伍创造良性的竞争环境，同时增强其职业荣誉感与上进心。

仲裁法律服务运行现状考

一、H省仲裁法律服务的发展现状

目前，H省共有商事仲裁机构13家，其商事仲裁机构数量位列全国第九。全省除U市之外，其余各市均设立了1家商事仲裁机构。其中，A市仲裁委于1995年设立，成立时间最早；N市仲裁委于2016年设立，成立时间最晚。C市仲裁委、B市仲裁委等8家仲裁委都于1996年成立。G市仲裁委、M市仲裁委、K市仲裁委分别于1998年、1999年和2001年成立。整体来看，H省绝大多数的仲裁机构都有着20年左右的发展历史。

（一）仲裁机构的基本情况

1. 仲裁委员会基本情况

（1）仲裁委员会的性质

由于相关法律法规未对仲裁委员会的具体性质作出明确规定，因而大部分仲裁机构根据中共中央办公厅和国务院办公厅印发的《关于完善仲裁制度提高仲裁公信力的若干意见》（以下简称《若干意见》）的规定，将仲裁委员会定性为非营利法人，仅M市仲裁委员会自成立至今，其性质始终是一个独立的、非政府的、民间性解决民商事争议的中介法律服务机构。

（2）仲裁委员会的组成情况

表 1　各仲裁委员会的人数情况

	A	B	C	D	E	F	G	H	J	K	L	M	N
总数	13	15	12	16	13	16	12	14	16	15	10	13	14
主任人数	1	1	1	1	1	1	1	1	1	1	1	1	1
副主任人数	4	4	4	4	4	4	3	3	4	4	2	4	4
委员人数	8	10	7	11	8	11	8	10	11	10	7	8	9

第一，仲裁委员会的人数。根据收集的资料来看，全省各仲裁机构的副主任人数大多为 4 人，少数为 2 或 3 人，委员人数均在 7 到 11 人之间。综上，各仲裁委员会的副主任和委员人数均符合《仲裁法》第十二条之规定。

表 2　各仲裁委员会的人员构成情况

	A	B	C	D	E	F	G	H	J	K	L	M	N
国家机关、人民团体工作人员（含退休）	7 (2)	12	6 (1)	10	11	13	6	9	10	14	7	8	9
事业单位	2	1	3	2	1	1	2	0	3	0	2	1	2
行业协会等社会组织	2	2	2	1	1	2	0	5	3	1	0	1	1
企业	1	0	1	1	0	0	1	0	0	0	2	3	1
律所	0	0	0	2	1	0	3	0	0	0	0	0	1

第二，仲裁委员会的人员构成情况。《若干意见》要求优化仲裁委员会人员构成，委员会成员应当由企事业单位、社会组织、国家机关的法律、经济贸易专家和有实际工作经验的社会人士组成。H 省的仲裁委员会委员构成也大都符合这一要求，除个别仲裁机构之外，大都实现了委员构成的多元化。但各仲裁委员会的委员中来自国家机关、人民团体的占比普遍较高，尤其是各仲裁委的主任普遍由各市州的副市长担任，而来自行业协会等社会组织以及其他单位的人员占比较小。

2. 秘书处基本情况

(1) 仲裁机构秘书处的性质和财政支持方式

表3　各仲裁委秘书处的性质和财政支持方式统计表

秘书处	A	B	C	D	E	F	G	H	J	K	L	M	N
性质	公益二类	公益一类	公益二类	事业单位	公益一类	公益一类	公益一类	公益一类	公益一类	公益一类	公益一类	内设机构	公益一类
财政支持方式	自收自支	差额拨款	自收自支	自收自支	全额拨款	全额拨款	全额拨款	全额拨款	差额拨款	全额拨款	全额拨款	自收自支	全额拨款

从表3可以看出，第一，秘书处作为仲裁委员会的日常办事机构，其性质在全省并不统一。其中，A、C仲裁委秘书处为公益二类的事业单位；B、K、N、G、J、H、E、L、F仲裁委秘书处为公益一类的事业单位；D仲裁委秘书处为事业单位，但未划分具体的类型；M仲裁委秘书处为仲裁委员会的内设机构，并非事业单位。从法学理论层面而言，秘书处作为仲裁机构的内设机构本不应具备独立的民事主体地位，但包括H省在内的全国许多地区在实践中都将秘书处设置为了事业单位法人。特别是在《若干意见》印发之前，许多地区的仲裁委员会的法律地位不明，也未进行注册登记，仅有秘书处作为独立的事业单位存在。

第二，各仲裁委秘书处的政府财政支持方式也不尽相同。整体而言，性质为公益一类事业单位的秘书处，其财政支持方式一般为全额拨款，个别为差额拨款。调研中了解到，J市仲裁委秘书处作为公益一类事业单位，其财政支持方式名义上为差额拨款，实际上却是自收自支。A、C、D、M仲裁委秘书处的财政支持方式为自收自支。

（2）仲裁机构秘书处的人员数量和编制情况

表4　各仲裁委秘书处的人员及其编制情况统计表

秘书处	A	B	C	D	E	F	G	H	J	K	L	M	N
总人数	30	12	8	13	11	8	2	6	12	7	18	4	6
核定编制数	8	7	6	9	9	3	2	5	10	8	12	0	5
在编人数	4	7	2	7	8	4	2	5	9	6	12	0	3
在编人员占比（%）	13.33	58.33	25.00	53.85	72.73	50.00	100.00	83.33	75.00	85.71	66.67	0	50.00

第一，各仲裁委秘书处的人员数量存在较大差距。目前，全省13家仲裁机构的秘书处共有工作人员137人。其中，A市仲裁委秘书处人数最多，有30人；L市仲裁委秘书处次之，有18人；其余11家仲裁委秘书处人数均在14人以下，且这11家仲裁机构中，有7家仲裁委秘书处人数在9人以下。其中，G仲裁委秘书处人数最少，只有2人。整体观之，全省的仲裁机构数量虽不少，但从工作人员的数量来看，规模普遍较小。

第二，各仲裁委秘书处的在编人员数量也存在较大差距。全省13家仲裁机构秘书处的在编人员共有69人，占全体工作人员的50.36%。其中，L市仲裁委秘书处的在编人员最多，有12人；M市仲裁委因为自身机构性质原因，在编人员数为0；其余11家仲裁机构秘书处的在编人员都在10人以下。从在编人员与总人数的比例来看，事业单位性质的仲裁委秘书处中，只有A市和C市仲裁委秘书处的比例在25%以下，其余10家都在50%以上。从调研中知悉，除A市和C市仲裁委之外的其他仲裁委中，只有部分仲裁委还有1~2名的事业编制空缺，大多数的在编人员数已与仲裁机构的核定编制数持平。

3. 内部机构设置情况

（1）分会的设置情况。目前，全省只有B市和H市的仲裁机构设有分会。B市仲裁委员会目前有庚县、辛县、壬县三个分会，H市仲裁委员会设有戊县、己县、庚县、辛县四个分会。调研中，我们了解到有些仲裁机构出于响应《若干意见》文件精神的号召以及降低自身管理难度和运营成本等问题，撤销了原先设立的分支机构和分会。

（2）委员会下设机构情况。只有少部分仲裁机构的委员会内部机构设置较为具体，如A市仲裁委员会其委员会下设专家咨询委员会、道德纪律委员会、发展委员会；N市仲裁委员会下设专家咨询委员会、发展促进委员会、职业道德委员会；H市仲裁委员会下设专家咨询委员会和执业监督委员会；D市仲裁委员会下设专家咨询委员会。L市仲裁委和F市仲裁委的章程中有提及可根据需要设立专家咨询委员会，其余仲裁机构的委员会暂时还没有设立上述内部机构。

（3）专业仲裁庭或调解中心的设置情况。部分仲裁机构为了更好处理仲裁案件，设立了一些专业仲裁庭（院）。如A市仲裁委组建了金融仲裁院、影视文化仲裁院、知识产权仲裁院、建设工程仲裁院以及国际仲裁院；C市仲裁委成立了金融仲裁中心；B市仲裁委设有辛县、壬县、己区三个道路交通事故损害赔偿调解中心；K市仲裁委设有交通事故仲裁（调解）中心、建设工程承包合同纠纷仲裁（调解）中心、房地产业仲裁（调解）中心、消费维权仲裁（调解）中心；G市仲裁委设有建设工程造价纠纷调解中心。整体而言，这些机构为当事人提供了更加专业、便捷的服务，也减少了法院的诉讼负担，但也存在部分专业仲裁庭（院）未能充分发挥作用的情况。

（4）秘书处的组成情况。为明确分工，确保工作有序进行，部分仲裁机构的秘书处内设具体职能部门，如A市仲裁委秘书处下设综合一处、综合二处、仲裁一处和仲裁二处；C市仲裁委秘书处下设仲裁部和综合部；B市仲裁委秘书处内设综合部、业务部、发展部；D市仲裁委秘书处内设综合部、业务拓展部、案卷管理部、国家监察委员会；J市仲裁委秘书处内设综合科、立案科、审理科；E市仲裁委秘书处内设立案部、综合部、业务部、财务部。其他地区的仲裁秘书处由于人员不足，案件数量较少等原因没有细分具体的职能部门。

（二）仲裁行业的人员队伍情况

1. 仲裁员的基本情况

（1）人数情况。目前H省13家仲裁机构共有仲裁员2509人，平均每个仲裁机构的仲裁员数量为193人。整体观之，全省有7家仲裁机构的仲裁员人数在193人之下。同时，不同仲裁机构之间的仲裁员数量差距较大。其中，仲裁员数量最多的为A市仲裁委，总计660人；仲裁员数量最少的为G市仲裁委，仅33人。全省仲裁员人数在100以下的仲裁机构有4家，约占全省仲裁机构总数的三分之一。除A仲裁委之外，其余仲裁委的仲裁员人数都集中在100～300人之间（见图1）。

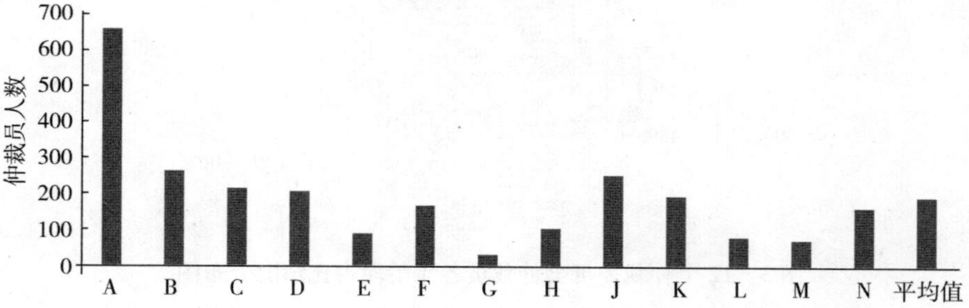

图1　各地仲裁委员会仲裁员人数统计图

（2）学历情况。H省仲裁员的整体学历水平较高。据统计，各仲裁委员会仲裁员的学历大部分为本科，其次是研究生（包括硕士、博士），少部分仲裁员为专科及以下。其中专科及以下总人数为144人，本科总人数为1642人，硕士总人数为542人，博士总人数为179人（详见图2）。A市仲裁委的仲裁员中拥有硕士学历的人数为254人，拥有博士学历的人数为106人，仲裁员学历水平位于全省最前列。

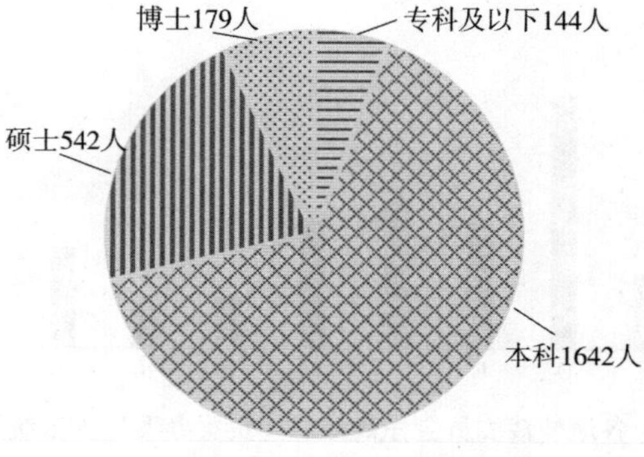

图2　H省仲裁员学历情况分布图

（3）年龄情况。分析12个仲裁委员会提供的数据可知①，仲裁员的年龄分布情况如下：30岁以下的人数为0人，30～40岁的人数为313人，40～50岁的人数为880人，50岁以上的人数为1120人。各年龄段所占比例见图3。

① 未收集到K仲裁委所有仲裁员的年龄信息。

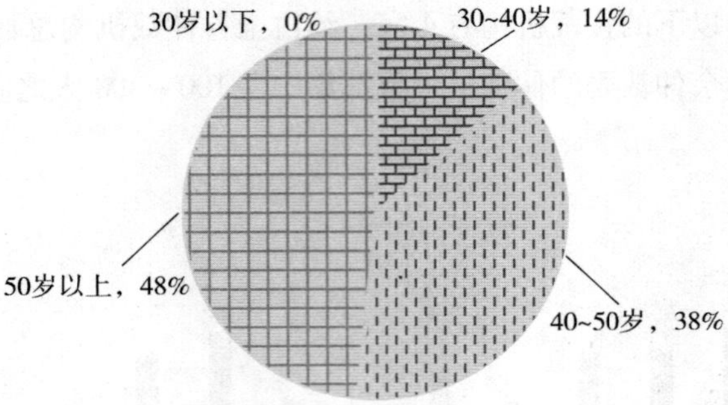

图 3　12 个仲裁委员会仲裁员各年龄段占比情况分布图

2. 仲裁秘书的基本情况

（1）人员数量。H 省各地仲裁委负责办理案件的仲裁秘书人数不一，差距较大。A 市仲裁委仲裁秘书的人数最多，达 15 人；G 市仲裁委和 H 市仲裁委的仲裁秘书人数最少，仅 2 人；其余各仲裁委的仲裁秘书人数在 3 ~ 10 人（见图 4）。全省仲裁秘书总人数为 69 人，占全省仲裁行业工作人员的 50. 36%。

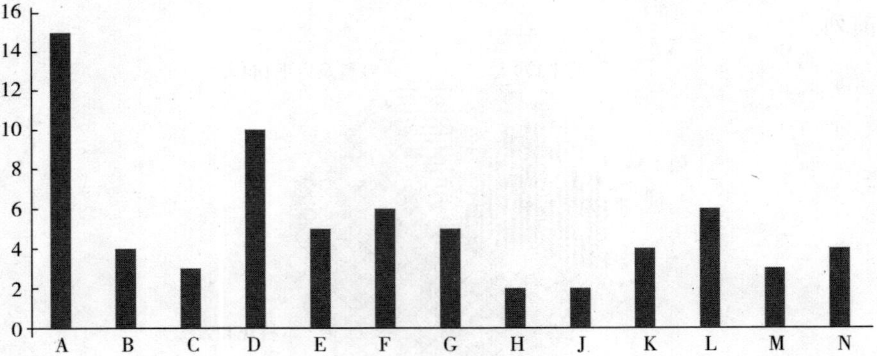

图 4　各地仲裁委员会仲裁秘书（负责办案）人数统计图

（2）仲裁秘书的编制情况。除 M 市仲裁委的秘书处之外，全省其余 12 家仲裁委秘书处的性质均为事业单位。因此，当地政府对仲裁机构均核定了一定数量的事业编制。但这些事业编制并未全部给予仲裁秘书，其中部分给予了负责财务等日常管理的工作人员。各仲裁委拥有事业单位编制的仲裁秘书人数不一。其中，D 市仲裁委最多，共 6 位。各地仲裁委仲裁秘书编制的详细情况见图 5。

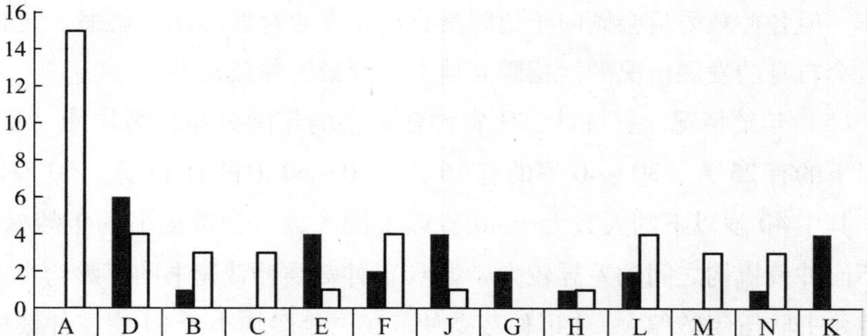

	A	D	B	C	E	F	J	G	H	L	M	N	K
■在编人数	0	6	1	0	4	2	4	2	1	2	0	1	4
□编外人数	15	4	3	3	1	4	1	0	1	4	3	3	0

图5　仲裁秘书编制情况统计图

（3）学历情况。据统计，仲裁秘书中，拥有专科及以下学历的人数为15人，本科学历人数为44人，获得硕士学位人数为10人，获得博士学位人数为0。各层次学历人数所占比例见图6。全省大部分仲裁秘书拥有本科及以上学历，文化水平较高。其中，A市仲裁委具有硕士研究生学历的仲裁秘书有8人；K市和J市仲裁委各有1名仲裁秘书具有硕士研究生学历。

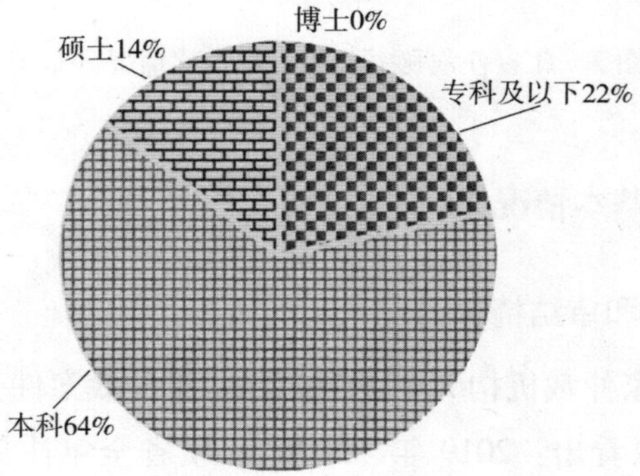

图6　H省仲裁秘书学历占比情况分布图

（4）专业领域。H省大部分仲裁秘书的专业为法律，少数为经贸类专业和其他。其他专业主要集中在会计学、思想政治、计算机科学与技术等。A市仲裁委员会仲裁秘书人数为15人，均为法律专业。F市仲裁委共有仲裁秘书6人，其中其他专业3人，占总人数的50%。由此可见，仲裁秘书虽不直接进行仲裁裁决工作，但各仲裁委员会倾向于招聘具有法律专业背景的仲裁秘书，同时根据仲裁委员会自身的发展情况酌情招聘其他专业背景的仲裁秘书。

（5）年龄情况。据统计，H 省仲裁秘书的年龄分布较为均衡（见图 7），30 岁以下的有 25 人，30～40 岁的有 26 人，40～50 岁的有 17 人，50 岁以上的有 1 人。其中 40 岁以下的人数大于 40 岁以上的人数，仲裁秘书的年龄整体偏年轻。但不同仲裁机构之间的差异较大，如 G 市仲裁委仲裁秘书的年龄均在 40 岁以上，仲裁秘书队伍年龄偏大；J 市仲裁委仲裁秘书年龄均小于 34 岁，仲裁秘书队伍年轻。其余各仲裁委仲裁秘书的年龄分布比较均衡。

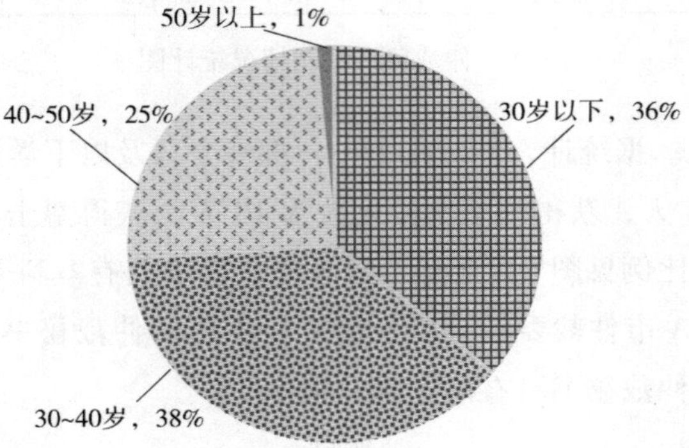

图 7　H 省仲裁秘书各年龄段占比情况分布图

（三）仲裁业务基本情况

1. 仲裁案件受理和审结情况

通过对 H 省 13 家仲裁机构 2019 年和 2020 年仲裁案件受理情况进行统计和分析（见图 8），可以看出：2019 年、2020 年 H 省全年仲裁案件受理量分别是 6627 件、6231 件，各仲裁委员会年均受案量分别为 509 件、497 件。H 省各仲裁委员会案件受理量存在明显差距。A 市仲裁委员会近两年案件受理量均明显高于其他 12 家仲裁委，稳居首位。A 市仲裁委 2019 年和 2020 年的案件受理量均保持在 2000 件以上，分别占 H 省全年仲裁案件受理量的 39.6%、42.8%。除 A、J、B 三市的仲裁委之外，其他各市仲裁委案件受理量均低于 500 件。D、F 两市仲裁委近两年平均受案量保持在 300 件以上，C、K、L 三市仲裁委保持在 200～

300 件，H、M、E 三市仲裁委在 100～200 件，N 和 G 仲裁委均低于 100 件。

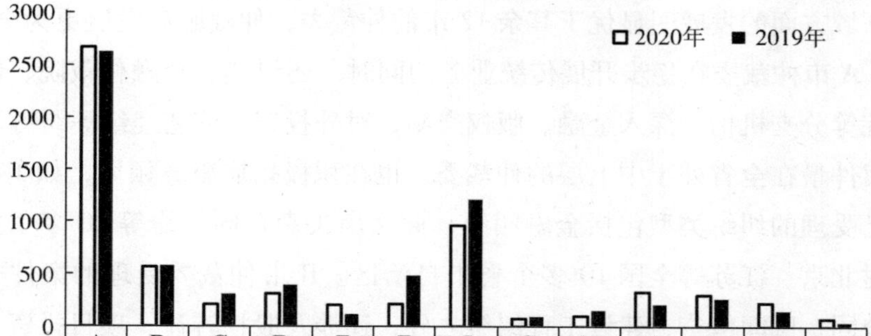

	A	B	C	D	E	F	J	G	H	K	L	M	N
□2020年	2668	563	208	310	202	211	961	74	101	331	302	227	73
■2019年	2623	576	307	391	115	484	1210	94	154	213	266	152	42

图 8　近两年 H 省 13 市仲裁委员会仲裁案件受理量

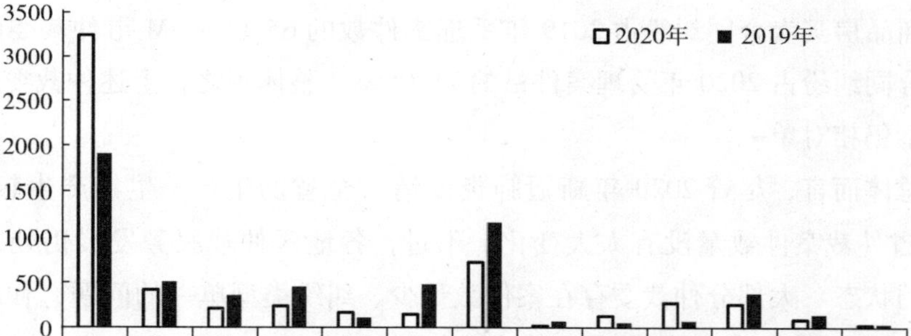

	A	B	C	D	E	F	J	G	H	K	L	M	N
□2020年	3238	417	215	240	170	150	724	23	133	279	261	92	31
■2019年	1909	506	360	453	115	480	1162	75	61	76	381	146	41

图 9　近两年 H 省 13 市仲裁委员会仲裁案件结案量

通过对 H 省 13 个市州的仲裁机构 2019 年和 2020 年的仲裁案件审结量进行统计和分析，可以发现：2019 年、2020 年 H 省全年仲裁案件结案量分别是 5765 件、5973 件，结案率分别是 87%、95.86%，环比增长 8.87%。从整体上来看，各市仲裁委仲裁案件受案和结案数量变化趋势保持一致，但各仲裁委的结案率却存在明显差异，如 2020 年 A 市仲裁委结案率为 121.36%，B 市仲裁委结案率为 74.07%，N 市仲裁委结案率仅为 42.47%。

调研发现，H 省仲裁案件主要集中在金融纠纷、商品房买卖合同纠纷、建设工程合同纠纷、民间借贷、租赁合同纠纷等几个方面。A 市仲裁委在业务容量、业务领域方面的发展明显优于其余 12 市的仲裁委，仲裁服务发展更为全面深入。例如，A 市仲裁委在稳步开展传统业务的同时，还组建了金融仲裁院、影视文化仲裁院等分支机构，深入金融、版权交易、对外投资、演艺经纪等纠纷领域。

案件量在全省处于中上层的仲裁委，也在积极拓展服务领域，如 J 市仲裁委目前已受理的纠纷类型包括金融纠纷、商品房买卖合同纠纷等 20 多个类型，范围辐射北京、江苏等全国 10 多个省市自治区。B 市仲裁委受理的案件类型除了买卖合同、民间借贷、建设工程纠纷之外，还涉及股权转让、项目投资、网络直播等纠纷。

案件量相对较少的仲裁委，如 N 市仲裁委、G 市仲裁委和 M 市仲裁委等，其案件类型主要集中在商品房买卖合同纠纷、租赁合同纠纷、物业服务纠纷等。其中，N 市仲裁委商品房买卖合同纠纷占 2019 年仲裁案件量的 54.76%；G 市仲裁委商品房买卖合同纠纷占 2019 年受理案件数的 65.6%。M 市仲裁委的商品房买卖合同纠纷占 2020 年受理案件量的 71.05%。整体观之，上述仲裁委的仲裁案件类型仍相对单一。

总体而言，尽管 2020 年新冠肺炎疫情对全省的生产、生活产生较大影响，但 H 省仲裁案件数量没有太大变化。不过，各地区仲裁服务发展仍处于明显不均衡的状态。大部分仲裁委存在案件数量少、纠纷类型单一的问题，仲裁在化解纠纷、诉源治理方面的优势尚未充分发挥。

2. 仲裁服务的质量

(1) 仲裁裁决被法院撤销的情况

根据《H 省公共法律服务发展指标（2019—2022 年）》的要求，仲裁案件被法院裁定撤销的比例应当控制在 1% 以内。通过对现有材料进行统计和分析（见表 5），可以发现：2019 年、2020 年 H 省仲裁案件被法院裁定撤销案件数分别为 11 件、1 件，占全年仲裁案件结案量的 0.19%、0.02%，均符合 H 省的公共法律服务发展指标要求。

2019 年 E 市仲裁委被法院裁定撤销案件量为 6 件，占本地全年仲裁案件结案量的 5.22%，明显超过 H 省公共法律服务年度发展指标要求。F 市仲裁委被法院裁定撤销案件量为 2 件，A、B、N 三地仲裁委被法院裁定撤销案件数均为 1

件，其余8家仲裁委均无被法院裁定撤销情况。除E市仲裁委被法院裁定撤销案件率超过发展指标要求外，其余12家仲裁委员会均符合H省公共法律服务年度发展指标要求。2020年D市仲裁委被法院裁定撤销1件案件，占当年本地仲裁裁决案件量的0.42%，其余仲裁委均无被法院裁定撤销情况，均符合H省公共法律服务年度发展指标要求。

根据对各仲裁委工作人员的访谈以及相关裁判文书的记载情况，发现近两年H省仲裁裁决被法院撤销的原因主要为程序性问题，因“仲裁庭的组成或者仲裁程序违反法定程序的”而撤销的仲裁案件占63.6%。

表5　近两年H省13市仲裁委员会被法院裁定撤销案件情况

	2019年被裁定撤销案件量	2019年结案量	占比	2020年被裁定撤销案件量	2020年结案量	占比
A仲裁委员会	1	1909	0.05%	0	3238	0.00%
B仲裁委员会	1	506	0.20%	0	417	0.00%
C仲裁委员会	0	360	0.00%	0	215	0.00%
D仲裁委员会	0	453	0.00%	1	240	0.42%
E仲裁委员会	6	115	5.22%	0	170	0.00%
F仲裁委员会	2	480	0.42%	0	150	0.00%
G仲裁委员会	0	75	0.00%	0	23	0.00%
H仲裁委员会	0	61	0.00%	0	133	0.00%
J仲裁委员会	0	1 162	0.00%	0	724	0.00%
K仲裁委员会	0	76	0.00%	0	288	0.00%
L仲裁委员会	0	381	0.00%	0	261	0.00%
M仲裁委员会	0	129	0.00%	0	92	0.00%
N仲裁委员会	1	41	2.44%	0	31	0.00%

（2）仲裁裁决被法院裁定不予执行的情况

根据《H省公共法律服务发展指标（2019—2022年）》规定，仲裁案件被法院裁定不予执行的比例应控制在1%以内。通过对现有材料进行统计和分析（见表6），可以看出：2019年、2020年H省仲裁案件被法院裁定不予执行案件量分别为17件、2件，占全年仲裁案件结案量的0.29%、0.03%，均在H省公共法律服务发展指标要求之内。2019年J仲裁委被裁定不予执行的案件有9件，C市仲裁委有3件、A市仲裁委有2件，B、H、M三市仲裁委各有1件，其余7家仲裁委均无被法院裁定不予执行的情况。因此，除J、H市仲裁委之外，其余仲裁委均符合H省公共法律服务年度发展指标要求。2020年，全省仅有J市仲裁委员会被法院裁定不予执行案件9件，占当年仲裁裁决案件量的1.24%，超过了H省公共法律服务年度发展指标要求。其他仲裁委均无被法院裁定撤销情况，均符合H省公共法律服务年度发展指标要求。

根据对各仲裁委的访谈情况以及相关裁判文书记载，H省近两年被法院裁定不予执行仲裁案件的理由中，因“案外人主张的权利或者利益合法、真实”而不予执行仲裁案件的占比为57.9%，J市仲裁委员会2020年被法院裁定不予执行的案件均是因此缘由。

表6 近两年H省13市仲裁委员会被法院裁定不予执行案件情况

	2019年被裁定不予执行案件量	2019年结案量	占比	2020年被裁定不予执行案件量	2020年结案量	占比
A仲裁委员会	2	1909	0.10%	0	3238	0.00%
B仲裁委员会	1	506	0.20%	0	417	0.00%
C仲裁委员会	3	360	0.83%	0	215	0.00%
D仲裁委员会	0	453	0.00%	0	240	0.00%
E仲裁委员会	0	115	0.00%	0	170	0.00%
F仲裁委员会	0	480	0.00%	0	150	0.00%
G仲裁委员会	0	75	0.00%	0	23	0.00%
H仲裁委员会	1	61	1.64%	0	133	0.00%
J仲裁委员会	2	1 162	0.17%	9	724	1.24%
K仲裁委员会	0	76	0.00%	0	288	0.00%
L仲裁委员会	0	381	0.00%	0	261	0.00%
M仲裁委员会	1	129	0.78%	0	92	0.00%
N仲裁委员会	0	41	0.00%	0	31	0.00%

(3) 仲裁案件被司法部案例库采用情况

司法行政（法律服务）案例库于2018年初由司法部牵头设立。该库收录了许多具有典型意义和指导性价值的案例，为仲裁机构办理同类型案件提供了重要参考和指导。地方仲裁委的仲裁案件能够被收入该案例库也从一定程度上说明了其仲裁服务质量。经统计，2019年司法部案例库共采用H省仲裁机构仲裁案件6例，占当年H省仲裁案件结案总量的0.1%，2020年H省仲裁案件共被司法部案例库采用38例，占当年H省仲裁案件结案总量的0.64%。从数量来看，仲裁案件被司法部案例库收录的情况有明显提升。

就各个仲裁委分别来看，A市仲裁委2020年共有7件案例被收录入库，在数量上居于首位。以比例而言，G市仲裁委员会居于首位。其2020年被收录入库的案例数为5件，占其当年结案总量的21.74%。可以看出，G市仲裁委的年结案量虽少，但其案件裁决质量较高。此外，C、B、K、N、J、E、L、F八市仲裁委2020年被收录入库案例数均在3件以上。D、H、M三市仲裁委目前无仲裁案件被司法部案例库收录。

表7　2019—2020年H省仲裁案件被司法部案例库采用情况

	2019年被案例库采用数	2019年结案量	占比	2020年被案例库采用数	2020年结案量	占比
A仲裁委员会	0	1909	0.00%	7	3238	0.22%
B仲裁委员会	1	506	0.20%	4	417	0.96%
C仲裁委员会	0	360	0.00%	3	215	1.40%
D仲裁委员会	0	453	0.00%	0	240	0.00%
E仲裁委员会	1	115	0.87%	4	170	2.35%
F仲裁委员会	0	480	0.00%	3	150	2.00%
G仲裁委员会	0	75	0.00%	5	23	21.74%
H仲裁委员会	0	61	0.00%	0	133	0.00%
J仲裁委员会	1	1 162	0.09%	3	724	0.41%
K仲裁委员会	1	76	1.32%	2	288	0.69%
L仲裁委员会	1	381	0.26%	3	261	1.15%
M仲裁委员会	0	129	0.00%	0	92	0.00%
N仲裁委员会	1	41	2.44%	3	31	9.68%

3. 仲裁案件的调解（和解）情况

调解是解决纠纷的一种重要方式，对于有效平复矛盾、修复关系、维系和谐、真正实现“案结事了”、实现法律效果与社会效果的有机统一具有重要意义。为此，《H 省公共法律服务发展指标（2019—2022 年）》将调解（和解）率作为评价仲裁服务质量的重要指标，并明确要求 H 省仲裁案件调解（和解）率应达 50% 以上。通过对 H 省各仲裁委的服务情况进行统计和分析，可以看出：

表 8　近两年 H 省仲裁案件调解（和解）率统计情况表

	2019 年调解（和解）结案量	2019 年结案量	占比	2020 年调解（和解）结案量	2020 年结案量	占比
A 仲裁委员会	669	1909	35.04%	705	3238	21.77%
B 仲裁委员会	433	506	85.57%	320	417	76.74%
C 仲裁委员会	204	360	56.67%	125	235	53.19%
D 仲裁委员会	152	453	33.55%	116	240	48.33%
E 仲裁委员会	8	115	6.96%	125	170	47.89%
F 仲裁委员会	153	480	31.88%	37	150	24.67%
G 仲裁委员会	23	75	30.67%	11	23	47.83%
H 仲裁委员会	30	61	49.18%	82	133	61.65%
J 仲裁委员会	833	1162	71.69%	564	724	77.90%
K 仲裁委员会	47	76	61.84%	255	279	91.40%
L 仲裁委员会	162	381	42.52%	125	261	47.89%
M 仲裁委员会	14	146	9.59%	39	92	42.39%
N 仲裁委员会	32	41	78.05%	13	31	41.94%

整体观之，各仲裁委之间的调解（和解）率差距较大。即使同一仲裁委不同年度的调解（和解）率也存在较大差距。其中，B 市仲裁委 2019 年和 2020 年的调解（和解）率均名列前茅，其 2019 年仲裁案件调解和解率达 85.57%，居于当年首位，2020 年仲裁案件调解和解率达 76.74%，位列全省第三。B、J、C、K、H 等市仲裁委 2019 年和 2020 年仲裁案件调解（和解）率均高于 50%。可见，调解已经成为 H 省多数仲裁委的主要结案方式。

访谈人：咱们的案件调解率可以说是非常高，有什么经验？

某工作人员1：仲裁原本就是双方约定适用为前提，调解成功的概率也比较大。另外，实践中交通事故的案件以调解（和解）结案的较多。

访谈人：我们仲裁委员会连续两年调解率都高于50%，请问有哪些原因？

某工作人员2：我们计算调解率的依据主要包括调解结案、和解结案以及通过调解撤回结案的案件，因此基数比较大。

K、H、E、M等市仲裁委，近两年仲裁案件调解（和解）率有明显提升，虽然部分仲裁委目前的调解（和解）率尚未达到H省公共法律服务发展指标要求，但从近两年变化情况来看，其在促进调解工作方面有明显提升。

访谈人：我们是如何开展调解工作的？

某工作人员2：仲裁的调解贯穿于整个程序始终，秘书处办理案子优先会选择调解。仲裁案件立案前、立案后以及结案前都会进行调解。我们仲裁委要求仲裁员10天内上交一份类似于审查报告的文件，便于及时抓住调解的节点。

不过，仍有部分仲裁委近两年的仲裁案件调解（和解）率出现下降的情况，如A市仲裁委近两年的仲裁案件调解（和解）率均低于50%，且有下降趋势。N市仲裁委的调解（和解）率从2019年78.05%的下降至2020年的41.94%。针对此情况，调研团队对相关仲裁委员会工作人员进行了访谈：

访谈人：请问A仲裁委员会近两年调解（和解）率低的原因是什么？

某工作人员：我们原先是将交通事故调解中心的仲裁调解案件也一并算入调解（和解）结案量的。我们这边主要的调解（和解）结案的案子就是在那边，后来因争议较大，我们将交通事故调解中心撤销了，缺少了这一部分，调解（和解）的比例就下去了。

（四）与法院的沟通衔接情况

1. 仲裁机构与所在地各级法院的联系情况

根据各仲裁委提交的资料以及调研情况来看，各仲裁机构与法院都有不同程度的沟通与交流。通常情况下，各地法院在撤销或不予执行仲裁裁决后，都会及时通知仲裁机构。但也有部分仲裁机构表示，法院在撤销或不予执行仲裁裁决后没有通知他们。各地仲裁机构与法院之间的联系主要是通过座谈会、调研、业务指导等形式进行，比如省高级人民法院、A 市中级人民法院有关领导曾前往 A 市仲裁委调研、指导互联网仲裁平台建设和发展工作，B 市仲裁委与 B 市中级人民法院开展金融仲裁中心成立座谈会，E 市仲裁委和 E 市中级人民法院就如何落实 H 省高级人民法院和 H 省司法厅《关于建立健全诉讼与仲裁衔接机制的指导意见》的文件精神积极召开协调会等。

2.《关于建立健全诉讼与仲裁衔接机制的指导意见》的落实情况

调研中，各仲裁机构均表示有组织学习《关于建立健全诉讼与仲裁衔接机制的指导意见》，但是大部分都没有采取具体的落实措施。J 市仲裁委有尝试开展相关落实工作，但没有达到预期效果。部分仲裁机构还制定了诉讼与仲裁相衔接的具体工作规范，如 A 市仲裁委与 A 市中级人民法院等部门联合印发了《A 市加强知识产权纠纷多元调解工作的意见》，B 市仲裁委与 B 市中级人民法院联合制定了《关于开展诉讼与商事仲裁对接工作的意见》，N 市仲裁委员会与 N 市中级人民法院联合起草了《关于开展诉讼和商事仲裁对接工作的指导意见（征求意见稿）》。整体来看，仲裁与诉讼衔接工作进展的并不是特别全面、充分，还需要仲裁机构和当地法院进一步共同努力推进。

（五）参与基层社会治理情况

1. 入驻公共法律服务中心（工作站）情况

目前，全省只有一半左右的仲裁机构入驻了当地的公共法律服务中心。其中，A 市仲裁委于 2020 年 4 月入驻了该市某公共法律服务中心，并且多次安排仲裁秘书前往值班，为人民群众提供法律咨询服务。C、E、N 市仲裁委每周都会安排工作人员前往当地公共法律服务中心值班。D 在公共法律服务中心设立接待窗口，下发宣传手册，让人民群众更多了解仲裁制度。在当地司法行政部门的指导下，J 市仲裁委在部分区公共法律服务中心和街道公共法律服务工作站设立了四个“仲调对接”工作室，积极开展仲裁与基层人民调解对接的探索工作。但目前而言，由于仲裁服务的自身特性等原因，造成入驻在公共法律服务中心的仲裁服务人员大部分仅能为当人民群众提供一些有关仲裁服务的咨询、指引与宣传工作，实际入驻效果不太理想。

2. 在交通、金融等纠纷领域的仲裁（调解）服务情况

在全省 13 个仲裁委中，C 市等 4 市的仲裁委正积极开展涉及交通、金融、医疗等专门领域纠纷的仲裁服务。其中，C 市仲裁委注重与市场监督管理局的联系，积极推行知识产权纠纷的仲裁服务。J 市仲裁委正积极与医疗调解中心建立联系，探索如何将仲裁服务深入医疗调解领域。E 市仲裁委派专人入驻该市医疗纠纷人民调解委员会和丙区道路交通事故人民调解委员会参与医疗纠纷和交通事故纠纷的调解工作，目前由其工作人员参与调解的医疗纠纷和交通事故纠纷各有 50 多起，为有效化解基层矛盾纠纷和维护社会稳定发挥了积极作用。

此外，为更好地化解交通、医疗、金融等专门领域的纠纷，A、B 等 6 个市的仲裁委还积极推进了专业仲裁机构的建设。其中，A 市仲裁委成立了影视文化仲裁院、知识产权仲裁庭、建设工程仲裁院和金融仲裁院；C 市仲裁委设立了金融仲裁中心；B、K 两市仲裁委都设立了交通事故仲裁调解中心；H 市仲裁委成立了保险合同争议仲裁中心；G 市仲裁委成立了建设工程造价纠纷调解中心。

3. 服务企业发展情况

在全省 13 个仲裁委中，A 市等 8 市的仲裁委为服务企业发展作出了诸多尝试。其中，A 市仲裁委派 1 名工作人员常驻该市知识产权保护中心仲裁窗口，为企业、个体工商户等市场主体提供知识产权仲裁咨询服务。C 市和 M 市仲裁委多次为企业宣讲《仲裁法》以及与企业经营有关的法律法规。J 市和 L 市仲裁委还积极为台胞企业提供了仲裁知识宣传以及相关法律咨询。B 市仲裁委出台了疫情防控期间涉企纠纷仲裁服务六项举措，开通疫情防控期间涉企立案绿色通道，对受疫情影响较大的中小微企业申请仲裁的实行速立、速调、速审、速结，积极引导、鼓励当事人以调解、和解方式快速结案。同时深入企业了解相关仲裁需求，开通了 24 小时仲裁法律服务热线，为企业平稳有序恢复生产提供有力支撑。D 市仲裁委开展了“支持中小企业复工复产送法上门”专项公益法律服务活动。N 市仲裁委利用仲裁员培训、企业走访等方式扩大仲裁制度的定点宣传，叫响“企业法律服务直通车”活动品牌。E 市创新开展金融借贷网络仲裁确认工作，与市内金融企业联系，通过会议座谈宣传、推广仲裁制度，高效化解金融借贷纠纷。

4. 社会宣传情况

全省13家仲裁委都积极开展了各种形式的仲裁服务及其相关法律知识的宣传工作。其中，C、M、F三市仲裁委通过设置仲裁展示台，为广大市民普及仲裁法律知识。D、N两市仲裁委通过报纸杂志、广播电视等形式进行仲裁宣传。A、B两市仲裁委通过网络和微信公众号推文的形式，大力推广仲裁服务。N、M、F三市仲裁委利用媒体专栏展示仲裁制度。M、F两市仲裁委通过发放宣传手册，现场解答群众咨询，全面向社会大众介绍仲裁制度。B、D两市仲裁委深入律师行业，宣传仲裁服务。F市仲裁委开展送法上门活动，并且根据市政协调研工作部署和要求，积极参与《关于市域基层社会治理的调研》的座谈。

三、各地仲裁机构的发展特色

（一）A仲裁委：网络仲裁、涉外仲裁、影视文化仲裁齐头并进

1. 网络仲裁

网络仲裁高效、便捷，是“互联网+”时代发展的必然需要，A市仲裁委紧跟时代发展，适应现实需要，建立起网络仲裁与诉讼保全、执行等的有效衔接机制，为深化多元化纠纷解决机制的发展贡献力量。2019年11月9日，A市仲裁委员会、共道网络科技有限公司在该市共同举办“A市仲裁委员会互联网仲裁平台V2.0”上线发布会。联合打造了全国首家接入人民法院司法区块链的互联网仲裁平台，集成线上线下仲裁业务办理和案件管理系统功能，融合大数据、云计算、人工智能等先进技术。平台自2019年7月上线试运行以来，已有1063件案件纳入平台管理，运行情况良好。基本上做到了商事仲裁案件“全覆盖、全流程、全时段”，即：线上线下商事纠纷均可线上处理；仲裁案件的所有程序均可以线上实现；平台24小时不打烊，随时随地为商事主体提供仲裁法律服务，成功推动了现代科技与传统仲裁深度融合，更好助力优化A市营商环境，优化了当事人的仲裁体验。

2. 涉外仲裁

仲裁因其具有自愿、平等、高效便捷、保密性强等特点，在国际经济贸易中

具有天然的优势，发展涉外仲裁服务既是有效防范境外仲裁风险、维护自身权益的必然要求，也是扩大中国市场国际竞争力的重要方式。2020 年，H 省国家级的自由贸易试验区建设工作启动，其国际化的战略定位和发展目标对建立和完善具有国际竞争力的纠纷解决制度提出了更高要求。作为第一家入驻该由贸易试验区的仲裁委员会，A 市仲裁委员会正在积极推进国际商事仲裁机构建设。一方面，稳步开展涉外仲裁业务，积累涉外仲裁案件处理经验。近两年 A 市仲裁委涉外仲裁案件稳步增长，受案标的额有明显增长。在积累案件经验的同时，A 市仲裁委员会也加强了与国际商会仲裁院、新加坡国际仲裁中心、香港国际仲裁中心、中国国际经济贸易仲裁委员会、北京仲裁委员会等国内外知名仲裁机构的交流合作，广泛汇聚国际仲裁人才。另一方面，为不断适应国际商事仲裁发展的新形势，A 市仲裁委员会与西南政法大学、湘潭大学、西北政法大学等携手合作，整合优势资源，共同研究制定国际仲裁规则，以期为自贸区建设提供更加专业便捷的仲裁服务，搭建专业化权威性的国际商事仲裁平台。

3. 影视文化仲裁

作为全国首家影视文化仲裁院，A 市影视文化仲裁院积极响应“一带一路”倡议和文化强国战略，致力于向影视文化行业提供专业、先进、高效的仲裁法律服务，占领影视文化专业领域仲裁服务高地。一方面，积极储备专业人才，搭建高规格组织架构。A 市仲裁委员会利用 H 省文娱产业发展优势，联合中国电视剧制作产业协会、北京市影视娱乐法学会，吸纳资深行业专业加入仲裁员队伍，为影视文化仲裁服务发展提供专业、权威的人才保障。另一方面，强化仲裁能力建设，保障影视文化产业持续健康发展。A 市仲裁委的影视文化仲裁院积极同各影视行业领军企业合作，将仲裁服务引入版权交易、对外投资、演艺经纪等合同纠纷的解决之中。同时，注重提升影视文化领域纠纷化解的质效，适时总结纠纷处理经验，尊重行业惯例，提炼行业标准，培育行业规范，促进影视文化的健康发展。

（二）C 市仲裁委：调解贯穿仲裁全过程

H 省《公共法律服务发展指标（2019—2022 年）》要求仲裁服务中仲裁案件调解和解率达 50% 以上，C 市仲裁委员会 2019 年和 2020 年的调解和解率分别为 56.67%、53.02%。为充分发挥仲裁调解的作用，C 市仲裁委将调解贯穿整个仲裁过程。同时，C市仲裁委还制定了具体的调解规则，将调解分为“无仲裁协议纠纷的调解”“本委外和解或调解协议的确认”“仲裁过程中的调解”三种情形，并对每种情形的具体适用条件和操作过程进行了详细规定，在仲裁委内部将“调解贯彻仲裁全过程”制度化。具体而言，在立案时，工作人员就会根据工作经验对当事人提供的案件情况进行判断，并对适合调解的纠纷积极进行调解；立案后一直到开庭前，仲裁秘书仍然会积极与当事人沟通，尽力促使双方达成调解合意；即便在开庭后，在开庭审理的任何阶段，当事人若有调解意愿或同意调解的，均可进行调解。此外，C市仲裁委在其工作总结中也提到要“多措并举促调解，不断提高仲裁的和谐度”，足见其对仲裁调解的重视。

（三）E市仲裁委：政府购买法律服务的践行者

截至2021年1月，全省仅E市实际开展了政府购买仲裁法律服务工作。E市仲裁委能够落实此项工作，主要是因为E市仲裁委为公益一类事业单位，当地政府在财政上给予了很大支持。2019年，E市仲裁委秘书处根据当地的仲裁发展需求，请求以政府购买方式聘用5名法律专业工作人员作为仲裁秘书，以提升仲裁服务专业化水平。新聘仲裁秘书的薪酬，经市财政审核，参照市人民法院书记员的标准发放。现如今E市仲裁委已经以政府采购方式聘任了3名法律专业工作人员作为仲裁秘书，并且近期打算再聘任2名，以实现每个区法院都有一个仲裁秘书专门负责与法院的衔接工作。另外，调研中知悉，E市下一步将通过政府购买法律服务的形式让E市仲裁委参与到解决交通事故、医疗损害纠纷中去。

（四）J市仲裁委：非省会城市仲裁机构推进金融仲裁的先行者

近年来，J市仲裁委通过多个方面积极推进金融仲裁工作。第一，积极与金融机构联络，提供相应的法律咨询和服务，帮助其规范格式合同文本，并对当地各金融机构及小额贷款公司的法务人员进行仲裁法律知识培训。第二，到外地优秀仲裁机构进行考察，学习金融仲裁经验。J市法制办、市政府办（金融办）组织J市仲裁委秘书处、市银行协会、市保险业协会赴湖北襄阳仲裁委员会和武汉仲裁委员会学习考察。第三，主动与J市相关职能部门沟通联络，加强金融仲裁的发展。市法制办、市政府办（金融办）召集J市仲裁委秘书处、人行J市中心支行、J市银监分局、市银行业协会、市保险业协会、市小额贷款公司协会等有关部门召开金融仲裁工作座谈会。2018年2月5日，市法制办、市政府办（金融办）、人行J市中心支行、J市银监分局联合向全市金融机构及小额贷款公司下发《关于在金融系统推行仲裁制度的通知》。到目前为止，J市的建设银行、农村商业银行、农业发展银行、工商银行四家金融机构已将仲裁作为其争议解决方式之一。

四、H省仲裁法律服务的主要问题

（一）仲裁化解纠纷、疏减讼源的功能未得到充分激发

整体观之，仲裁化解纠纷、疏减讼源的功能在H省未得到充分激发。具体表现为以下两个方面：其一，全省仲裁化解纠纷的总量较少。就各仲裁机构每年受理的案件总量而言，只有A市和J市仲裁委能达到千件以上，其余仲裁机构大都只有两三百件，有的甚至不足百件。这与全国仲裁机构的年均受案量相去甚远。以2019年为例，全国253家仲裁委员会共受理案件486955件，年平均受案量为1925件左右。然而，2019年H省全年仲裁案件受理量为6627件，各仲裁委员会年均受案量为509件，远低于全国平均水平。就各仲裁委分别来看，只有A市仲裁委的受案量超过了全国平均水平。

其二，仲裁服务涉及的纠纷领域不够广泛。调研发现，目前H省13个仲裁委的业务开展大多集中在金融纠纷、民间借贷、商品房买卖合同纠纷、建设工程合同纠纷等领域。A、J、B等市仲裁委因其所处地区整体经济发展状况较好，所以在金融纠纷、涉外纠纷、影视文化等领域有所建树。除此之外的大部分仲裁委的业务基本局限于传统纠纷领域，有的甚至在传统的服务领域都未充分开拓，比如非省会城市的仲裁机构只有少数在金融领域发展较好。绝大多数的仲裁机构尚未形成自身的优势或特色服务领域，影响力不大。

（二）仲裁委员会的体制机制有待完善

1. 仲裁委员会尚未完全实现人格独立

尽管《若干意见》将仲裁委员会定性为非营利法人，但事实上各仲裁委员

会并未真正成为具有法人资格的实体。调研中了解到，部分仲裁委员会虽进行了法人登记，但尚无相应的组织机构代码。部分仲裁委员会虽有了组织机构代码，但是仍有7家仲裁委员会没有独立的财务账户。即便仲裁委员会拥有了独立的财务账户，实践中大多数仲裁机构的财务运行仍完全依靠仲裁秘书处的财务账户。就此而言，许多仲裁委员会在法律人格上尚未实现完全独立。仲裁委员会与仲裁秘书处均为独立民事主体地位的问题亟待改变。

2. 仲裁委员会的组成不合理

《若干意见》要求委员会成员应当专兼职相结合。调研发现，全省13家仲裁委尚有4家没有专职委员，有6家的专职委员只有1人，有2家的专职委员为2人，J市仲裁委的专职委员最多有3人。部分仲裁机构尽管名义上存在专职委员，但事实上这些专职委员都有自己的本职工作，实际很难有充足的时间参与仲裁机构的日常运营及管理。如B和H两市仲裁委的专职委员或驻会委员实际上是当市州司法局的副局长，D和F两市仲裁委的专职委员为当市州法律援助中心的负责人。A、C、J、E、L五市仲裁委都是通过秘书长兼任委员会委员的形式来实现委员的专职化。其中，A、C、J三市仲裁委的秘书长还兼任了委员会副主任。

3. 仲裁委员会在内部管理上的自主权较弱

尽管我国法律并未将仲裁委员会定性为事业单位，但实践中H省的仲裁机构普遍被按照事业单位加以管理。在此情形下，仲裁委员会在人事、财务、薪酬制度等方面的自主权较弱。在人事方面，仲裁委的秘书长一般由当地的有关政府部门任命，而非仲裁委员会或者主任会议决定。部分全额拨款的仲裁机构，甚至在招聘仲裁秘书的时候都需经过当地相关政府部门的同意。在财务方面，根据《若干意见》规定，选择仲裁收费转为经营服务性收费管理的仲裁机构，比照企业财务通则进行财务管理。尽管全省已有6家仲裁机构将仲裁收费转为经营服务性收费管理，但大都仍需严格遵守事业单位的财务管理要求。

（三）仲裁秘书的职业化和专业化建设不足

仲裁秘书作为仲裁活动的组织者、仲裁程序的管理者、推进者，在仲裁中起着不可或缺的重要作用，建设一支职业化和专业化的仲裁工作队伍，是做好仲裁工作的关键因素。经调研发现，目前全省仲裁秘书的发展仍存在职业化和专业化建设不足的问题，具体表现为以下几个方面：

1. 缺乏统一任职标准，仲裁秘书素质参差不齐

目前，《仲裁法》等法律规范均未对仲裁秘书的任职条件作出明确规定。实践中，各仲裁委员会对仲裁秘书的任职要求不尽相同，如部分仲裁委未对仲裁秘书的专业方向和学历提出要求，也有部分仲裁委明确提出招聘法学专业人才，甚至对学历提出专门要求。对仲裁秘书的选聘标准不一，不仅导致了仲裁秘书这一职业的良莠不齐，还不利于仲裁行业规范化建设，更不利于仲裁公信力的提升。

2. 尚未建立完善的职业发展机制

一是绩效考核标准不一，工资待遇不高。部分仲裁委会根据仲裁秘书工作量、表现等对仲裁秘书进行考核打分，将考核结果与仲裁秘书工资直接挂钩；也存在部分仲裁委员会因受限于自身体制问题，无法给予办案仲裁秘书相应的办案奖励。在经济发展，案件量逐年上升的情况下，仲裁秘书待遇却难以提高，无法有效调动其工作积极性，也容易造成人才流失。二是缺乏专业技术职称评定，职业晋升空间有限。部分仲裁秘书虽具有事业编制，享有稳定的工资福利待遇，但却缺乏晋升空间。根据调研情况，目前仲裁秘书并无专业技术职称，绝大部分仲裁委员会对能力优秀、表现突出的人才，并没有梯次使用、逐步锻炼的用人规划，仲裁秘书在本职岗位上难以有更多的发展空间。

3. 培训发展建设机制不足，职业教育虚化

仲裁秘书作为仲裁行业的主力军，在仲裁事业蓬勃发展的时代，应当时刻加强学习，不断进行知识更新以满足仲裁服务发展的需求。但调研发现，H省仲裁行业普遍存在仲裁秘书职业培训不足的问题。部分仲裁委日常开展的专题培训或知识讲座主要是针对仲裁员业务能力的提升，仲裁秘书一般是“搭便车”共同进行学习。经了解，造成此问题的主要有两方面原因：一是案多人少，仲裁秘书的培训时间没有保障。二是受财政经费限制。许多全额拨款或差额拨款的事业单位，其经费受财政制约，培训经费通过财政审核的难度较大。

（四）全省仲裁行业的信息化建设较为落后

1. 多数仲裁机构没有自己的网络宣传和服务平台

调研中，不少仲裁委负责人在如何推进仲裁事业进一步发展的问题上表示应当加强对仲裁服务工作的宣传。在现今的互联网时代，充分利用网络的便利性、超时空性、交互性等特点对仲裁相关事项进行宣传至关重要，其中最便捷的方式便是建立仲裁委员会的官方网站和微信公众号。但据统计，H省只有5家仲裁委建立了自己的官方网站。其中，E市仲裁委和C市仲裁委虽在如法网上放置了自己的官方网站链接，但却无法正常访问。F市仲裁委的官方网站尽管可以正常访问，但已多年未更新相关信息。因此，全省目前只有A市仲裁委和B市仲裁委的官方网站正常运转且及时更新了相关信息。在微信公众号方面，全省只有A、B、C、D四家仲裁委建立了自己的官方微信公众号，但部分仲裁委员并未充分运营其微信公众号。以2020年的微信公众号运转情况为例，B仲裁委和D仲裁委的微信信息推送量仅为个位数，难以有效发挥微信公众号的宣传和服务作用。

2. 绝大多数仲裁机构没有业务管理系统

调研发现，除A仲裁委员会外，H省绝大多数仲裁机构都没有自己的业务管理系统，有关立案、办案、结案相关情况均由人工登记、统计。完备的仲裁业务管理系统可有效提高工作效率、减少统计失误、便利工作人员的内部信息沟通；缺少业务管理系统会增加工作人员的不必要工作量、分散工作人员的精力，不利于仲裁事业的长远发展。

3. 互联网仲裁发展滞后

在新冠肺炎疫情防控常态化的背景下，加强互联网仲裁的建设与发展对仲裁业务的顺利开展具有重要意义。互联网仲裁通过在线方式仲裁案件，相比于传统的线下仲裁方式，其优势主要体现在方便仲裁员组庭、当事人开庭，节约开庭成本，并且有利于提高仲裁效率，具有极大的便利性。目前全省只有A市仲裁委于2019年11月正式上线了互联网仲裁院，且其办案系统与案件管理系统等结合，智能化程度较高。此外，部分仲裁委员会，如D市仲裁委、J市仲裁委和N市仲裁委等虽已经开始对互联网仲裁的建设进行考察和学习，但因为对互联网仲裁的发展前景感到迷茫以及自身的发展资金有限等原因，还未真正开展互联网仲裁的建设工作。

（五）仲裁机构的档案管理普遍存在问题

通过走访各市州的仲裁机构，调研团队发现H省的仲裁机构的案卷管理主要存在以下几个问题：

第一，档案管理的安全措施不充分。部分仲裁机构的档案室没有监控摄像头、防护门等安全保护设施；有的仲裁机构因为没有专门的档案室，就把档案放在办公室，并且档案柜没有上锁；有的虽然上锁，但是钥匙却直接悬挂在外面，因此存在很大的案卷遗失隐患。调研中还发现，大部分仲裁机构在当事人等相关人员查阅案卷时，没有进行登记。在案卷存放处没有张贴查阅案卷说明以及注意事项。另外，有的仲裁机构的案卷存放场地没有防潮防霉等防护措施，不利于仲裁案卷的长期保管。

第二，档案保管空间不足或者不独立。一些仲裁机构由于自身办公场所空间狭小，没有多余的场所来存放案卷，就将其放在办公室或者会议室。一些仲裁机构的案卷保管场所规划不合理，尽管办公场所整体面积较大，但可以存放案卷的空间却十分拥挤。

第三，很多仲裁机构没有专人负责案件归档、整理等工作。仲裁机构由于人员不足，没有对仲裁案卷管理的人员进行专业培训，也没有相应的仲裁档案管理制度，所以部分仲裁机构在仲裁案卷管理工作上存在案卷存放混乱，归档不及时，查询不便捷等问题。同时，H省仲裁行业目前还没有统一的仲裁案卷管理办法与标准来对仲裁案卷进行规范化管理。

五、对策建议

（一）成立H省仲裁协会，加强对仲裁法律服务的行业管理

《仲裁法》第十五条规定了中国仲裁协会是仲裁委员会的自律性组织，根据章程对仲裁委员会及其组成人员、仲裁员的违纪行为进行监督。然而，至今中国

仲裁协会仍旧未能成立。就调研情况来看，自政府法制办与司法行政部门合并以后，仲裁服务的管理工作由各市司法行政部门的公共法律服务科负责。然而，由于各市的公共法律服务科普遍人员紧张，加之对于仲裁工作不熟悉，难以给予有针对性的指导和管理。调研中，也有许多仲裁机构秘书处负责人反映，自政府法制办与司法行政部门合并以来，有关部门对仲裁工作的指导、管理有所减少，仲裁机构之间的沟通交流也愈来愈少，亟须由协会承担起指导、联系各仲裁机构的责任。此外，仲裁行业的管理应更加强调行业自律，司法行政部门也不宜过多干预仲裁机构的日常工作。

在全国的仲裁协会尚未成立的背景下，H省可以率先成立省仲裁协会，吸引仲裁机构及其工作人员、司法行政部门、法院、高校学者等优秀人才加入协会。在仲裁协会内部，设立业务指导委员会、仲裁质量管理委员会、信息化建设委员会、培训委员会、维权惩戒委员会等工作委员会。在仲裁协会的引导和协调下，对于H省仲裁机构当前普遍存在的信息化建设落后、仲裁服务领域不广泛、仲裁秘书培训不足、仲裁业务管理监督欠缺等实际问题，可有针对性地进行完善。

（二）积极探索仲裁机构的体制机制改革

第一，增强仲裁委员会的独立性。首先，对于尚未取得组织机构代码的仲裁机构，尽快赋予其相应的组织机构代码。提倡仲裁机构的收入与支出统一经由仲裁机构的财务账户管理，而仲裁秘书处的财务账户只承接国家财政拨付的相应费用，并严格按照国家相关规定对国家财政支持费用进行使用。其次，着力减少仲裁机构对政府财政的依赖程度，逐步实现仲裁机构在财务方面的自收自支。目前，应当改变部分仲裁机构的财务账户年度清零问题。调研中得知，部分仲裁机构由于受政府财政全额拨款支持，而且仲裁服务收费是以财政非税收入方式管理，所以其财务账户会被当地财政部门定期清零。如此，将导致仲裁机构没有自我财产积累，永远需要依靠财政拨款度日，难以进一步自主投入资金发展和优化仲裁服务。同时，还应当加快仲裁机构的绩效改革，充分调动仲裁工作人员的积极性，有利于合理提高仲裁服务收入，尽快实现仲裁机构的自力更生。

第二，优化仲裁委员会的人员组成。首先，应尽快落实相关规范对专职委员的要求。对于当前仍没有专职委员的仲裁机构，可以效仿J市仲裁委通过将秘书处的主要管理人员兼任仲裁委员的形式实现委员的专职化。其次，应丰富仲裁委员会委员的来源，改变当前仲裁委员会中的国家机关、人民团体工作人员占比畸高的现状。应充分落实《若干意见》的规定，提名商会，行业协会，事业单位和企业的法律、经济贸易专家以及其他有相关工作经验的社会人士担任仲裁委员会委员。

第三，提高仲裁委员会在内部管理上的自主权。面对H省普遍将仲裁机构视为事业单位管理的现状，为进一步激活仲裁机构化解纠纷、诉源治理的功能，缓解法院案多人少的矛盾，更好地服务于地方经济和社会的发展，应进一步提高仲裁委员会在内部管理上的自主权。首先，对于已经按照自收自支的事业单位管理的仲裁机构，应设定符合仲裁服务工作特点的绩效方案，以增强仲裁工作人员的积极性。尽快改变当前部分仲裁机构“收支两条线”的财务管理模式，建议有条件的仲裁机构的仲裁收费实行经营服务性收费管理，并比照企业财务通则执行，但需要加强内部财务监管，并接受财政、审计、税务、价格等部门的监督。其次，在人员编制方面，鼓励有条件的地区取消仲裁秘书处的机构编制。对于省内经济发展水平较好的地区，建议不再新增仲裁秘书处的实际在编人员，通过提高薪酬待遇和职业保障的方式，吸引优秀人才进入仲裁行业。在此前提下，仲裁机构的用人自主性也将得到进一步提升。

（三）增强仲裁秘书的职业化和专业化程度

第一，增强仲裁委员会的财务管理自主权，稳步提高仲裁秘书的工资待遇，吸引高素质人才加入仲裁行业。在探索仲裁体制改革的过程中，应逐步赋予仲裁委员会在人事、财务、薪酬制度等方面相应自主权，制定符合仲裁服务发展特点的工资薪酬制度，解决当前H省仲裁行业面临的“招不到”或者“留不住”高素质人才的困境。

第二，加强仲裁秘书的职业培训和同业间的沟通交流工作。司法行政部门或者建议尽快成立的仲裁协会，可以每年定期展开几次仲裁秘书的培训工作。积极拓宽培训的内容，除案件管理方面的培训之外，还可结合H省涉外仲裁发展的现实需求，进行外语、涉外国际条约等方面的知识培训。不断丰富培训方式，除定期在省内开展集中培训之外，还可以组织仲裁秘书前往全国优秀的仲裁机构进行现场观摩学习。

第三，完善仲裁秘书的职业管理，提升仲裁秘书的晋升空间。积极制定仲裁秘书职级晋升方面的有关政策，建立符合仲裁行业特点的秘书队伍分类分级管理制度，给予仲裁秘书专业技术职称和仲裁机构内部的行政职务晋升空间。

（四）提升全省仲裁行业的信息化建设水平

第一，充分利用如法网和各级司法行政部门的官方网站，积极打造仲裁服务的互联网宣传平台。鼓励有条件、有想法的仲裁机构全力打造自己的互联网宣传平台，不断丰富平台宣传内容，扩大仲裁服务的社会影响力。对于经费紧张的仲裁机构，鼓励通过微博、微信公众号等网络新媒体平台开展仲裁服务宣传工作。

第二，面对H省仲裁机构数量多，规模普遍较小的现状，司法行政管理部门可以在充分征求、听取各仲裁机构意见、看法的情况下，在如法网的基础上打造出一套符合H省仲裁服务发展特点的业务管理系统，并向全省的仲裁机构进行推广使用。如此，不仅有利于为小型仲裁机构节省购买成本，还有利于为司法行政部门全面开展仲裁业务管理工作打下扎实的信息基础。

第三，司法行政部门可以联合法院等部门引导H省的互联网仲裁健康发展，可以在适当的时候联合发布互联网仲裁的相关指引规范。同时，还可以积极联合政府相关部门以及实务界和理论界的专业人士，充分借鉴其他省份互联网仲裁的发展经验，并紧密结合H省的实际情况，在所达成共识的基础上，就当前互联网仲裁在发展过程中面临的仲裁程序规则、执行等难题给出现实可行的解决方案。

（五）加强仲裁机构的档案管理工作

第一，省、市两级司法行政部门可以积极协调当地政府相关部门，充分保障仲裁机构的办公场地，尤其是仲裁案卷的保管空间，避免出现G市仲裁委的立案室、秘书办公室、档案管理室集于同一场所的尴尬局面。对于办公条件确实紧张的仲裁机构，应在综合办公空间区分出档案保管的专门空间，并配备相应的安全措施。

第二，督促仲裁案卷保管安全措施较差的仲裁机构积极整改。对于档案室尚未安装监控设备、防盗窗的仲裁机构应督促其尽快配备，应要求各仲裁机构应严格落实仲裁案卷查阅登记制度，并由专人集中保管案卷存放空间的钥匙。

第三，根据《档案法》等法律规范，并借鉴其他行业和地区的档案管理办法，制定全省的仲裁档案管理规范，从而对档案的归档、分类、整理、装订、查阅等过程，提出科学、具体的操作规则，规范全省的仲裁档案管理工作。

法律顾问、公职律师、公司律师法律服务运行现状考

2014年10月，党的十八届四中全会明确提出要“普遍建立政府法律顾问制度”“构建社会律师、公职律师、公司律师等优势互补、结构合理的律师队伍”。2016年6月，中共中央办公厅、国务院办公厅印发《关于推行法律顾问制度和公职律师公司律师制度的意见》（以下简称为“两办意见”），计划到2020年全面形成与经济社会发展和法律服务需求相适应的中国特色法律顾问、公职律师、公司律师制度体系。之后，很多省市制定了具体的实施意见并拟定了《公共法律服务发展指标》等，以推进该项工作的进行，我们选择了H省作为实地考察样本，通过深入走访各市州（区县）司法局律师工作科（股），并选取了部分公职律师、公司律师进行电话访谈，结合H省司法厅律师工作处提交的数据及14个市州司法局提交的资料，对H省法律顾问、公职律师、公司律师的基本情况进行全面梳理分析，形成了本报告。

一、现状描述

（一）H省各单位聘请法律顾问数量已达到该省《公共法律服务发展指标》要求

首先，各级党政机关、人民团体聘请法律顾问情况。截至2020年8月10日，H省本级、14个市州、各区县党政机关法律顾问总人数达4213名，远远超出H省《公共法律服务发展指标》所要求的各级党政机关、人民团体聘请法律

顾问达到1000名的标准。H省党政机关法律顾问主要由三类人员组成，其中本单位工作人员担任法律顾问有757人，占比18%，外聘律师担任法律顾问有3380人，占比80.2%，外聘法学专家担任法律顾问有76人，占比1.8%。其次，事业单位聘请法律顾问情况。基于有一个市未提交该项统计数据，根据现有的13个市州的数据，事业单位法律顾问总数也达到了2228名，已经达到H省《公共法律服务发展指标》中“事业单位聘请法律顾问数量达到2000名”的要求。再者，国有大中型企业、重点民营企业聘请法律顾问情况。在收集资料的过程中，各市州普遍反映：因缺乏国有“大中型”企业、“重点”民营企业的官方界定，资料收集与数据统计上存在困难，从各市州反馈的企业聘请法律顾问数量情况来看，目前企业聘请法律顾问的数量也已达到《公共法律服务发展指标》中明确的1000名的要求。对于如何区分国有大、中、小型企业，2011年工业和信息化部、国家统计局、国家发展和改革委员会、财政部曾联合制定了《中小企业划型标准规定》（工信部联企业〔2011〕300号），区分了十五种行业进行划型，建议之后明确以此为标准或据此制定更明确的划型标准，以方便各市州统计该项数据，督促该项工作的推进。

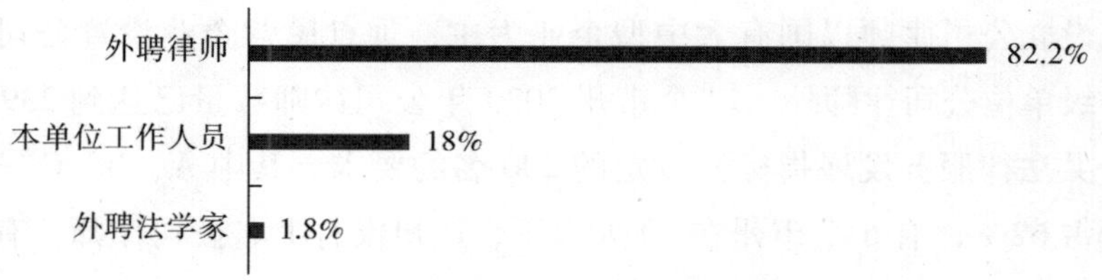

图1　H省党政机关法律顾问中三类人员占比情况

（二）H省“两公律师”① 队伍已初具规模

1. H省公职律师发展情况

根据H省司法厅律师工作处提供的数据，截至2020年8月10日的数据，全省党政机关总数为6102家，已设公职律师党政机关总数为1062家，覆盖率为17.4%。结合各市州的党政机关总数和已设公职律师党政机关数，14个市

① 为方便表述与避免冗余，本文中有时会用“两公律师”作为公职律师、公司律师之简称。

州党政机关中公职律师覆盖率，有12个市州高于10%，A市高于20%，H市、U市两市低于10%。根据各市州提交的数据，2020年，14个市州党政机关公职律师人数达到2204人，加上省级党政机关公职律师114人，共计2318人，已完成H省《公共法律服务发展指标》中2020年公职律师达到2100名的指标要求。但各市州的公职律师数量差异较大，A市有539名公职律师，而U市仅60名。

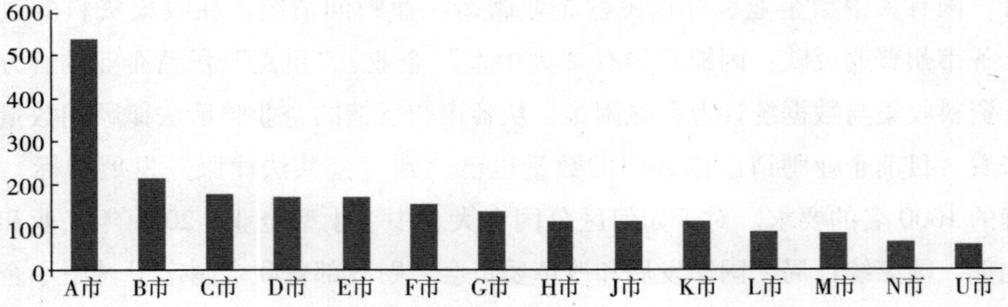

图2　2020年H省公职律师数量现状

2. H省公司律师发展情况

目前设立公司律师以国有大中型企业为主，重点民营企业设置公司律师较少。除省级单位公司律师外，14个市州2020年公司律师数量已达到239名，实现了《公共法律服务发展指标》设定的200名的要求。其中A、B、C三市公司律师数量占62%，有6个市州在10人以下，U州仅有1名公司律师，有3个市州2020年公司律师无新增。

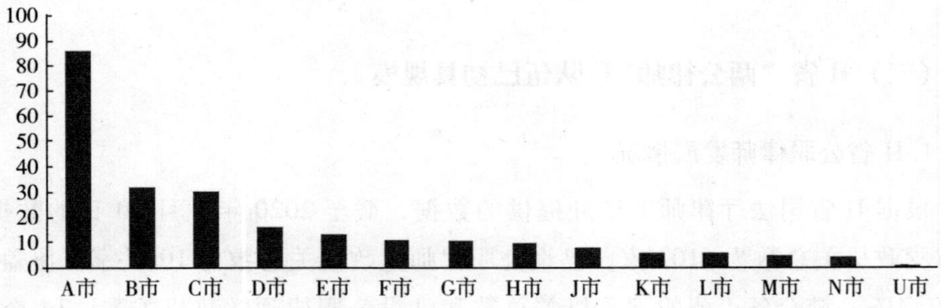

图3　2020年H省公司律师数量现状

三、问题分析

（一）H 省法律顾问工作存在的主要问题

1. “法律顾问全覆盖”的发展目标尚未实现

从目前数据来看，H 省关于《推行法律顾问制度和公职律师公司律师制度的实施意见》（以下简称《实施意见》）要求的县级以上地方各级党政机关普遍设立法律顾问、事业单位全面建立法律顾问制度仍然存在一定的距离。原因可能在于，首先某些单位法律事务少，对法律顾问需求不大，其次公职律师队伍的增大在某种程度上也解决了部分单位处理法律事务的需求，再者可能经费保障未能及时跟进。

2. 法律顾问参与决策过程的程序保障机制并未普遍形成

各市州律师工作科受访人员均强调：法律顾问参与决策过程，提出法律意见已经成为党政机关、人民团体依法决策的重要程序，党政机关、人民团体项目洽谈、合同签订等均需要经过法律顾问审核签字才能推进。由此可见，法律顾问的设立，对于提高依法决策、依法执政、依法行政的能力水平，促进依法办事，已经发挥了积极有效的作用。但从调研情况来看，目前仍有很多单位未建立有关程序保障机制确保法律顾问的参与，仅部分单位建立了“重要会议通知法律顾问参加，重要文件需经法律顾问签字”的机制，并有纸质台账记录了法律顾问的参与情况。

（二）H 省“两公律师”工作存在的主要问题

根据各市州司法局提交的数据，截至 2020 年，H 省 14 个市州公职律师人数达到 2318 人，公司律师达到 239 名，“两公律师”队伍已初具规模。但调研过程中发现，“两公律师”实际工作中也暴露出来一些问题，直接影响了“两公律师”的执业积极性与该制度的纵深推进。

1. “两公律师”职能作用发挥并不充分

2018 年，司法部印发《公职律师管理办法》与《公司律师管理办法》，分别列举了公职律师、公司律师可以从事的法律事务，期冀“两公律师”在全面依法治国、推进依法行政、依法治企方面发挥相应的职能作用。《实施意见》中也明确了公职律师是在党政机关专门从事法律事务工作或者担任法律顾问的公职人员、公司律师是在国有企业担任法律顾问的员工。但我们调研中发现，基于领导重视程度不同、认识差异等原因，不同单位“两公律师”具体担任工作及其职能作用发挥也存在很大差异。大部分“两公律师”申领执业证后从事专门法律事务工作，但也存在部分“两公律师”取得执业证之后仍然从事与法律无甚关系的工作，如E市交警队一名公职律师目前在从事有关财务的工作。在一些领导重视的单位，“两公律师”作用发挥得十分明显。如A市城管局、交通局、公安局、市场监管局等单位，公职律师参与相关规范性文件起草、合法性审查、行政复议、行政诉讼等案件的办理、参与普法教育宣传、矛盾调处等各项事务，取得了良好的效果。而在某些单位，基于领导重视不够，加之可能某些单位所涉法律事务不多，或聘请了法律顾问的原因，一些公职律师自申领执业证后极少办理相关法律事务，就是作为普通公务人员在使用，严重挫伤其申请公职律师的热情。在调研过程中，很多市州都出现了部分公职律师不再参加年度考核甚至申请注销公职律师证的情况。

对比公职律师，公司律师数量增长较缓，除司法行政系统推动力度不一、重点民营企业可设立公司律师的地域范围仅限于三个试点城市等原因外①，还有很多企业认为公司律师与企业法务、法律顾问存在职能交叉，未认识到公司律师的重要意义及其独特作用，都影响了公司律师队伍的增长速度。随着依法治国的全面推进，大部分国有大中型企业都已形成聘请法律顾问的工作机制，且当前很多新申请的公司律师原来就是该企业的法务人员，经电话访谈，大部分公司律师均反馈申请公司律师前后相比，工作内容并无差别，仍然是负责企业内部的合同审查、业务洽谈等事项，对于应诉等事项企业仍然习惯于交给公司聘请的法律顾问或社会律师进行，因此，作为公司律师在企业内部所获得的认可度不高，一些企业领导也表示未感受到公司律师对比企业法务可为企业创造更

① 公职律师要求逐步实现普遍设立，公司律师则为倡导设立，具体表现如：十八届四中全会中“企业可设立公司律师”、《实施意见》“根据需要设立公司律师”的表述。

大的价值。

2. “两公律师”的培养使用机制欠缺，且缺乏相应的业务交流平台

基于公职律师、公司律师分散在各个单位，且所在单位的法律事务可能也各有不同，目前各市州司法局均反馈无法制定统一的培养使用机制，律师协会每年针对社会律师的 1 ~ 2 场线下培训，一般也会通知“两公律师”参加，但个别市州基于培训场地容纳量太小，以及“两公律师”所交会费不足以支撑培训费用支出等原因，也从未通知过“两公律师”参加线下培训。为实现“两公律师”与社会律师之间的业务交流，F 市、H 市等地律师协会探索建立了公职律师专业委员会。除此之外，对于“两公律师”的培养使用，目前基本未形成机制，也缺乏相应的业务交流平台。

通常而言，社会律师在领取律师执照之前，会历经半个月左右的集中培训，学习基本的执业规则、掌握一些执业经验，与律师同行及前辈建立起联系。而“两公律师”领取执业证无需经过实习阶段，也未要求进行培训，直接进入处理法律事务的实际工作中。在我们针对“两公律师”的访谈中，很多“两公律师”表示自身作为律师的身份认同感与归属感不强，认为申领“两公律师”执照是为了更好地服务于政府部门或企业，但目前影响自身作用发挥的最关键之处在于缺少相应的培养使用机制与业务交流平台，所在单位及律师协会都没有提供过针对“两公律师”的专门培训机会，也不曾有相关的业务交流平台去帮助自身提升诉讼实务能力与出庭技巧等。

3. “两公律师”的经费保障机制与激励机制尚未形成

在调研中，有公职律师、公司律师表示，费尽心力取得执业资格，冒着风险拟定合同或处理相关法律事务，为单位减少大笔数额的损失，但做多做少一个样，仍然只能得到普通公务员或普通法务的待遇。目前而言，大部分单位均未建立“两公律师”的经费保障机制与激励机制，导致部分“两公律师”参与单位法律事务的积极性不高，或参与流于形式，影响到其职能作用发挥。很多公司律师所在单位不仅无专门的经费保障与激励机制，甚至连 300 元会费都需要自行解决。此外，对于公职律师、公司律师是否能够参与律师系列职称的评定等规定的不明确，部分公职律师、公司律师表示看不到自身在律师序列的发展前景。

4. “两公律师”的三大监管主体之间的协调联动不够

司法部《公职律师管理办法》《公司律师管理办法》明确了“两公律师”由所在单位进行日常管理；司法行政机关对其业务活动进行监督、指导；律师协会对其实行行业自律。很多学者将其称之为“三结合”监管模式。但从调研情况来看，由于管理工作的具体分工规定不明确，三大监管主体之间协调联动明显不够，主要表现在：“两公律师”与律师协会、司法行政部门的关系都相对疏离，唯一连接之处在于“两公律师”每年提交考核表到司法局，司法局对其作形式审查。而从访谈情况来看，很多单位对于“两公律师”日常管理也仅限于原有的工作管理机制。从上述三点也足以看出，关乎“两公律师”经费保障、培养使用、业务交流等目前基本未形成相关机制，根源在于三大监管主体缺乏明确的牵头、协助等分工联动机制。

四、对策建议

（一）深化法律顾问工作的完善对策

1. 科学推进“法律顾问全覆盖”工作

法律顾问制度作为推进法治政府建设的重要抓手，近几年发展迅速，很多单位都设立了法律顾问，切实增强了各级行政机关领导干部法治观念，推动了各级政府部门依法决策、依法行政，不断规范政府行政行为，提高行政治理能力。根据H省关于《实施意见》对各级党政机关及工作部门、国有企业、事业单位普遍设立法律顾问的目标任务设定，部分市州将法律顾问工作纳入各单位考核，切实推动了法律顾问的设立工作。但从整体数据来看，距离法律顾问全覆盖还有一定的差距。结合推进法律顾问工作的初衷，我们认为，“法律顾问全覆盖”工作并不是简单的一刀切式的要求各单位实现形式上的设立，相反，亟须完善法律顾问的规范体系与管理制度，实现法律顾问设立工作的科学推进。基于各单位法律事务需求、财政情况均不一致，可采用由各地司法局牵头设立法律顾问团的形式来满足各级党政机关及其工作部门的法律事务需求，或者可允许多个单位、多个工作部门以合聘法律顾问的形式，以一支“少而精”的法律顾问队伍，实现法律顾问的普遍设立工作，同时减轻财政负担。

2. 健全法律顾问参与决策过程的程序保障机制

“两办意见”明确了党政机关应该按要求充分发挥法律顾问的作用，重大事项决策听取法律顾问意见，重要文件起草论证请法律顾问参会，且通过确立追责机制确保听取法律顾问意见成为必经程序。在我们的调研工作中，我们发现，部分单位反映所聘请的法律顾问实际效用不大，追问之，很多单位均未形成法律顾问参与相关事务的程序保障机制，直接影响了法律顾问作用的发挥。随着各地探索，一些地方对该项工作已开展诸多创新实践，可通过总结各地有效经验予以推广，健全各单位法律顾问履职的程序保障机制。如L市某县司法局就政府重大问题研究、重大决策、规范性文件审查、行政复议、政府合同起草、重大信访案件等七项工作均制定了相应的工作流程，以保障法律顾问的参与，确保工作有效衔接、及时推进。

（二）深化“两公律师”工作的完善对策

1. 正确认识“两公律师”的角色定位及其重要意义

公职律师、公司律师制度作为中国特色律师制度的组成部分，公职律师、公司律师各具特色，与社会律师形成优势互补。对比社会律师，公职律师、公司律师具有身份上的双重性，除掌握相关法律知识外，更为熟悉本单位的具体业务与工作运作程序，且“公心在前”，可通过具体个案的办理，检视单位的相关行为，为规范政府、企业相关行为，防范法律风险提供意见建议，通过内生动力推进制度完善。某些案件的办理中，区别于社会律师注重案件胜诉结果，公职律师、公司律师更为关注综合效果与长远利益。为推动“两公律师”在依法执政、依法治企中发挥更大职能作用，必须更准确地把握“两公律师”的角色定位，认识到其离得近、叫得应、专业熟、信息灵、反应快、保密好的优势，充分发挥“两公律师”的职能作用，推动政府治理、企业治理的现代化。

2. 建立“两公律师”的培养使用机制与业务交流平台

首先，建立“两公律师”的培养使用机制。一般来说，应遵循“先培养后使用”的人才培养规律，但基于法律行业与实践紧密贴合的特点，必须有参与法律事务办理的机会，才能真正成长为一名称职的律师。《公职律师管理办法》《公司律师管理办法》明确了党政机关、人民团体、国有企业可以根据工作需要，加强对本系统公职律师或所属企业公司律师工作的统一指导和管理，在所属各单位或各企业之间统筹调配和使用公职律师、公司律师，规定了相对灵活的"两公律师"使用机制。同时，对于"两公律师"的培训，规定由其所在单位、司法行政机关、律师协会建立业务培训制度，制定培训计划，对其开展政策理论培训和法律实务技能培训。制度层面非常明确的情况下，为何"两公律师"的培养使用迟迟未形成机制，归根结底是各监管主体之间的职责不够清晰。"两公律师"专业能力成长后，最大的受益主体是其所在单位，因此，有必要明确一个牵头单位，其他单位配合相关工作。因"两公律师"分散在各个单位，行政系统存在"条块管理"及企业有行业划分的特点，"两公律师"培养使用机制的建立应明确由其所在单位系统牵头负责，具体可明确为省级政府部门、市级政府部门承担公职律师依法行政、依法执法方面的培训工作，各省直单位如省自然资源厅负责国土、林业、不动产登记等相关领域的专业培训工作，如中国移动H省分公司、各大银行H省分行等负责本系统内公司律师的具体培训工作，然后由各市州律师协会负责组织有关执业纪律、执业道德的相关培训工作。当然根据工作需要，本系统内公职律师、公司律师可统一调配使用，通过参与更多本系统内相关法律事务的处理，提高"两公律师"履职能力。对此，个别单位已经有诸多探索，也可进一步总结经验予以推广。调研过程中，我们了解到，A市公安局制定了《公职律师管理办法（试行）》，遴选部分公职律师到法制支队复议应诉理赔科跟班，随同该科民警一同办理行政复议、应诉和国家赔偿案件；组织公职律师实地观摩行政案件庭审过程，提高诉讼意识；有针对性地分派案件给一些公职律师办理，适时听取情况汇报，提出相关意见；安排公职律师参与法院的诉前调解等，在具体法律实务中提高公职律师处理法律事务的能力。也有部分"公职律师"提出，希望可以办理法律援助案件，提供社会公益法律服务的同时可以提升自身实务能力。

其次，搭建"两公律师"的业务交流平台。"两公律师"也属于律师群体，需要在公职律师、公司律师、社会律师之间搭建业务交流平台。可借鉴F、H等市的做法，成立公职律师、公司律师专业委员会，同时吸收公职律师、公司律师加入法律顾问专业委员会、建筑工程与房地产专业委员会等，以此促进交流融合。同时，E 市交通局也探索了公职律师每周到顾问单位律师事务所交流一天的做法，以实现公职律师与社会律师的优势互补。还有一些公职律师、公司律师提出希望建立相关的公众号或网上平台，以更好地促进业务交流。

3. 健全“两公律师”的经费保障机制与激励机制

首先，经费保障是“两公律师”制度运行的前提。“两办意见”第三十三条明确，党政机关要将法律顾问、公职律师经费列入财政预算，采取政府购买或者财政补贴的方式，根据工作量、工作绩效合理确定外聘法律顾问报酬，为法律顾问、公职律师开展工作提供必要保障。各单位应结合自身法律事务工作量大小及难度，确立本单位的“两公律师”专项经费，为“两公律师”履职提供必要的保障。可借鉴的有：A 市教育局在 2019 年、2020 年度财务预算中均列支了一万元专项经费作为公职律师相关经费，用于保障公职律师会费支出及必要的培训费用。A 市乙区各机关对公职律师购买法律书籍的费用予以报销，有效提升了公职律师学习的积极性。其次，建立科学、务实的激励机制是“两公律师”制度长远发展的必然要求。《公职律师管理办法》《公司律师管理办法》也分别规定了“两公律师”所在单位、司法行政机关、律师协会应当建立健全表彰激励制度，对勤勉尽责、表现优异、贡献突出的“两公律师”给予表彰，在绩效考核、评先评优、人才推荐、干部选拔等方面予以激励。在调研过程中，发现大部分单位并未形成相关的激励机制，直接影响了“两公律师”的工作积极性。根据对“两公律师”的访谈，为充分激发“两公律师”的活力和工作能动性，下一步，可考虑从以下三个方面设立激励机制：一是在薪金报酬上，基于公职律师承办政府法律事务时付出大量智力心力，可根据其法律服务的工作量及质量，向其发放一定的业务津贴。公司律师因不属于公务员，限制相对较少，可鼓励企业采取市场化、差异化的薪酬机制，以最大限度激发公司律师工作积极性。二是允许“两公律师”参加律师等级或职称评定，获得良好的同行评价，激励“两公律师”不断提升自身专业能力。三是由公职律师所在行政系统或国有企业 H 省分公司牵头制定“两公律师”的表彰奖励制度，对作出突出贡献、有效防范重大法律风险、避免或挽回重大损失的“两公律师”，予以表彰和奖励，在评先评优、人才推荐上予以激励。

4. 建立科学规范、协调联动的“三结合”管理模式

进一步理顺管理体制机制，是推动“两公律师”行业健康持久发展的关键。首先，应进一步细化“两公律师”所在单位、司法行政机关、律师协会三大监管主体在具体事项上的管理权限与职责，如“两公律师”的培训机制、奖励机制、经费保障机制应由所在单位或其系统主要牵头负责，律师协会负责执业纪律及职业道德的相关培训及组织律师职称评定的相关工作，司法行政机关负责“两公律师”的职业资格准入与退出等。其次，要加强三大监管主体之间的协调联动，在培训、奖励、职称评定等工作上实现有效衔接、协调联动。

总之，当前H省法律顾问、公职律师、公司律师队伍已初具规模，为推进国家治理体系与治理能力现代化，已形成了良好的人才队伍。推进法律顾问、公职律师、公司律师制度的纵深发展，应完善各项体制机制，实现人尽其才、才尽其用，以更好服务于法治国家、法治政府、法治社会的建设。

律师法律服务运行现状考

促进律师法律服务的发展与完善是建设覆盖城乡、便捷高效、均等普惠的现代公共法律服务体系中不可或缺的重要组成部分。高质量的律师法律服务，不仅契合人民群众日益增长的法律服务需求，对于实现法治中国建设、推进治理体系与治理能力现代化更是极具重要意义。随着律师队伍的不断壮大，律师在维护公民、法人和其他组织合法权益，保障法律法规正确实施，促进社会和谐稳定等方面的作用日益凸显。改革开放以来，律师法律服务业取得了飞速的发展，为法治中国建设和改革发展稳定大局作出了积极的贡献，但也存在一些问题与不足。为科学合理评估律师法律服务运行现状，课题组选定 H 省作为实证考察样本，通过实地考察走访该省 14 地的市县司法局、律师协会、律师事务所等组织机构，收集相关材料与数据，形成如下现状考察报告。

一、现状描述

（一）H 省律师事务所及律师队伍建设情况

1. H 省律师事务所逐步实现规模化建设与规范化管理

截至 2019 年底与 2020 年底，H 省律师事务所数量已分别达到 864 家与 942 家，2020 年新增律师事务所 78 家，同比增长 9%；截至 2020 年底 50 人以上的律师事务所共 29 家，律师事务所在境外开办分支机构的共 1 家。14 个市州中，A 市以 390 家律所和 13 家 50 人以上的律所在规模和数量上雄踞全省第一，而经济相对不发达的 U 市、G 市的律所只有 28 家与 18 家，律所分布受经济发展、业务需求以及地理位置等因素影响明显。总体来看，近些年来 H 省律师事务所呈现适度发展、合理布局的大趋势，全省律师事务所分布概况从以前的规模小、人员少的格局，逐步转变成中等规模所带头，多强并立的新局面。50 人以上的律师事务所与在境外开办分支机构的律师事务所，当前虽只实现了 H 省《公共法律服务发展指标》所要求的一半左右，但全省律所数量、规模以及竞争力均有明显提升。此外，此前无律师执业机构的县区也已基本设立律师事务所。边远地区、少数民族地区、经济欠发达地区、县域地区律师队伍和律师业务也逐步发展起来，综合实力和服务水平明显提升，逐步缩小了与律师行业发展较为成熟地区的差距。同时，各市州律师事务所的基础建设和律师办公条件都有了明显的改观，律师队伍发展势头良好。此外，H 省律师行业高度重视党建工作，省司法厅、各地司法局及律师协会扎实推进律师党建“全覆盖、全规范、全统领”，开展了党的组织覆盖与工作覆盖“回头看”工作。截至目前，全省共建立律所党组织 460 个，党员律师达 4395 名，选派党建指导员 239 名。律所党支部“五化”建设与“双培工程”持续推进，律师行业党委议事规则和决策程序不断完善，意识形态自查自纠全面铺开，党组织的政治核心作用进一步强化，党建引领作用进一步发挥，切实推进以党建促所建，使律师行业党组织的战斗堡垒作用得到了充分发挥。

2. H 省律师队伍不断壮大及职能作用日益凸显

截至 2019 年底和 2020 年底，H 省律师数量已分别达到 15642 名与 18194 名，2020 年新增律师 2552 名，同比增长 16.5%。根据 H 省统计局发布的关于 H 省 2019 年国民经济和社会发展统计公报可知，2019 年底 H 省常住人口为 6918.38 万人，通过计算，截至 2019 年底，H 省每万人口律师人数配比为 2.3 名。根据 H 省第七次全国人口普查数据，2020 年 H 省常住人口为 6644.49 万人，H 省每万人口律师人数配比为 2.7 名。对标该省《公共法律服务发展指标》，虽距离指标要求仍有少许差距，但是同比增长率已超出指标要求。每万人口律师人数配比低于《公共法律服务发展指标》所要求的 4.2 名，但已达到小康社会建设每万人 2.5 名律师数的目标要求。截至 2020 年底全省共培养领军律师人才 79 名，第一批领军律师以点带面，带动了各市州律师人才的整体发展和律师业务的拓展创新。2021 年，H 省司法厅开展了第二批 120 名青年律师领军人才培养工作。总体而言，H 省律师队伍发展状况呈稳中向好的大趋势，律师数量稳步增长、律师队伍不断壮大以及结构日趋优化，各专业领军律师在各自擅长的领域内带动民商事、刑事、金融、非诉以及知识产权等传统与非传统诉讼业务不断发展，业务领域已涉及股权纠纷、境外投融资、破产重组、知识产权、金融证券、劳动争议和房地产等各类民商事纠纷，基本覆盖经济社会生活各领域。此外，随着律师队伍不断壮大，律师职能作用也日益凸显。各市州司法局、律师协会组建法律顾问团为企业开展免费“法治体检”、律师参与调解以及涉访涉诉等工作常态化，服务法治政府建设，参政议政作用逐步增强。部分市州律师亦积极担纲地方性法规或规范性文件的起草工作，如 E 市组织律师参与起草的《E 市乡村清洁条例》已经在该市人大常委会表决通过并受到广泛好评。律师在促进社会和谐稳定、法治社会建设等方面的职能作用逐渐彰显、服务水平不断提高，广大人民群众的法律服务需求日渐得到满足。在青年律师培养上，省司法厅、省律协通过加强思想政治教育和职业道德教育、提供丰富多彩的交流活动以及落实扶持政策和经费保障等多种措施，创新培养方式载体，为人才培育提供优质服务，使青年律师发挥重要作用，为青年律师培养提供了良好的发展平台和机会，让青年律师能够在规范的培养机制上迅速成长，全省律师行业基本实现了传承有序、规范发展。此外，随着党员发展及党建工作的加强，律师队伍思想政治建设不断增强，律师队伍已成为忠诚于党和国家、促进 H 省经济社会发展和法治建设的一支重要力量。

表 1　H 省 2019—2020 年律师事务所、律师及每万人律师数量对比表

	律所数量	律师数量	每万人律师数
2019 年	864	15642	2. 3
2020 年	942	18194	2. 7
同比增长率	9%	16. 50%	17%

（二）律师提供法律服务情况

1. H 省律师行业业务规模不断拓展

2020 年全省律师办理民事、行政与非诉案件数量总计 219995 件，其中民事诉讼代理案件158595件，行政诉讼代理案件7868件，非诉法律事务53532件，担任各级人民政府、企事业单位、社会团体及大、中型企业常年法律顾问4411家；相比2019年全省律师办理民事、行政与非诉案件数量194550件、担任常年法律顾问3197家，同比增长分别为13.2%、38%。此外，全省刑事案件律师辩护覆盖率达91.57%，基本实现全覆盖。对标该省《公共法律服务发展指标》所要求的“全省律师每年办理诉讼案件达到16万件，其中刑事案件律师辩护基本实现全覆盖，民事诉讼代理达到10万件，行政诉讼代理达到1万件，非诉讼法律事务达到5万件，为党政机关、人民团体、企事业单位担任法律顾问达到2.5万家”，截至2020年底，除刑事案件律师辩护未实现100%全覆盖与为党政机关、人民团体、企事业单位担任法律顾问未达到2.5万家外，其余各项均提前且超额完成指标要求。

2. 全省律师行业业务结构和质量上不断优化

H省律师行业业务结构虽仍以传统的诉讼和法律顾问业务为主，但近两年逐步向知识产权、金融证券、房地产建设、环境保护、电子商务、企业改制、对外投资等非诉讼、新兴业务领域延伸，服务领域逐渐覆盖经济社会发展的各个领域。在业务模式上，全省律师行业积极改进传统“一对一”服务模式，探索开展团队式、定制式的服务，逐步实现非诉讼法律服务产品化、标准化、流程化、精细化，律师行业提供法律服务的质量不断提升。在律师提供法律服务质量方面，各市州司法局均以“严管厚爱”为基本导向，在予以合理帮助与正确指引的前提下，严格规范管理律师队伍，各市州司法局与律协近三年内每年度所作出的行政处罚与行业处分均在十起以内。随着规范管理与执业监管的加强，律师提供法律服务质量不断提高，社会对律师的认同度也在不断提升。

表3　H省2019—2020年律师办理案件及担任法律顾问情况对比表

	案件总数/件	担任法律顾问单位/家
2019年	194550	3197
2020年	220359	4411
同比增长率	13.20%	38%

3. 各类单位法律顾问已实现较大范围的覆盖

H省党政机关总数总计6102家，截至2020年8月10日，已设立法律顾问党政机关总数为4411家，总体覆盖率达72%。从各个市州党政机关法律顾问覆盖率来看，有13个市州党政机关法律顾问覆盖率超过40%，其中，J市、G市党政机关法律顾问的覆盖率达到80%以上，A市、B市、F市、K市的覆盖率达到60%以上，另有H市、L市达到了50%以上。人民团体和企事业单位法律顾问数量未收集到有效数据，暂时无法以数据形式进行清晰展示，但评估组通过走访调研发现，党政机关法律顾问覆盖工作比其他单位推进得更为迅速。究其原因，一是对比企事业单位自收自支，党政机关有国家财政经费支持，且聘请法律顾问能在一定程度上解决本单位所面临的法律问题，因此党政机关对于聘请法律顾问相对积极；但也存在由于部分单位的业务事项较少牵涉到法律事务，以致部分单位不愿意聘请法律顾问等问题；二是部分企业聘请的法务，已足以解决本单位所面临的日常法律问题，在此基础上另聘法律顾问除经费上有负担外，也存在公司法务与法律顾问职能交叉、工作交接不顺畅等问题。但从访谈人员的反馈来看，法律顾问的履职情况仍是值得肯定的，各单位聘请的法律顾问在化解矛盾纠纷、解决法律问题等方面起到的积极作用，在一定程度上有利于单位规避相应的法律风险。

目前来看，法律顾问制度在纳入绩效考核、给予经费保障等多重措施下，基本上都已经在各市州党政机关大范围铺开。但各单位聘请的法律顾问是否做到实质性的开展法律服务以及提供优质的法律服务，仍然有待考察。此外，法律顾问制度的纵深推进，如何有效发挥法律顾问的作用是接下来亟待解决的问题。

三、问题分析

（一）律师法律服务发展不均衡

从调研获悉的情况来看，全省的律师分布不均衡，资源集中化趋势较为明显。评估发现以下四个现象值得关注：第一，在律所与律师数量上，全省52%的律所、47%的律师集中分布在A、F、J三个经济发展水平居于H省前三的市州。这三个市州的每万人律师数达4.2名，显著高于目前H省每万人2.6名的律师数，已初步达到H省《公共法律服务发展指标》对于每万人律师数的要求。可见，该三市可提供的律师法律服务资源相对丰富。第二，在业务规模与质量上，A、F、J三个市州律师法律服务市场总体规模较大、办案总量和业务收费均在全省排名靠前，伴随较为成熟的律师培养机制与更多的办案机会，故而这些地区的律师提供的法律服务质量都相对较高。反观其他市州，尤其是U、G和N等经济相对落后、地理位置偏远的市州，法律服务市场总体规模较小，且缺乏有效的拓展途径，律师业务总体规模与质量也受到相应的局限。第三，在律所管理和业务人才培养上，很多律所管理上较为粗放，在律所构成上缺乏善于迎合甚至创造社会需求以实现差异竞争的特色所、品牌所，即缺乏“龙头律所”。第四，在业务结构上，市州内各律师事务所基本上处于同一档次的业务竞争，缺乏高端法律服务，层次不分明，特色不明显，综合竞争力弱，大多数律所还停留在传统的几类诉讼案件代理这一服务领域，非诉讼法律业务一般局限于法律顾问业务，其他非诉讼法律业务开拓不足，参与项目论证等事前预防性的法律事务不多。第五，对一些新兴领域，缺乏超前研究，缺乏新经济知识和相关的法律专业知识，帮助服务对象解决实际问题的能力也较为欠缺。另外，随着A市、F市、L市三个片区设立自贸区，急需一批掌握对外语言、通晓国际规则、业务精通的涉外律师人才。但近年来F、L等市本土培养涉外律师人才情况并不乐观，因此，如何培养或引进涉外法律人才，满足自贸区的涉外法律服务也成为当前一个亟待解决的问题。此外，多地的律师人才流失情况较为严重。评估组在走访调研过程中多地律师科负责人均有反映律师资源流向A市或沿海等经济发达、资源丰富的大城市的情况，且这几个市州律师业务平均收费同全省相比偏低，业内收入极不均衡，不少新进年轻律师在激烈的竞争中难以坚持而转行。同时还有一些业务较好的律师受发达地区的吸引而流出执业。综上，在经济发展水平、地理位置等多种因素影响下，造成了目前律师法律服务发展不均衡的现状。

（二）律师执业权利保障不充分

近年来，党中央、国务院高度重视保障律师执业权利，中央政法各部门陆续出台了一系列保障律师执业权利的规范性文件，一些地方政法部门也联合出台了保障律师执业权利的相关文件，律师执业环境得到很大的改善，但也还存在律师执业权利保障不够充分的问题。第一，极少数案件仍然存在“会见难”。某些涉黑涉恶案件办理中，律师会见权无法保障，部分监察委移送检察院审查起诉的案件，有关部门认为律师提前介入对案件办理会有不利影响，往往以各种理由推诿与拖延安排，导致律师不能及时会见当事人。客观条件上很多看守所会见场所严重不足，部分区县只有一间会见室，导致很多律师反映会见排队时间久、会见时间受限等。第二，侵害律师人身权利的情况仍偶有发生。调研组在走访过程中了解到部分市州甚至发生过外地律师来该地办理刑事案件时，出现了被当事人汇集亲属朋友围攻的情况，人身安全受到了严重威胁，最后当地司法局和律协到场以后才得以顺利离开。法律职业共同体意识未完全建立，律师在司法实践中遭受不公和歧视的现象仍然存在，律师执业风险大，雷区多，很多律师对办理刑事案件存在顾虑。第三，法律服务市场缺乏有效监管。评估组在调研过程中发现有受访人员表示部分市州对于律师执业监管不够严格，一度出现了律师随身带着盖着所章的空白合同，对于案件办理“一手收钱，一手签字”，严重妨碍了律师职业市场的规范管理。此外，按照规定，可以提供有偿法律服务的有执业律师和基层法律服务工作者两支队伍，其他人员不得提供有偿法律服务。但实际上，当前在某些市州仍然有“土律师”冒充律师执业的现象发生，司法行政机关和律师协会很难对其实现有效监管。

（三）法律顾问工作成效不明显

法律顾问工作在H省各市州党委政府的高度重视下，已经实现大范围地铺开，并取得了一定的工作成效，但在发挥实际效果上与当初制度设计时所构想的工作成效仍有一定差距，问题主要体现在以下几个方面：第一，法律顾问工作偏重事后救济，事前预防不足。个别市州、区县政府部门对法律顾问参与政府决策、合同审核工作不重视，待酿成纠纷才交由法律顾问解决。法律顾问参与度低，或者根本就没有介入，未能充分发挥好其法律上的参谋、助手作用，这样的“顾而不问”造成了法律顾问形同虚设。第二，部分机关单位聘请法律顾问时缺乏必要的考察。少数单位在聘请政府法律顾问时，没有对其所聘请的法律顾问的基本情况、擅长法律领域进行了解，或者没有结合本部门工作门类，盲目聘请，导致个别法律顾问在办理复议、诉讼案件及其他涉法事务时，出现法律文书书写不规范、对相关业务领域不熟悉等情况，这些情况往往会造成行政复议、行政诉讼案件的败诉，甚至使单位蒙受更严重的损失。第三，某些政府部门法律顾问的聘请缺乏充足经费保障。一些政府部门的法律顾问经费未纳入本部门财政预算，政府法律顾问的经费支出没有保障，导致有的单位拟聘请法律顾问而苦于无专项费用而作罢。政府法律顾问经费因缺乏制度支撑，随意性较大，长效机制有待完善。第四，政府法律顾问报酬支付标准各地区各单位差异较大，有待进一步规范。

四、完善对策

（一）政策扶持助推行业的合理布局，优化地区间的律师资源分布

坚持多管齐下，助推律师法律服务资源分配合理化。一是组织对口援助，引导A市、F市等大城市律师法律服务力量下沉。参照其他省市的有关举措，省司法厅、律协可以牵头组织省属大型律师事务所对口定点援助G、U市等经济欠发达市州的下属偏远县区，选派一定数量的优秀律师定期与偏远市州的律师开展交流学习活动，为偏远地区的律师群体提供更多接触优势资源的平台与机会。此外，省司法厅、律协可以通过引导优秀律师担任经济欠发达市州的下属偏远县区的村（居）法律顾问。通过结对定期走访、电话服务、网上服务、微信服务等方式，向贫困地区群众提供以案说法、参与调解、法律援助等法律服务。在服务过程中积极探索推行“一个顾问+一个微信群+一个自助系统”的服务模式，采取线下由本地律师排班值守、线上由A市大律所律师随时提供服务的形式，让偏远贫困地区群众足不出户便能快捷方便地享受到高效优质公共法律服务。二是政策倾斜优惠，扶持县域律师法律服务业发展。律师数量分布不均在县域一级体现得尤为明显，很多上百万人口的县（包括县级市）只有二三十个律师，律师数量与所在区县常住人口量不适配，往往无法为当地的人民群众提供充足的、高质量的法律服务，对于这种情况可以通过采取深化“放管服”改革，积极鼓励人才流动，在办理律师、律师事务所执业许可时适当放宽边远地区准入条件，允许取得法律职业资格C证人员在放宽地区之间流动。目前G市也采取了申请大学生律师见习基地、对实习律师进行补贴等措施来留住年轻律师，并取得了一定

的效果。三是创新工作举措，为县域律师工作发展注入新动力。围绕区域发展不均衡，边远地区缺乏律师问题，省司法厅、律协应当深入调研，广泛听取各方意见建议，可考虑学习四川等地的做法，积极动员引导大所、规模所、品牌所主动担当，积极作为，将自身发展融入全省律师事业发展大局，到G、U等市州的贫困落后的县域开设分所，以此解决全省律师发展不均衡，贫困边远山区缺乏专业律师人才的难题。

（二）推动公检法司与律师良性互动，为律师执业提供良好保障

采取多项措施，进一步优化律师执业环境。一是加大法律实施监督，切实解决律师会见难的问题。可由省、市、区县各级人大牵头，组织政法委、公安、法院、检察院、司法局等有关部门，共同出台贯彻《律师法》与《关于依法保障律师执业权利的规定》等文件精神、贯彻落实律师执业权利的相关措施，切实监督落实，同时加强看守所硬件设施建设，解决律师会见难问题。在调研中，我们也发现，部分市州律师协会通过司法部门、政法委、人大等部门的协调，采取将看守所的询问室改作会见室等措施，一定程度上解决律师会见场所少的问题。二是加强法律服务市场监管，打击假冒律师执业的违法行为，制止违法提供有偿法律服务的行为。司法行政部门可与法院、公安、检察等有关部门建立协调处置机制，落实律师从事诉讼活动的身份审查与资格审查制度，加大对假冒律师执业行为的打击处罚力度。三是广泛宣传《律师法》及优秀律师。充分利用电视、广播、报刊、网络、简报等媒体，让社会公众了解律师制度，加大对律师的宣传力度，积极表彰优秀律师，支持律师执业。四是切实保障律师的合法执业权利和人身权利。对阻碍律师合法执业的违法行为，对律师进行人身威胁和人身攻击的，公安、法院、检察等有关部门要采取有力措施，予以坚决制止和处罚，条件合适的法庭，应建立律师出庭专用通道或庭审后允许律师先行离庭，防止律师受到情绪激动的对方当事人的侮辱和围攻。

（三）健全法律顾问工作机制，充分发挥法律顾问作用

贯彻《关于推行法律顾问制度和公职律师公司律师制度的意见》的文件精神，不断健全完善法律顾问工作机制。一是充分认识落实法律顾问制度的重要意

义，法律顾问不仅可以为日常工作提供法律咨询等，而且可以为重大行政决策、出台规范性文件等进行法律方面的研究论证和风险评估。各级各地党政机关、人民团体、企事业单位应当积极组织本单位法律顾问对于本单位所涉及的法律事务进行审核，努力防控法律风险，推动各类矛盾纠纷有效化解。省司法厅应当积极采取措施，让各单位负责人提高对于法律顾问的重视度，各单位应当合理安排法律顾问与本单位各科室之间的对接机制，使一线执法人员可以将执法过程中的问题随时与法律顾问沟通，使行政执法人员的法律观念和执法行为规范化得到有效提升，以此增强行政工作人员的法治观念和队伍建设。二是明确法律顾问的服务范围，强化源头治理思维，找准政府法律顾问定位。法律顾问应该把工作更多地做在政府的各项具体工作前面，针对各种行政行为可能出现的风险，以及可能出现的程序瑕疵，提出专业而可行的法律意见，以供各级政府参考。从而真正将政府法律顾问意见纳入重大行政决策当中，把可能产生的各项风险降到最低限度，起到防患于未然之作用。法律顾问工作应当坚持以防范、控制法律风险为主，法律补救为辅。三是完善法律顾问制度的保障措施。各地司法局与聘请了法律顾问的党政机关、人民团体、企事业单位要注重对法律顾问工作的管理，及时协调解决法律顾问工作中的重大问题；可考虑将法律顾问工作开展情况纳入依法行政考核范围，加强监督、检查和指导等。

综上，律师队伍是依法治国的重要力量，是公共法律服务体系建设的重要一环，当前H省已基本建成一支政治立场坚定、结构合理、综合素质较高的律师队伍，律师事务所也呈规模化发展趋势，管理日趋规范化。针对目前律师工作中存在的问题，有必要在律师行业资源合理分配、律师权利切实保障、健全法律顾问工作机制等几个方面予以综合施策，以进一步发挥律师工作在服务法治建设中的职能作用。

基层法律服务、村（社区）法律顾问服务运行现状考

2014 年 10 月，党的十八届四中全会通过的《中共中央关于全面推进依法治国若干重大问题的决定》提出“建设完备的法律服务体系，推进覆盖城乡居民的公共法律服务体系建设”重要决策。基层治理作为国家治理体系的基础，基层治理的状况直接影响到国家治理现代化的实现。公共法律服务作为解决纠纷与化解社会矛盾的重要模式，也是实现基层社会治理创新发展的必然要求。中共中央办公厅、国务院办公厅于 2019 年 7 月印发实施《关于加快推进公共法律服务体系建设的意见》，提出要充分发挥司法所统筹矛盾纠纷化解、法治宣传、基层法律服务、法律咨询等功能，发挥律师、基层法律服务工作者的作用，健全村（居）法律顾问制度，加快推进村（居）法律顾问全覆盖。H 省人民政府办公厅于 2019 年制定《H 省公共法律服务发展指标（2019—2022 年）》（以下简称为“《发展指标》”），对基层法律服务和村（社区）法律顾问工作提出各项指标要求。课题组为深入了解地方基层法律服务和村（社区）法律顾问的发展情况，选取中部 H 省作为样本，对 H 省所辖 14 个市（州）基层法律服务和村（社区）法律顾问的工作推进情况、服务过程中出现的问题进行考察，对当前 H 省法治宣传和基层法律服务、村（社区）法律顾问落实过程中的突出问题进行梳理，并提供可能的建设性对策和方案。

第一部分　基层法律服务

一、基层法律服务实践的现状考察

（一）基层法律服务工作者

1. 基层法律服务工作者队伍的基本情况

（1）数量和执业准入方式

根据对收集到的H省所有市州的数据资料进行汇总，截至2020年底H省基层法律工作者的数量为3079人，未达到H省《发展指标》中2020年底基层法律服务工作者所应达到3300人的要求。

通过统计可以了解到H省基层法律服务工作人员的执业准入方式绝大部分是具备基层法律服务工作证，而获得法律职业资格证、通过省级司法行政机关2018年后组织的考试以及其他准入方式的占比极少。

（2）学历和专业

根据已收集到的资料数据，可以看出目前H省基层法律服务工作者的学历分布：大专占51%，本科及以上占44%，大专（不含）以下占5%（见图1）。基层法律服务工作者的法律专业所占比例远高于非法律专业，说明基层法律服务工作者队伍专业对口性较强，具备专业能力提升的基础和潜力。

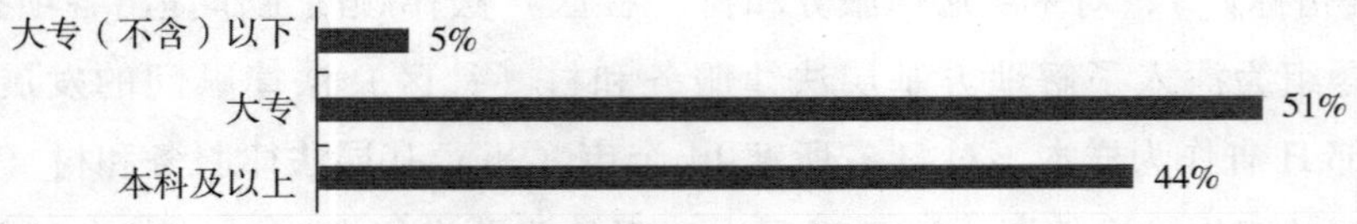

图1　基层法律服务工作者的学历分布

（3）年龄结构

基层法律服务工作者的年龄结构：青年占2%；中青年占42%；中老年占56%。可以看出作为基层法律服务工作者，50岁以上的中老年仍是主力，29岁以下的青年可能面临后继乏力的局面，需要着重吸收、培育和发展基层法律服务青年工作者。

2. 基层法律服务工作者的服务情况

按照《发展指标》的要求，在2022年，基层法律服务的服务要求是为有需求的城乡居民提供民事、行政诉讼代理及非诉讼法律事务代理6万件，接受委托参加调解、仲裁活动2万件，解答法律咨询以及代写法律事务文书等法律服务15万件（次）。目前H省基层法律服务为城乡居民提供民事、行政诉讼代理及非诉讼法律事务代理44742件，接受委托参加调解、仲裁活动13977件，解答法律咨询以及代写法律事务文书等法律服务42414件（次）。

3. 基层法律服务工作者的管理

（1）基层法律服务工作者的管理规范情况

目前规范H省基层法律服务的主要规范性文件有三个，分别为：《基层法律服务工作者管理办法》（司法部令第138号）、《基层法律服务所管理办法》（司法部令第137号）和《H省基层法律服务所条例》。调研团队成员通过资料调阅、实地调研等方式了解掌握了H省所有市州的基层法律服务管理情况。C市、M市等12个市州主要是组织相关人员认真学习并贯彻落实司法部颁发的《基层法律服务所管理办法》和《基层法律服务工作者管理办法》，严格按照两个规章中的规定开展基层法律服务管理工作。A市和K市为全面贯彻落实司法部《基层法律服务所管理办法》《基层法律服务工作者管理办法》，深入推进全市基层法律服务行业规范发展，促进提升服务能力和水平，对基层法律服务工作者的执业行为做出了具体规范。其中，A市制定了《A市基层法律服务工作者协会章程》，用以指导全市基层法律服务所和基层法律服务工作者的业务工作，K市出台了《关于进一步加强全市基层法律服务行业管理的通知》。

（2）考核和奖惩情况

根据收集的资料和实地核查之后发现H省基层法律服务工作者考核结果为称职的在95%以上。

根据数据图表化分析和现场核实，H省基层法律服务工作者受到行政处罚的人数很少，受到省级以上奖励人数最多的是H市和K市，每市均有6人获得省级奖励。

（二）基层法律服务所

1. 基层法律服务所的分布

根据图2和图3可以看出目前H省基层法律服务所和基层法律服务工作者的分布情况，进而体现H省基层法律服务资源的分配情况，从两图中可以发现，街道所的数量及其工作者的数量相较于乡镇所的数量更充足。

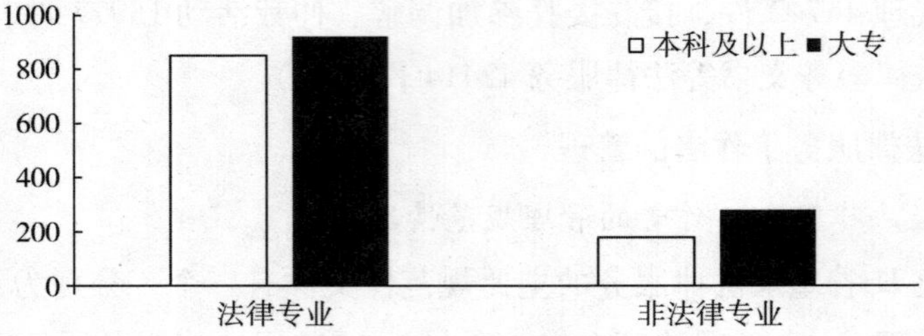

图2　基层法律服务所分布

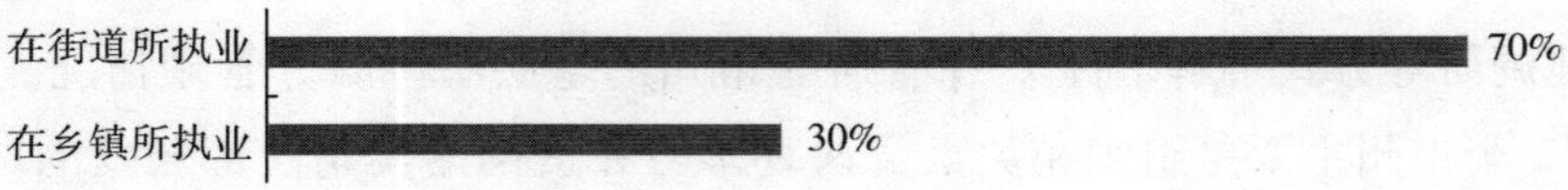

图3　基层法律工作者分布

2. 基层法律服务所的考核

根据H省司法厅印发的《H省基层法律服务所年度考核办法》中的考核标准，各市（州）都对各辖区范围内的基层法律服务所进行考核，并且将考核结果进行公示，向社会公众公开考核情况，经收集到的各市（州）的数据的整理核实，基层法律服务所考核合格率皆为95%以上。

二、基层法律服务工作的问题及成因

（一）基层法律服务实践中存在的问题

1. 基层法律服务工作者和基层法律服务所的管理规范问题

【访谈材料】

某市律协秘书长：对于基层法律服务工作者和基层法律服务所的具体规范上

建议借鉴律协已经比较成熟的管理办法，还有就是对于基层法律工作者的惩戒手段过于单一，只是暂停执业。

某市律公科科长：仅依据司法部发布的部门规章来规范基层法律服务工作者和基层法律服务所缺乏可操作性，希望可以有更加细化的规范标准。

对于基层法律服务工作者和基层法律服务所的管理规范问题，访谈过程中谈到最多的有两个问题：一是缺乏细化的规范；二是缺乏成熟的行业标准。

2. 基层法律服务工作者队伍本身存在的问题

（1）基层法律工作者的专业性和素质偏低

通过对图 1、图 2 和图 3 进行分析可以发现，基层法律工作者的学历水平 56% 是大专及大专以下，基层法律工作者具有法律职业资格证的人员占比非常低，基层法律工作者的专业程度有待提升。

【访谈材料】

某司法局工作人员：基层法律工作者虽然在对基层情况的了解和纠纷解决经验上有优势，但是对法律上一些重大的事件缺乏一定的学习和专业应对能力。而且在管理过程中也有一些难度，需要提升基层法律工作者队伍的素质。

（2）基层法律工作者队伍年龄结构失衡

通过调研分析可以发现，基层法律工作者的年龄组成老龄化严重，中老年的占比达到 56%，青年的比例仅为 2%，基层法律工作者队伍出现青黄不接的现象。

【访谈材料】

某司法局工作人员：基层法律工作者队伍现在大多数人员都年龄偏大，从 2003 年之后就没有再扩充过队伍，直到 2018 年开始招收新人，所以年龄结构失衡。

（3）基层法律服务所和工作者的服务偏重街道基层

从图 2 可以看出，街道所的基层法律工作者占比很高，而对于基层法律服务需求比较迫切的乡镇的基层法律工作者占比较少，而乡镇的地理位置偏僻、经济发展状况相对落后，相对而言更需要基层法律服务资源的倾斜。

【访谈材料】

某律公科工作人员：基层法律服务的业务逐渐在向城区转移，和律所的业务交叉越来越频繁（除刑事案件不能接之外），一些基层法律工作者在工作过程中存在恶意竞争的行为（比如和当地的负责人关系更近等因素），基层法律服务所分布不平衡，基层法律资源分布不均，满足基层群众法律需求的属性在降低。

（二）H省基层法律服务推进过程中的特色

1. K市和J市结合本市情况细化基层法律服务管理规范

K市在司法部颁布的《基层法律服务所管理办法》和《基层法律工作者管理办法》的基础上，设置更具操作性的细化规范，对基层法律工作者采取严格监督和合理引导的规范方式，合理配备基层法律资源；对基层法律服务所采取内外结合的方式（健全内部管理制度和加强质量检查监督），建立和实施合伙人会议制度、党组织参与决策制度、统一收案收费制度、执业管理制度、投诉查处制度、违规基层法律服务工作者辞退和除名制度、年度考核制度、利益冲突制度、服务质量检查监督制度、以案释法制度、财务管理制度、文书档案管理制度等具体细化的制度规定，充分发挥基层法律服务所基础管理作用。

J市的特色在于注重基层法律工作者的行业监管，制定了《会费管理办法》《会长办公会议规则》《常务理事会议规则》《理事会议规则》《秘书处工作规则》《维权工作委员会规则》《惩戒工作委员会规则》等分门别类的监管规则。

2. H市甲区某街道"红管家"自治模式

"红管家"是指将社区划分成多个网格，挑选具有较高威信、较好群众基础和较强管理服务能力的党员担任，"红管家"身兼宣传员、联络员、调解员、卫生员、调查员、指导员、代办员等"七大角色"，每名"红管家"联系几个楼栋，结成一个民情联系网，完成基层法律服务、社区管理和社区关怀的结合，在基层法律服务这部分还建立了具有特色的"某阿姨工作室"进行调解工作，担任此项工作的某阿姨具有丰富的调解经验和群众基础。

三、基层法律服务的完善建议

（一）合理配置基层法律服务资源

近年来，随着基层法律服务工作的开展，基层法律服务所的定位与功能也发生了重要变化。为了进一步规范基层法律服务所工作，满足城乡基层对法律服务的需要，可以参照修订后的《基层法律服务所管理办法》并结合各省实际，修订各省《基层法律服务所条例》。

从H省的情况来看，基层法律服务所位置分布不够均衡，对周围村、社的辐射范围不够全面，街道所的数量明显多于乡镇所的数量。各市、各县区可以结合经济发展和法律需求情况，对基层法律服务所的分布进行调整。当前城区法律资源逐渐趋于饱和，为了避免基层法律服务资源在城区过度集中，可以逐步减少城区的基层法律服务工作者的数量，动员在城区执业的部分基层法律服务所迁移到乡镇，引导广大基层法律服务工作者到农村执业，促进基层法律服务工作者向有法律需求的乡镇农村开展法律服务，优化基层法律资源布局。

（二）细化基层法律服务的法律规范

为进一步发挥基层法律服务工作职能作用，各地在深入学习《基层法律服务工作者管理办法》和《基层法律服务所管理办法》的基础上，在与以上两个规章不相冲突的前提下，可以根据地区差异和具体职责等实际情况因地制宜落实标准化要求，制定细化工作方案，完善精细化的服务流程和工作标准。例如可以针对各市基层法律服务工作的现状，制定基层法律服务工作者办案操作规程，明确工作者在办案过程中的职能职责，实现基层法律服务工作者办案过程清晰透明和统一规范。为了确保基层法律服务的规范管理，要发挥基层主管领导以及相关科室人员的主导作用，发现和解决基层法律服务工作中存在的问题，不断积累经验，全面落实基层法律服务管理的各项任务。

各省如果制定《基层法律服务所年度考核办法》和《基层法律服务工作者年度考核办法》，一定要充分考虑有些地区法律资源不充足的问题，以免有些要求难以落实，使考核流于形式。因此各县（市、区）司法局要履行好对基层法律服务所、基层法律服务工作者的指导监督职责，加强年度考核。各市各级司法行政机关可以制定本地年度考核具体实施方法，明确考核时间、内容和程序等，完善对考核不合格的处理措施，充分发挥年度考核的管理作用。

（三）提高基层法律工作者准入门槛、明确业务范围

用年轻高素质的力量扩充基层法律服务工作者队伍是我国推动公共法律服务

发展，满足基层群众解决矛盾纠纷的需求，在基层法律服务队伍的建设过程中要存精纳新：一是要保留基层法律服务工作者中具有丰富工作经验且有良好的职业操守的工作者；二是要根据法律资源分布的实际情况设置准入门槛，吸纳年轻高素质人才，改变原来基层法律工作者队伍的年龄结构，使其年轻化、专业化，在设置准入门槛时，要充分考虑当地的法律资源供给问题。例如在 2021 年 H 省基层法律服务工作者执业核准考试公告中，H 省司法厅有的放矢的设置了 40 个放宽准入标准的县区，学历专业条件放宽为高等学校法律专业专科毕业，或者非法律专业本科毕业并具有法律专业知识。学历专业条件放宽的人员报名，以报名时户籍地或经常居住地为准，申请执业地限于学历专业条件放宽地，在降低准入门槛满足当地法律需求的同时，也限制了这些基层法律工作者的执业范围，不会使其影响到其他正常标准招收人员的工作开展，采用灵活的准入方式解决现实需求。

明确基层法律服务工作者和基层法律服务所的业务范围，不忘设置基层法律服务所的初心，它是作为介于公益法律服务和专业律师法律服务之间的位置，第一要素是要满足较低收入人群的付费法律需求，然后才是追求更专业的法律服务，不能本末倒置，必须强调基层法律服务工作的这一属性，主管部门要加强外部监管，将基层法律服务首先为基层纳入基层法律服务所的考核标准，双管齐下进行规范。

第二部分　村（社区）法律顾问

一、村（社区）法律顾问的现状考察

（一）村（社区）法律顾问的人员组成

通过梳理相关材料数据以及我们实地调研时的现场核查，H 省村（社区）法律顾问的人员组成绝大多数都是律师和法律工作者，还有少数的其他法律工作者，满足 H 省《发展指标》中对于律师和基层法律服务工作者占村（社区）法律顾问的比例要求。

1. 村（社区）法律顾问的配备情况

通过梳理相关材料数据和实地调研发现除S市有一个县级市没有全覆盖之外都提前完成了《发展指标》中村（社区）法律顾问全覆盖的标准。

2. 村（社区）法律顾问的推进情况

（1）村（社区）法律顾问的服务效果

通过进行实地调研和访谈以及资料整理，各市州对于村（社区）法律顾问工作在有效推进中，举办多种形式的法律服务进乡村、进社区的活动，为村（居）民提供法律咨询，并且参与调解纠纷、代写法律文书、完善村规民约、为集体经济发展审查修订合同、参与社区事务等多种服务，其中H市还对“一村（社区）一法律顾问”工作进行细化；将村（社区）法律顾问工作与人民调解、法律援助、社区矫正和公证等司法行政工作紧密配合。通过对村（社区）居民的访谈，发现群众的法律意识有所提升，群众反馈良好。

（2）村（社区）法律顾问的经费保障

根据实地调研访谈和资料整理可以发现，H省村（社区）法律顾问的经费问题是普遍存在的，关于村（社区）法律顾问的经费通常通过两种方式来保障，一是政府购买服务；二是财政补贴。这两种保障经费的方式实行起来都较为困难，例如在J市，共有9个区县，只有甲区是政府购买服务，还有两个县是有财政补贴；D市的12个区县，其中有两个区县有政府购买和财政补贴；其他各市州在访谈过程中也重点提到了这个问题。

二、村（社区）法律顾问服务的问题及成因

（一）村（社区）法律顾问的工作积极性较低

【访谈材料】

某司法局工作人员：村（社区）法律顾问绝大多数都是公益性质的工作，有些村子的地理位置偏远，交通不便，法律顾问需要花费很大的时间和精力，有时候还需要去几次，他们在基层做的工作有很多是人们看不到的，需要群众知晓他们做的事情。

法律顾问缺乏经费保障，如果要长时间的推行这个制度就必须要有完备的保障体系，而且缺乏表彰激励机制，难以发挥村（社区）法律顾问的工作热情。

（二）村（社区）法律顾问服务质量保障困难

【访谈材料】

某区司法局工作人员：H 省公共法律服务发展指标的实现期限是 2022 年，一村（社区）一法律顾问在推进过程中指标设置过高，部分地区工作落实难以到位，只停留在全覆盖表面，有些地区现期的发展不能满足这一制度要求，使有些地区的法律顾问服务流于形式，实质上并没有发挥出我们在制定制度本身的初衷。

虽然一村（社区）一法律顾问的覆盖率达到了 100%，但是是否能够保证服务的质量这个问题在访谈中多次被提到，一个法律顾问可能兼顾多个村（社区）事务，其本身还有自己的本职工作，通过微信群和电话联系的方式可能会降低及时性，错过解决问题的最佳时间。

（三）村（社区）法律顾问与其他矛盾纠纷解决方式的衔接问题

【访谈材料】

某司法所工作人员：法律顾问一般由律师担任，律师在法律行业的专业性很强，但是在基层的矛盾纠纷大都是邻里纠纷、家庭不和等，可以先由调解员对纠纷做初步的调解，如果涉及专业的法律问题，再去请法律顾问来解决，这样既可以减轻法律顾问的工作量，也可以便于矛盾纠纷消灭在基层。

应当将由律师担任的法律顾问的作用发挥在更为专业的领域，将法律顾问和调解等纠纷机制割裂开不仅会导致法律资源的浪费，还会增加法律顾问的工作量，进而影响法律顾问的服务质量。在实际法律顾问解决纠纷的过程中，村（社区）地理位置的偏远以及法律顾问对当地民情的不熟悉都是阻碍法律顾问服务质量的因素，而调解员的工作可以让法律顾问避免这些因素，集中力量应对在解决纠纷过程中出现的更为专业的法律问题。

三、村（社区）法律顾问服务的完善建议

（一）保障村（社区）法律顾问的经费

1. 积极落实政策保障

司法部、财政部联合下发了《关于建立健全政府购买法律服务机制的意见》，应当鼓励引导各单位主动作为，积极向当地财政部门申请将村（社区）法律顾问工作纳入政府购买服务目录，以公益加补助的方式调动顾问律师的工作积极性，引导服务资源向乡村流动，进一步夯实村（社区）法律顾问工作的基础保障。

2. 完善表彰机制

可以通过完善对在法律顾问工作中作出成绩和贡献的法律顾问给予所负责地区的县级或市级的表彰，让人民群众看到法律顾问所作的努力，增强法律顾问在服务地区的影响力，通过这种方式，一是提升了法律顾问自身的获得感，彰显了其工作的价值；二是提升法律顾问在当地的影响力，进而增加法律顾问的案源。

（二）村（社区）法律顾问和其他矛盾纠纷解决方式协调联动

村（社区）法律顾问在处理基层矛盾纠纷的时候需要多方配合，在发现矛盾纠纷时可以先让人民调解员进行第一步的调解，如果涉及更为专业性的法律诉求，再联系法律顾问进行第二步服务。在法律顾问解决矛盾纠纷过程中，村居两委要积极配合，发挥熟悉基层情况的优势，在后期诉讼过程中，可以为满足申请法律援助的村居民提供帮助，和法律援助中心做对接，形成工作合力，协调配合，共同推进村（社区）法律顾问的工作。

（三）乡镇法律顾问的有效覆盖作为推进一村一社法律顾问的中期阶段

以 H 省为例，《发展指标》要求在 2022 年村（社区）配备法律顾问的比例达 100%，村（社区）法律顾问应当有先后、分层次逐步推进，在 2021 年应当先把缺乏法律资源的乡镇作为中期工作完成对象，在乡镇这一行政级别，集中力

量保证法律顾问的推进，乡镇可以直接和律所合作，借助律所对律师的管理规范来帮助其对法律顾问的管理考核，到2022年再有效覆盖至社区。就调研情况来看，过快要求村（社区）达到一村一社一法律顾问使部分市州存在流于形式的问题。一村一社区一法律顾问的提出是为有效弥补农村法律服务人才的匮乏，推动农村法治建设，维护农村和谐稳定，保障其有效实施才能发挥一村一社区一法律顾问设想的作用。

公共法律服务平台运行现状考

公共法律服务是政府公共职能的重要组成部分，是保障和改善民生的重要举措，是全面依法治国的基础性、服务性和保障性工作。在推动公共法律服务主体多元化和提供方式多样化的过程中，H省建设了公共法律服务实体平台、电话热线平台以及网络平台在内的三种形式的公共法律服务平台。调研团队将以H省上述公共法律服务平台的运行现状作为分析样本，总结公共法律服务平台存在的问题，进而提出完善建议。

一、H省公共法律服务平台运行现状考察

（一）H省公共法律服务实体平台的现状分析

1. 实体平台覆盖情况

在H省全省范围内已经实现了实体平台的全覆盖。H省的公共法律服务实体平台分为三个层级：在市县（区）建设的公共法律服务中心、在乡镇街道建立的公共法律服务站、在村（社区）建立了公共法律服务点（室）。根据相关材料与实地调研情况来看，建设在市县一级的公共法律服务中心基本是依托县（市、区）法律援助中心建设的，或者入驻当地政务（行政、公共、综合）服务大厅（中心），比如U市市级公共法律服务中心、K市市级公共法律服务中心、D市辛县县级公共法律服务中心。乡镇级的公共法律服务站基本是依托司法所建立，或者入驻乡镇街道一级的便民服务中心，由司法所的工作人员统一管理。在村（社

区）一级的公共法律服务点，因为村、社区比较分散，尤其行政村数量庞大分散，所以如果当地村（社区）的村委或居委有独立办公场所的，就将公共法律服务点设置于此，方便村民来访咨询。如果当地村（社区）的村委或居委没有相应的独立办公场所，就将服务点设置在村民或者社区居民聚集比较多的地方，比如村中的小卖部等，并在该处留下相应工作人员的联系方式，方便群众来访咨询。

2. 市县乡三级实体平台功能设置采用“3+X”模式

根据司法部发布的《司法部关于推进公共法律服务平台建设的意见》（司发〔2017〕9号）文件要求，实体平台建设在功能职责定位上采用“3+X”建设模式。“3”为法律援助、人民调解、法律咨询等基本职能，在公共法律服务中起主导作用；“X”为拓展职能，可由各地根据需要和条件引入律师、公证、司法鉴定、专业调解、司法考试、安置帮教、监所远程视频探视等服务。H省各级实体平台的功能设置基本实现了司法部文件要求的“3+X”模式。具体而言，首先，在基本功能上，根据调研情况来看，市县乡三级实体平台实现了基本功能的设置，即基本具备法律咨询、法律援助、人民调解的功能，并且也设置了相应的工作岗位或窗口。其次，在拓展职能上，H省各市县级的实体平台主要拓展了公证、司法鉴定、司法考试、坐班律师等职能。其中各市县级实体平台的司法鉴定窗口基本只提供指引与前期关于司鉴定的咨询服务。同时，H省有许多实体平台实现了平台办理公证业务的能力，实现了公证机构整体入驻平台，比如H省U市、F市、L市等市级公共法律服务中心均具备办理公证业务的能力。最后，关于乡镇公共法律服务站与村（社区）公共法律服务点（室）的功能设置方面，乡镇公共法律服务站主要承担化解矛盾纠纷、法治宣传、提供法律服务咨询等职能。村（社区）公共法律服务点（室）主要是为村民、居民及时解答日常生产生活中遇到的法律问题，提供专业法律意见等工作。

3. 实体平台人员配备情况

平台人员的配备是根据平台的级别、服务辐射的范围等因素进行配置。根据相关材料以及实地考察情况来看：

第一，在市县两级的公共法律服务中心均设置了综合接待岗、法律咨询岗、法律援助岗，并且安排相应工作人员坐班办公。其中法律咨询岗基本上采取政府购买律所服务的方式安排律师坐班上岗，同时也有利用公职律师的资源安排前台窗口坐班服务的模式，比如H省E市市级公共法律服务中心等。在市县两级平台的公证窗口、鉴定窗口等拓展职能的窗口均有相应工作人员在岗值班。所以市县两级平台的人员配置是比较齐全与充足。

第二，在乡镇的公共法律服务站则是充分利用现有司法所的工作人员满足平台的人员需求，同时会配备兼职的法律顾问等人员缓解服务站的人员紧张情况。

第三，在村（社区）的服务点中，基本能够配备至少一名法律顾问或“法律明白人”兼任平台工作人员。

（二）H省电话热线平台的现状分析

公共法律服务电话热线平台具有法律咨询、法律服务、纠纷调解、法治宣传、法律援助、服务投诉等综合性服务功能。是公共法律服务平台的另外一种模式，目前由H省省级统筹管理监督，并且H省在全省每个地级市均设立座席接听电话。建立省级一体化呼叫中心系统，省域内可呼叫接入电话热线，统一前台受理，并与公共法律服务网络平台互联互通。

1. 电话热线平台服务事项情况

（1）2020年电话热线服务数量情况

随着公共法律服务电话热线的知晓率的提升，电话热线的服务量也呈上升趋势，并且服务量增长幅度越来越大。根据统计，H省2020年电话热线的队列呼入量、座席呼入量、接通量分别为731586、257000、235957（单位：通）。H省各地级市2020年电话热线接通量一般是在3000通至5000通之间。

（2）电话热线服务时间

通过对H省各市实地考察之后，在2020年该省各市电话热线服务时间基本保持在每天6.5个小时以上。其中F市自2017年11月20日起，根据该市市委、市政府统一部署，该市司法局公共法律服务电话热线等市直部门单位服务热线全部并入市政府的服务热线。在此过程中，具体负责单位该市法律援助中心积极与市政府服务热线进行对接、整合，明确公共法律服务电话热线统一由市政府服务热线的工作人员接听、受理，简单法律问题由话务员通过查找法律知识题库当场解答，题库查找不到的及复杂疑难法律问题以工单形式派遣至该市市司法局（市法律援助中心），由市法律援助中心安排律师专人电话回复。所以在F市的公共法律服务电话热线服务时间与该地市政府的服务热线一致，为全天24小时服务。同时，根据司法部发布的《司法部关于推进公共法律服务平台建设的意见》（司发〔2017〕9号）文件要求，H省根据要求完成了公共法律服务热线省级一体化呼叫中心的建设，并且组织专门力量，为全省公众提供了7×24小时语音公共法律服务。

（3）电话热线服务的满意率

服务热线的满意度代表来访群众对此项工作的认可度，不论平台的形式如何，最终的目的是为人民群众提供专业的、满意的公共法律服务。在考察满意度的过程中邀评率是一个重要参数，之后才是满意度的考察。根据统计H省2020年公共法律服务电话热线总的邀评率为59.78%，在邀评率的基础上，H省2020年总的评价满意度在95%。

2. 电话热线平台人员配备情况

根据H省公共法律服务电话热线管理规范的要求，电话热线的工作时间应当安排至少1人专门负责接听电话、答复咨询，值班人员应从律师、基层法律服务工作者、法律援助志愿者中择优安排。通过相关材料以及实地考察情况来看，各市的电话热线接线人员分为两种情况：一种是通过政府购买服务的形式聘请社会律师负责接听，另一种是由市级司法局的公职律师兼任热线的接线员。通过调研可知，目前H省基本上采用政府购买服务的形式聘请社会律师担任接线员，还有少部分地区采用公职律师或承办法律援助案件的律师兼任热线接听员，比如H省E市与L市的热线接听律师属于司法局的公职律师。此外，对接线人员在执业年限与经验上面有些地区也做出了专门的要求，比如H省C市与D市等地都要求接线的执业律师有3年以上的执业年限。

3. 热线平台管理规章制定情况

H省大部分地级市根据H省司法厅出台的相关规范的要求，进一步制定了专门的公共法律服务电话热线的具体管理规定，尤其是专门对接线人员的要求、接线程序、对接线员服务质量的考核监督等内容进行了细化。各市通过自行制定符合本地区特点和需求的专门性规定，不仅利于本地区热线平台的管理和质量的监督，而且也可以为将来全省关于热线平台设置标准提供相对科学的参照，能够将各地区的共性进行提取，为该省司法厅制定全省的公共法律服务电话热线服务标准奠定基础。

（三）H 省公共法律服务网络平台的现状分析

根据《司法部关于推进公共法律服务平台建设的意见》（司发〔2017〕9号）文件的要求，网络平台功能包括服务功能和监管功能。其中，服务功能面向社会公众，主要包括：法律事务咨询、法律服务指引、法治宣传教育、法律法规与案例查询、信用信息公开等。监管功能是面向各级司法行政机关，采用社会化运行机制对法律服务机构实施监管，作为对行政管理手段的延伸补充，同时为司法行政机关政务管理提供数据支撑、决策依据。

课题调研团队通过对 H 省公共法律服务网络平台的实际使用情况来看，H 省公共法律服务网络平台的运行情况主要有以下几点内容：

第一，构建了三种渠道的网络平台，即网页版、微信版以及 App 程序。

第二，在提供的服务内容方面，包括了咨询服务，学法考法服务，专题活动服务，法制宣传功能，法律援助、公证、司法鉴定、人民调解、律师活动、志愿服务等线上办理功能，典型案例查询服务、法律服务机构及人员信息查询服务。

第三，该网络平台通过大数据分析线上访问的情况，对将来网站服务内容的完善更新有一定的反馈机制。

二、H 省公共法律服务各类平台在运行过程中存在的问题

（一）实体平台运行过程中的问题

1. 实体平台与政务服务平台的关系问题

在实地考察调研的过程中，调研团队发现在 H 省某些市有一个共同的问题，即当地政府要求司法局搭建的公共法律服务中心入驻当地的政务中心。不管是政务中心还是公共法律服务中心，其设立的宗旨皆是为了便民服务，统一一个窗口办事。如果能够借助当地政府的财政支持与人员的保障，将公共法律服务中心并

入政务中心无可厚非。但通过调研不难发现，目前存在几点现实的困境。

第一，政务中心是集政府所有部门办事的统一窗口平台，能够留给公共法律服务业务办理的场地极其有限。在一些地方，要求公共法律服务中心全部入驻，但是能够提供的办公场所可能就只有 2 到 3 个窗口，这不仅会造成办公人员办公不便，而且会导致无法为来访群众提供一次性服务，造成服务的不便利与不及时。比如某县政府要求公证服务入驻政务中心，但是并没有为公证机构配备相应的办证场所等条件，导致该政务中心的公证窗口最多只能提供咨询等办证的前期服务，最终还是要求群众去公证处办理。

第二，通过调研发现，很多市的司法局为了提升服务水平，各地设立的公共法律服务中心，不管是硬件设施还是人员配备情况都相当优质，而且目前大部分司法局的地址已被百姓熟知，搬到新的政务中心可能会造成不便。

2. 实体平台部分拓展功能的设置有待进一步考量

【访谈材料】

某平台工作人员：平台最多的业务是法律援助和法律咨询。实体平台最大的功能就是接受群众的法律咨询，给予法律援助，平台性质就是法律咨询和法律援助。像鉴定、公证、调解虽然有设置窗口，但没有很大的必要独立设置窗口，同时公证机构本身工作人员也比较紧缺，下面的窗口最多起到的是指引作用。

某平台工作人员：实体平台功能齐全，但最主要的功能还是咨询。像公证在平台就是分流，公证的工作人员本来就少，实体平台最多是指引的作用，安排人坐班是一种人力的浪费。

根据实地考察以及相关材料来看，H 省各级实体平台的职能设置在基本职能要求方面都已经达成，具体如上所述。并且 H 省各级实体平台，尤其是市县两级中心平台在拓展职能方面基本要求公证、鉴定服务入驻平台。但是在实地调研的过程中，调研团队发现在大量的公共法律服务中心的公证窗口与鉴定窗口是没有人员坐班上岗的。通过调查发现，对于这两类服务窗口的人员安排主要呈现这些特点：

第一，部分地级市市级中心平台会通知公证员、鉴定所的工作人员每周不定期到岗提供服务。

第二，由司法局管理公证与鉴定的公职人员到岗提供服务。对于这两种情况，不管是属于何种，都无法为群众提供及时有效的服务，所以就导致虽然有些地方的平台已经入驻了公证、鉴定，但是其起到的真实作用却有待检验。造成这种情况的原因主要是这两类服务其自身的特殊性。

具言之，对于公证来说，其办证程序、对办理公证业务的场所等硬件条件要求高，故而只提供一个窗口是不能满足办证要求的，所以即使派人员在实体平台值班，在没有其他办证条件的情况下，也只能提供咨询服务，最终还是需要群众亲自前往公证机构。同时，由于目前公证体制改革，造成大量公证机构人员紧张，进而更加导致无法满足实体平台要求公证人员值班的需求。对于鉴定而言这种紧张关系就更加凸显，尤其是其具有高度的专业性与科学性，对鉴定场所要求更高，故而实体平台的鉴定窗口也无法硬性要求相应工作人员来长期值班。所以基于上述情况，实体平台的部分功能很可能将呈现虚化状态。

3. 实体平台的服务评价机制有待完善

对于实体平台服务的专业水平，来访群众对该服务的满意度情况是促进实体平台良性发展的重要因素。为此，调研团队在调研的过程中也对来访群众进行了一些访谈，并且旁听了一些咨询现场。通过实地考察之后发现主要存在这些现状：

第一，很多地方的实体平台并没有一个具体的服务流程，各地是否对来访群众咨询事项等情况进行登记做法不一。

第二，部分地方的窗口工作人员的服务态度有待提升，对于来访群众的需求表现敷衍，并没有真正为来访群众提供确有实际作用的帮助。调研团队认为造成以上这些情况的根本原因就是对实体平台的服务评价机制没有真正落实到位。

同时，在整个实地调研的过程中，部分地方的平台服务流程相当规范并且对于来访群众的服务也做到了专业化。但是对实体平台的服务评价因为没有硬性要求以及评价手段的匮乏，一直没有落实到位。

4. 公共法律服务站与点的效能彰显不够

【访谈材料】

某平台工作人员：目前平台的运行现状是区县因为经费问题，在司法所挂了工作站的牌子，但是律师没办法每天值班。特别是在乡镇，很多地方存在只挂牌，没人值班的情况。但是在站点建了法律服务微信群，可以在群内反映问题。

某平台工作人员：目前存在的问题是人员不够，经费不到位。工作人员少，专业的人员更谈不上了。乡镇的司法所只有1到2个人，站点在乡镇或者村里也只是挂牌子，形同虚设。但是又必须完成站点建设的工作，可是人员和经费没有增加，还是司法所的人员在负责。虽然形式上都健全了，但实质上的服务能力是不够的。

目前H省乡镇公共法律服务站与村（社区）公共法律服务室（点）所能达到的实际效果并不明显，偏离该平台的最初目的。这主要是由于以下几个方面的原因：

第一，偏离了乡镇公共法律服务站与村（社区）公共法律服务室（点）两级平台的功能定位。根据司法部公布的《司法部关于深入推进公共法律服务平台建设的指导意见》的要求来看，以乡镇（街道）司法所为依托的公共法律服务工作站是面向群众服务的主阵地和一线综合服务平台，能就近在公共法律服务工作站办理的事项，不得要求群众到公共法律服务中心办理。而村（居）公共法律服务工作室主要是服务指引功能，主动引导群众通过网络平台、热线平台寻求帮助。而目前在现实的工作中却变成了村（居）公共法律服务工作室形同虚设，公共法律服务工作站变成了指引服务的功能。

第二，专业的公共法律服务资源无法下沉到最基层。目前来说，乡镇公共法律服务工作站基本依赖司法所的工作人员予以维持日常工作的开展，但是司法所的工作人员本身任务量极其繁重，对于新增的公共法律服务职责难以应付。而村（居）公共法律服务工作室就更难获得真正专业的法律服务。虽然有配备法律顾问，但是各地村社众多，而法律顾问人数根本无法满足，即使建立微信群，但是服务的质量也保障不到位，出现了“僧多粥少”的局面。

第三，宣传不到位。很多群众对于公共法律服务缺乏认知，遇事总是前往法院或者县级其他部门，同时对于本村的一些法律明白人等工作人员的专业程度也不是很信赖。

5. 实体平台服务情况的数据化程度较低

根据《司法部关于深入推进公共法律服务平台建设的指导意见》的内容，要求平台建设对标“一切业务数据化、一切数据业务化”要求，将实体、热线、网络平台提供服务的业务信息全部数据化，以数据集中和资源共享为桥梁，让数据在不同平台之间流转，实现公共法律服务事项跨平台、跨层级、跨业务协同办理。对于一次性实时解答的法律咨询服务，加速推进实体平台、热线平台业务信息的数据化，动态、实时、准确采集数据，实现法律咨询服务全程留痕。调研人员着重询问并查看了实体平台对平台业务情况数据化的程度，H 省在这方面的工作主要表现出以下几个方面的问题：

第一，一般的咨询性服务登记较少，更遑论将其数据化留痕。平台服务中主体业务就是法律咨询，由于实体平台本身并没有像电话热线及网络平台在数据留痕上的优势条件。故而部分业务均以纸质方式备案留存，后期平台对其台账录入网络系统的数量相对较少。这就将导致对平台本身服务满意度的调查受阻，以及结合其他平台数据进行智能分析时数据样本不齐全的问题。

第二，由于人员及设备的问题，基层公共法律服务平台业务的数据化程度一直难以提升。

（二）电话热线平台运行过程中的问题

1. 各地接线人员整体素质有待提高

电话热线服务的专业度与满意度的决定性因素就在于接线人员的专业水平与服务能力。根据本次调研的情况来看 H 省大部分市都是通过政府购买律所服务的形式聘请律师来担任接线员。还有少部分地区是由司法局的公职律师来担任接线员。通过实地考察与现场聆听各地接线工作人员的工作情况来看，很多地区都是由实习律师担任接线员。在这种情况下，有些需要答疑者具备丰富经验的法律问题，工作人员难以给出满意的解答。整体上来看，由于没有统一的标准，因此对接线人员的素质要求各地也是做法不一。

2. 电话热线服务的承接能力有待提升

随着公共法律服务工作的推进，对电话热线的宣传和推广，必将提升电话热线的知晓率。根据上述现状的介绍，2020 年的热线呼入总量已经上万计，但是在系统接通率方面，H 省各市一般是在 40% 至 60% 之间。在座席接通率方面，该省各市一般是在 83% 至 96% 之间。虽然影响接通率的原因有很多种，但是由于接线人员少、在线正忙等占线情况多，也会造成实际接通量降低的情况。所以其实从这个方面就可以看出目前H省的热线需求是大于供给的，随着电话热线知晓率的提升，其需求度将更加强烈。

（三）公共法律服务网络平台运行过程中的问题

根据《司法部关于推进公共法律服务平台建设的意见》（司发〔2017〕9号）文件的要求，网络平台功能包括服务功能和监管功能。其中，服务功能面向社会公众，监管功能是面向各级司法行政机关，采用社会化运行机制对法律服务机构实施监管，作为对行政管理手段的延伸补充，同时为司法行政机关政务管理提供数据支撑、决策依据。所以H省的网络平台设计也具备这两种功能，根据相关数据以及对网络平台的实际使用之后，H省网络平台运行过程中主要是存在以下几个问题：

1. 网络平台的技术性问题层出

所谓网络的技术性问题就是指网站的设计的科学性、网站运行的流畅度等信息技术方面的问题。通过对H省网络平台的各种入口使用之后，发现该网络平台在整个完整运行流畅度方面还有欠缺。在面向社会公众的服务方面，在一些模块中会出现网页无法拖拉情况，如进入留言咨询时无法滑动咨询框，无法操作下一步。同时还存在各浏览器不兼容的情况。此外，法律法规查询服务的检索功能有待提升，数据库的法律法规更新不及时，数据齐全度有待增强。在面向各级司法行政机关的监管功能方面，通过调研访谈司法行政工作人员对使用该网络系统之后的看法，均反映网络平台系统运行卡顿，操作不便，工单生成系统运行不流畅。比如很多公证处由于网络平台操作不便，运行不流畅等问题，基本上都拒绝使用网络平台的公证系统。

2. 网站宣传力度与宣传方式有待加强与改进

通过上述情况可知，同时根据全省人口数量来看，上述网站访问量其实是有待提升的。因为上述访问量中也包含了有H省司法行政系统工作人员的访问数量，如果单纯算注册用户登录的话，显示的访问量必然将会降低，因此对于网站的知晓率方面的宣传有待进一步提升。同时对个体而言，法律服务并非如衣食住行等具有持续性的需求，因此群众往往有迫切需要时才会登录网站寻求法律服务，并且由于网站本身在服务上的缺陷，所以传统的宣传方式确实无法做到实际宣传的效果，在宣传方式上面也需要进一步的改进。

四、对公共法律服务各类平台的完善建议

（一）关于公共法律服务实体平台的完善建议

1. 推动公共法律服务实体平台与政务平台对接互联

正如上述所言，在H省多个市均出现了公共法律服务实体平台与政务平台之间的融合问题。由于公共法律服务的专业性特性，其对实体平台的搭建与运营方面有着特殊的要求，在某些情况下无法整体入驻政务平台。对于这种情形可以通过如下方式予以解决：

第一，在公共法律服务实体平台还未入驻政务平台，但是已经搭建并且符合标准要求的公共法律服务平台的地方，应该允许继续使用已经搭建好的公共法律服务实体平台，无需强制其入驻政务平台。但是如果考虑到群众办事的便利性，可以在政务平台设置一个或多个相关公共法律服务指引窗口。通过这个窗口可以为来政务平台寻求公共法律服务的群众提供简单咨询、事项材料收集、受理业务等程序性工作。在窗口受理之后需要进一步办理的业务可以通过其他方式直接转接到公共法律服务实体平台，由相应公共法律服务实体平台办理，然后返回该窗口，由该窗口对接并反馈给来访群众。这样就真正做到了已搭建的公共法律服务实体平台不被闲置，又实现政务平台有公共法律服务职能的双利局面，真正做到便民利民、数据材料“多跑腿”。

第二，在还未搭建公共法律服务实体平台场所或者没有条件搭建场所的地方。如果有政务平台，并且政务平台能够提供相应办公场所，可以要求公共法律服务整体入驻政务平台。这样就形成了利用已有优势的利好局面。

2. 利用平台综合接待岗推动拓展功能的落实

H省市县两级的实体平台都具备了法律援助、法律咨询以及人民调解的功能，并且也基本设置了公证、鉴定、仲裁等拓展功能。但是由于具体拓展功能服

务本身的特性与办公场所条件的限制，导致多数拓展功能基本虚化，停留于纸面。在实体窗口基本没有人员值班上岗。具体原因已如前述。为了解决这一现实问题，我们认为应该作出如下的考量：

第一，如果实体平台具备办理公证、仲裁等拓展业务的能力和条件，那么为了让实体平台的拓展功能名副其实，就可以保留或者设置相应服务的窗口，安排专业人员在相应窗口值班。

第二，如果实体平台不具备办理相应拓展业务的能力与条件，就可以利用平台综合接待岗促进拓展功能的落实。可以利用在平台设置的公共法律服务综合接待岗，为来访办理相应拓展业务（比如公证、仲裁）的群众提供指引、联系相应部门、受理登记、转交材料等服务。这样就可以有效避免盲目设置服务功能，却又虚置化的情况。

3. 落实实体平台监督反馈机制

所谓的监督反馈机制是指对平台服务的满意度评价机制。比如H省的电话热线平台与网络平台都有各自的服务满意度评价机制，但是唯独实体平台的服务满意度评价机制一直未能落实到位。对于群众满意度的调查不仅可以及时了解来访群众对服务的态度，掌握平台服务的落实情况，而且通过倾听群众意见，也可以突出公众的参与性与主导性，进而提高平台本身的服务能力与质量。通过实地调研可以发现，由于实体平台不仅业务数据化程度不够，而且评价机制没有跟上，导致了监督主体对实体平台的具体服务水平、服务能力、相关政策落实情况都缺乏一个实时动态的了解所以落实平台监督反馈机制具有重要意义，具言之，在市县乡三级平台中，可以通过借助公共法律服务网络平台落实满意度的调查。具体操作可以是，首先在公共法律服务网络平台设置实体平台服务满意度调查系统，当市县乡三级平台有群众来访寻求服务之后，必须要求工作人员当面告知来访群众在公共法律服务网络平台上做一个满意度评价。群众可以通过手机扫描平台的满意度调查二维码进行评价，也可以通过实体平台提供的电子设备进入网络平台评价。当然对于该评价的告知不能完全依靠工作人员的自觉，必须将邀评率与满意度纳入绩效考核。同时要求将满意度考察要求与程序上墙或置于显眼位置。并且，由于需要满意度的调查，同时就要求工作人员必须实时将业务服务情况登入系统，进而也提升了实体平台业务数据化的水平。

4. 厘清站点平台的定位与促进服务资源的下沉

第一，公共法律服务站、点是实体平台最基层的一级，是面向群众服务的主阵地和一线综合服务平台。而在实践中，却形成了村（居）公共法律服务工作室形同虚设，公共法律服务工作站提供指引服务功能的局面。所以我们必须厘清站点的定位，这样才能在资源配置与服务方向上面予以指导和科学化。对于村（居）公共法律服务工作点（室）而言，因其服务能力及人员的极度有限性，应当主动引导群众通过网络平台、热线平台寻求帮助。而对于乡镇公共法律服务站来说，一般能就近在公共法律服务工作站办理的事项，不得要求群众到公共法律服务中心办理。因其人员结构和服务能力，虽然办理一些服务事项，但多集中在法律咨询、对人民调解的指导，以及法律援助申请者资格审查等工作。

第二，在厘清站点定位之后，还需解决的问题就是服务资源的配备与均衡化。尤其是站点都是设立在乡镇和农村，其专业的法律服务人才是相当缺乏的，为了解决这一问题，首要做法就是将市县两级的专业法律服务资源下沉。具言之，根据各市的具体情况，比如群众服务需求量、服务资源分布情况以及市县两级平台的忙闲程序，来统筹分配本地区的法律服务资源。同时利用视频、音频等技术，打破服务资源时空限制，推动各层级平台之间的服务资源的流动。积极协调有关部门推动将公共法律服务经费列入财政预算，对该服务予以经费保障。加大对贫困地区政策支持力度，逐步缩小地区差距，有序推进公共法律服务协调发展。

5. 将平台业务信息数据化纳入司法行政工作考评范围

为了促进实体平台，尤其是市县乡三级实体平台的服务流程规范化，满足“一切业务数据化、一切数据业务化”的要求。必须做到对公共法律服务尤其是一次性实时解答的法律咨询服务的全程留痕。只有这样才能加速推进实体平台业务信息的数据化，实现数据采集的动态、实时、准确。并且利用三类平台之间数据的相互转换与利用的功能，真正推动司法大数据发展。所以，目前最为首要的工作就是落实实体平台业务的数据化。

（二）强化电话热线平台的工作力量

通过上述问题可知，电话热线平台的主要问题就是在工作人员的配置方面。

对提升电话热线服务水平与服务承接能力的建议有如下几点：

第一，在人员保障方面，首先要保证政府财政的支持，通过政府购买服务的形式落实相关工作人员的经费保障。其次是可以通过发展志愿服务，拓展人员来源渠道。

第二，在人员专业水平方面，对于接线人员专业素质必须形成省级统一标准，具体可以从人员构成，比如律师、高校法律教育者、退休政法干部等，接线人员从事法律职业的年限一般最低不得少于2年等方面作出要求，然后各地可以根据当地特点再细化标准要求。

第三，人员数量方面，随着热线知晓率的提升，热线来访群众数量也是水涨船高，这就要求司法行政部门增强自身承接服务的能力，省级司法行政机关可以根据本省各市的业务数量，分配座席数量。同时，需要增加省级一体化呼叫中心的工作人员数量，以保障接通率。

（三）关于公共法律服务网络平台的完善建议

1. 强化技术保障

对于面向社会公众的服务功能与面向司法行政系统工作人员的管理功能的技术欠缺，需要有专门的技术维护部门根据用户反馈及时维护更新到位。对于平台而言，技术保障的主要内容有三个方面：

第一是系统管理技术支持，比如应用系统管理、数据整理、安全系统管理、用户管理以及业务分流等。

第二是数据管理技术支持，比如汇聚并整合实体平台、热线平台、网络平台数据，形成公共法律服务综合数据库。

第三是网络平台数据安全的技术保障。

2. 创新宣传手段

正如前述，法律服务并非衣食住行等具有持续性的需求，因此一般人往往都是在有迫切需要时才会寻求法律服务。所以，如果采取像发传单、街边摆摊普法宣传等传统的方式，既不入脑也不入心，实际宣传效果欠佳。因此必须更新对网站等平台的宣传手段。在宣传的过程中，必须抓住群众的需求点，充分利用信息技术，创新宣传手段。

第一，加强网络平台、微信平台公众号文章等推送信息的趣味性和可读性，充分利用传播速度快且效率高的微信公众号的途径进行宣传。同时协同其他政府部门的公众号平台，通过关注量大的政府部门的公众号推送网络平台的相关信息及文章。

第二，将公共法律服务平台的推广纳入政府工作考评范围，推动公共法律服务平台宣传工作加入政府其他工作宣传的范围。

第三，利用各种全民使用率高的软件，尤其是视频软件。通过在这些软件上面推送动态、发布宣传视频，就可以借助各种软件的算法技术，为需要公共法律服务的群众提供精准的推送和介绍。

法治宣传服务运行现状考

2019年，H省人民政府办公厅印发《H省公共法律服务发展指标（2019—2022年)》与《H省基本公共法律服务实施标准（2019—2022年)》（以下简称《发展指标》与《实施标准》)，本部分拟对照相关条文，抽样考察了青少年法治宣传教育、农村法治宣传教育、社会主义法治文化建设、部门行业和基层依法治理以及法治宣传的效果等（现有普法形式情况、重点专题、重点活动开展情况等）五个方面，并选取这五方面具有代表性的指标：青少年法治宣传教育选择的是法治副校长和青少年法治教育基地建设情况；农村法治宣传教育情况选择的是法律明白人建设情况；社会主义法治文化建设情况选择的是社会主义法治阵地建设情况；部门行业和基层依法治理情况选择的是民主法治示范村建设以及法治宣传的效果情况等进行分析。以实证调研获取的第一手资料为依据，从以上几个方面客观梳理出《发展指标》与《实施标准》颁布后法治宣传的基本情况。

一、法治宣传的现状考察

（一）青少年法治宣传教育

根据所收集的材料且经实地调研进行数据核实后，具体情况如下：

1. 法治副校长的配备率

《实施标准》法治宣传教育服务部分要求中小学法治副校长（兼职）配备率达到100%。就各市州上交数据、现场核实以及实地调研来看，除H市为91%，其他市均达到100%。仅从规范要求来看，制度规范中有关法治副校长的规定落实较好。

2. 法治副校长的人员组成

就调研情况来看，法治副校长一般由公安机关、检察机关、法院、司法部门以及其他法律工作者等从事与法律相关的行业的人员组成。以M市的法治副校长情况为样本，全市共552所中小学，法治副校长配备率为100%，其中绝大多数来自派出所以及司法所，少部分为司法局、法院、检察院、律师事务所工作人员。

3. 法治副校长的工作要求

对各市州的法治副校长的资料以及访谈材料进行分析，各市每年法治副校长集中讲法治课都不少于1次，法治副校长的工作内容一般包括以下三点：每学期到学校至少上一堂法治课，即协助开展法治教育；维护学校正常的教育教学秩序，参与学校的综合治理工作，积极支持学校整治校园及周边环境；保障学校及师生的正当权益。

4. 青少年法治基地建设情况

《发展指标》要求到2020年全省每个县（市、区）都有1个以上青少年法治教育基地或法治资源教室。实际调研情况来看，每个县（市、区）都有1个以上青少年法治教育基地或法治资源教室，且逐年增加，部分市州如C市、B市个别县（市、区）已经具备1个以上的法治教育基地或法治资源教室。综上，仅从规范要求来看，有关青少年法治教育基地或法治资源教室落实情况很好。

（二）农村法治宣传教育情况

根据所收集材料且经实地调研进行数据核实后，农村法律明白人、农村法治带头人培训，参训人数和合格人数全部达到《发展指标》要求。法治宣传栏等普法宣传阵地实现村（社区）全覆盖，并且能及时更新普法宣传内容。

1. 法律明白人的数量

《发展指标》法治宣传教育服务部分要求在2022年全省每个村（社区）有3名以上经过统一培训，并考核合格的“法律明白人”。自《发展指标》实施以来，各市州在法治建设和乡村振兴的背景下，优先把村、社区的骨干成员培养成“法律明白人”，以点带面，法律明白人的数量在逐年扩大。截至2020年，H省各市州已经实现了一村至少有1名考核合格的法律明白人，仅从规范要求来看，有关法律明白人的规定落实较好。

2. 法律明白人的报名及人员组成

【访谈材料】

某司法局工作人员：目前的主体还是村居两委的骨干成员、辅警以及网格员。从调研的情况上来看，法律明白人报名一般是由司法局分配到各个村，各个村自发组织报名，报名人员大部分为村居两委的骨干成员、辅警，培训形式采取的是线上培训。

（三）社会主义法治文化建设情况

根据所收集的材料且经实地调研进行数据核实后，《发展指标》要求在2020年全省80%以上行政村（社区）有1个以上具有一定规模、法治元素比较丰富的法治文化阵地。根据H省各个市州提供的材料和现场核实，各市州总体上都在大力推进村（社区）法治文化阵地建设，乡村法治文化阵地覆盖不断扩大。“七五”普法期间，在鼓励推动法治文化作品创作方面，该省开展了H省法治文化作品征集大赛等活动，社会民众积极参与活动，从而让法律更加贴近生活。

（四）部门行业和基层依法治理情况

根据所收集材料且经实地调研进行数据核实后，各市州民主法治示范村建设均符合《发展指标》与《实施标准》的要求。推进多层次多领域依法治理是创新社会治理、推进国家治理体系和治理能力现代化的必然要求。基层组织和部门、行业是社会的重要组成单元，在社会治理中具有重要地位。基层依法治理以“民主法治示范村（社区）”建设为载体，通过典型示范，引领带动法治乡村建设。经实地调研及访谈后，在民主法治示范村创建工作方面，各市州按照《发展指标》的要求，每年都有新增的民主法治示范村，积极性较高。H省在完善法治乡村建设方面，在全国率先制定《关于加强法治乡村建设的实施意见》，对今后一段时期该省法治乡村建设的重点任务进行了明确。在决战脱贫攻坚、决胜全面小康和法治乡村建设的背景下，各市州围绕法治乡村建设积极开展了“送法下乡”等普法工作。

（五）法治宣传效果情况

1. 现有普法形式情况

经实地调研以及访谈后，各市州满意度均符合《发展指标》与《实施标准》的要求。各市州现有普法形式一般都可分为线上与线下两种方式。各市州都设有普法微信公众号，以便进行线上普法宣传。普法微信公众号“微言说法”在中国新媒体大数据平台排行榜中阅读量、影响力等多次位居全国前列。“七五”普法规划实施后，截至5月底，H省共建立普法网站338个，开设普法微信公众号856个。此外，H省打造的“某某普法”抖音、快手号的新媒体方式，也取得了很好的效果。而线下宣传则一般包括通过文字、标语、横幅等形式进行展示，这也是法治宣传的传统形式。

2. 重点专题、重点活动落实情况

在重点活动方面，以“《民法典》宣传”为主，各市州均广泛组织开展《民法典》互动宣传活动，大范围深层次地进行《民法典》宣讲，实地调研过程中通过对有关工作人员进行访谈得到的反馈也能了解到民众的参与度以及积极性都较高。各地均成立了《民法典》普法讲师团，分赴省直机关、市（州）、县（市、区）开展《民法典》专题宣讲。

就重点专题方面，以疫情防控为重点，各市州积极开展专项法治宣传。新冠肺炎疫情爆发后，迅速启动疫情防控专题法治宣传，积极开展“防控疫情、法治同行”专项活动。H市编写了《新冠肺炎疫情防控法律知识30问》、F市丁县编写了《中华人民共和国基本医疗卫生与健康促进法知识问答》等，各市州就疫情防控专题编写了一些宣传小册子来进行普法宣传。此外，“村村响”、建立微信群等其他方式也是基层疫情防控普法形式的重要组成部分。

（六）H省法治宣传的亮点工作

随着“七五”法治教育宣传工作的开展，法治宣传的内容形式日益丰富，包括线上和线下两种方式。法治宣传主题不断更新，与时俱进，且有重点地进行普法工作的开展，其中以“《民法典》宣讲”“疫情防控·法治同行”较为突出。全民法治观念明显增强，全社会践行法治的积极性和主动性明显提高，近几年来H省法治宣传工作取得的积极进展有如下三个方面：

1. 法治宣传形式丰富化

各市州现有普法形式一般都可分为线上与线下两种方式。线下宣传一般也是法治宣传的传统形式，其以线下普法活动开展为主，法治元素也主要通过文字、标语、横幅等形式进行展示，非专业人士难以有耐心去阅读和理解其中的内容，法治宣传效果欠佳。近几年来法治宣传的形式日益丰富，且逐渐转变为以线上宣传的方式为主，通过音频、视频等多媒体技术的运用，将文字性的内容改变为更加形象生动的画面，以讲身边故事的形式开展“以案释法”活动；利用网络平台开展法治宣传活动，通过建立微信公众号、微博、自媒体运营账号，线上直播等手段进一步加强了法治宣传的效果，强化了人民群众的法治意识。各市州都设有普法微信公众号，以便进行线上普法宣传。此外，H省打造的“H省普法”抖音、快手号的新媒体方式，也取得了较好的效果。

2. 法治宣传主题多元化

法治宣传的目的不仅仅是普及法律知识，更多的是培养法治意识。法治宣传主题完成了从原来的以法律知识宣讲为主到现在的以培育公民法治意识为主的涉及多个领域的内容转变。主题的多元化主要体现在以下几个方面：

（1）法律宣传类，比如“学宪法讲宪法”“宪法宣传周”“《民法典》宣讲”等。

（2）时事政策类，“疫情防控 法治同行”“送法下乡”“法治教育进校园”“网络安全宣传周”“预防电信诈骗法治宣传活动”等。新冠肺炎疫情爆发后，各市州迅速启动疫情防控专题法治宣传，积极开展“防控疫情、法治同行”专项活动，取得了不错成效。

（3）特殊群体保护类，针对未成年人的“校园暴力安全法治教育”、针对消费者群体的“消费者权益保护宣传日”等。法治宣传主题的多样化既体现了人民群众对法治资源需求的多元化，又凸显了法治宣传工作在与时俱进，与民同行。

3. 法治宣传程度深度化

传统的法治宣传受制于宣传方式以及宣传主题单一等客观情况，无法扩大宣传的范围；随着网络技术的发展、宣传形式的创新、宣传主题的多元化，法治宣传的范围也日益广泛，尤其是向基层普及。一村一社区法律顾问制度的落实、法律明白人制度的推进、农村法治文化阵地建设、民主法治示范村的评比，这些制度和活动的运行，将法治宣传的范围扩大到基层的每一个人，为法治社会的建立奠定了坚实基础。

H 省部分地区法治宣传亮点展示：

（1）C 市“月秀越开心 法治伴我行”法治宣传创新活动

为深入贯彻落实党的十九大精神，进一步满足新时代人民群众的精神文化需求，C 市委依法治市办、市委政法委、法院、检察、公安、司法共同主办，C 市广播电视台承办，以法治 C 市建设为主题，通过歌舞、小品等群众喜闻乐见的艺术形式，结合线下舞台和线上直播同步的方式开展法治宣传教育。其中亮点活动有：音诗舞，以宪法为主题，将音乐、舞蹈、诗朗诵三种艺术相结合宣传宪法的地位和基本内容；解开千千结，以现场访谈的方式化解群体性矛盾纠纷，维护社会稳定；政法系统典型事迹宣传，播报司法行政系统立足职能，开展“千百扶培”行动，支持企业复工复产的先进事迹。

（2）M 市法治副校长优质示范课和教学设计评比活动

为认真贯彻落实《青少年法治教育大纲》，增强青少年法治观念，提高青少年法律意识，M 市教育局、市司法局联合开展了“法治副校长法治优质视频课”“法治副校长法治优秀教案”“十佳法治副校长”评选活动，极大提高了法治副校长示范课的内容质量，丰富了法治宣传的形式，通过评比优质示范课，调动了法治副校长工作积极性；M 市司法局率先将法治副校长工作纳入平安建设考评内容，每年对各县区和市本级法治副校长派出单位的工作情况进行考核评价，评价结果将作为年度平安建设考核的重要依据。M 市司法局多措并举，落实法治副校长工作制度，既压实了法治副校长工作职责又强化了法治副校长在法治宣传过程中的作用。

（3）B 市“智慧文化岛”

“B 市智慧文化岛”是 B 市特有的大型户外媒体新闻转播平台，依托其立体媒体的优势，全市范围内新构建400多个宣传阵点，目前已经形成全市域立体普法网络。B市司法局单独开辟了“B市普法”窗口，开展互动普法宣传，方便市民群众查询相关法治资讯和法律条文，同时电子屏每天滚动播放法治微视频以及“以案释法”案例视频，为市民群众提供优质高效便捷的法治宣传和法律服务。其特点在于充分利用多媒体资源，结合小视频的形式形象生动地进行普法宣传，人民群众易于接受，普法宣传效果显著。

(4) U市庚县多方共建法治文化阵地，破除财政难题

农村法治文化阵地建设最大的难题在于其经费投入没有保障，U市庚县司法局在建设农村（社区）法治文化阵地过程中有如下特点：第一，多方沟通协调，将党建宣传与法治宣传结合，与公安部门配合共建禁毒主题公园，司法所与村两委干部共同开展法治宣传工作。第二，充分利用现有资源，利用农村现有硬件设施，适当添加法治元素；配合禁毒主题公园建设、人防工程建设、廉政建设，将法治宣传部分纳入其中。第三，壮大基层法治建设队伍，将一村一辅警纳入法律明白人队伍，法治文化阵地建设纳入村（社区）考核指标体系，法治文化阵地的建设不应该仅仅停留在硬件设施层面，更要有实用的法律服务队伍。众人拾柴火焰高，法治文化阵地的建设更像是民生工程，对于村民法治意识的培养、村容村貌的改变有积极影响。

二、法治宣传服务实践中的问题及成因

法治宣传服务在近年来所呈现的积极进展以及亮点值得肯定，但我们也清醒地看到，法治宣传服务在实践中仍存在不少问题，亟待研究解决。

（一）青少年法治教育工作仍需加强

【访谈材料】

某司法局工作人员：法治副校长应该由教育主管部门主管，中央两办明确发文谁执法谁普法，教育系统的普法由教育系统来做，司法部门的工作主要应在督促指导落实谁执法谁普法的政策，教育方面只有教育部门管得了，对法治副校长的管理应压实到教育部门主管。

某司法局工作人员：法治副校长中存在小部分授课方式单调，讲课内容重

复，工作缺乏计划性，还有就是只上几节法治课，很少参加学校的法治工作。

法治副校长制度是青少年法治教育工作的一个重要途径。但由于其缺乏相应的管理规范以及要求，且法治副校长本身也是兼职，一年上一到两次课，这几种原因导致法治副校长的作用发挥有限。青少年犯罪、校园欺凌现象仍较为严重，青少年法治教育需求十分强烈。

（二）法律明白人在农村法治宣传中作用发挥不充分

根据所收集材料且经实地调研进行数据核实来看，群众对法律明白人的认知程度还需要大力加强。

第一，法律明白人报名方面。就实地访谈过程中，法律明白人的主要人员组成绝大部分为村居两委的骨干成员，其他群众参与法律明白人的积极性不高，且村居两委骨干成员其在日常生活中要承担村内事务，部分人认为一个月的法律明白人培训时间增加负担，因而也存在积极性不高的问题。

第二，法律明白人培训方面。实地调研了解，法律明白人培训是采取的线上培训的方式，法律明白人培训所使用的如法网中密码设置复杂、考试一定要使用电脑等相关问题，对于年龄偏高的受培训人员而言存在技术上的障碍，也会影响培训积极性。此外，法律明白人系统仅对报名法律明白人的人员开放，而没有报名该培训以及培训完毕但想要再次学习的人员则无法参与学习，这与法律明白人设立的初衷不符合。

第三，法律明白人知晓率方面。在实地调研过程中，随机对群众进行访谈，大部分群众不知道法律明白人或不了解法律明白人，这也反映了法律明白人在群众中的知晓率不高的问题，最终也会影响法律明白人效果的发挥。

第四，法律明白人作用方面。法律明白人一般不能重复报名，但法律又在不断更新，法律明白人如何保证一直“明白”也是一个重要问题。

（三）法治文化阵地建设资金不足、单位沟通难度大

【访谈材料】

某司法局工作人员：设置法治宣传栏问题不大，但是建法治文化广场还是存在一定的困难。大部分村只能做到有宣传栏，104 个村中 3 个村有大一点的法治

文化阵地。

某司法局工作人员：在设置宣传栏的时候，我们这边建好，组织部门有的时候就给拆了，建设法治文化阵地还是应当加强司法部门与组织部门等其他部门的配合。在建设一些大型的法治文化阵地的时候，比如法治文化公园，光靠司法部门是无法做到的，还是需要司法部门与其他部门共同来做。

根据报送材料且经实地调研进行数据核实来看，法治文化阵地建设存在的普遍问题除经费不足之外，司法部门与组织部等其他部门的配合有待进一步加强。

（四）法治宣传形式仍需创新

【访谈材料】

某司法局工作人员：第一个问题是我们对群众的需求了解也不是太明确，大部分是按照时政热点以及工作热点来进行法治宣传，法治宣传的受众十分广泛，学生的需求、工人的需求各不一致，所以在了解群众对法治宣传的需求方面还需要进一步加强。第二个问题是法治宣传途径需要继续创新，我个人认为现在的法治宣传与以前的法治宣传的形式发生了转变，以前我们法治宣传的形式主要是通过宣传栏等形式，但是现在年轻人接触较多的是B站、抖音等形式，我们也在尝试对法治宣传的形式进行创新，贴合大众的社交以及获取信息的形式。

某司法局工作人员：创新的方式已经做了很多，但是最重要的还是实效，如何利用现有的手段形式来进行更好的宣传。

从宣传形式与手段来讲，就法治宣传所采取的形式大致可以分为两类：传统形式与特色形式。传统的法治宣传形式以线下普法活动开展为主，法治元素也主要通过文字、标语、横幅等形式进行展示，非专业人士难以有耐心去阅读和理解其中的内容，导致法治宣传效果欠佳，法治宣传的形式也亟待创新。

（五）法治宣传各市州发展不平衡

【访谈材料】

某区司法局工作人员：我们科负责普法工作就两个人，一个人可能要对接上级几个方面的工作。

某司法局工作人员：我们市相对其他市而言在经济发展以及地理环境资源稍

差一些，在法治文化阵地建设上存在更大的困难。

由于经济发展水平和重视程度不一，全省市州和县市区之间的法治宣传工作发展不平衡，普法经费保障水平参差不齐，基层普法队伍力量较为薄弱。

三、法治宣传服务的完善对策

（一）进一步加强青少年法治教育工作

第一，落实“谁执法谁普法”普法责任制。健全普法工作评估指标体系。法治副校长制度是法治宣传深入学校的体现，法治副校长由教育部门主管，但法治副校长的管理需要由教育部门与司法部门相互配合。

第二，法治副校长由于是兼职人员组成，实践中也是公益性服务，教育部门必须有一定的经费做保障，让学校对聘请的相关人员的劳动给予必要的肯定，激发法治副校长工作活力。

第三，中小学也要建立、完善、细化一些考评机制，激励法治副校长和辅导员的兼职工作得到本单位认可。例如 M 市教育局、市司法局联合开展了“法治副校长法治优质视频课”“法治副校长法治优秀教案”“十佳法治副校长”评选活动，极大提高了法治副校长示范课的内容质量，丰富了法治宣传的形式，通过评比优质示范课，调动了法治副校长工作积极性。

（二）持续推进法律明白人制度建设

第一，压实基层责任。对于参与法律明白人的积极性不高的问题，将法律明白人的培训纳入基层考核之中，或者对参加法律明白人培训的人员给予一定的奖励，总而言之，采取考核机制或者激励机制能够提高积极性，确保“法律明白人”工作规范化。用好村组干部、综治网格员、人民调解员等资源，推动农村“法律明白人”培养工作在融合中发展，进一步完善农村“法律明白人”参与法治实践工作机制。

第二，加大对法律明白人培训宣传力度。群众对法律明白人的知晓率不高，一方面体现在影响群众积极性，另一方面则使法律明白人作用受限。法律明白人工程初衷是想要壮大基层法治建设的队伍，针对这一问题，要想落实对法律明白人工程的推进，应当要发挥其典型示范作用，营造实施“法律明白人”工程的舆论氛围，加大对法律明白人培训的宣传力度。

第三，优化法律明白人培训的系统与方式。首先，法律明白人培训在系统上的操作例如密码设置宜简不宜繁，以及需要对如法网的系统进行优化。其次，就法律明白人的培训方式来看，目前仅有线上培训的方式，应对培训的方式进行优化，采取“线上 + 线下”多元化的模式，提高培训的质量。最后，法律明白人的学习对象不应局限于报名培训的人，其学习时间也不应局限于培训时间，让没有报名该培训以及培训完毕但想要再次学习的人员也能学习相关法律知识，间接扩大法律明白人的范围。

（三）整合资源建设法治文化阵地建设

法治副校长制度与法治文化阵地建设包括建设法治文化广场、法治文化公园等，司法部门需要与其他部门进行工作配合。保障法治文化阵地的平稳进行，司法部门在规划建设时，也需要符合其他部门的相关规范。同时也要加强与其他部门的协作与交流，利用现有资源共同建设法治文化阵地，例如 U 市庚县在建设法治文化阵地过程中将党建宣传与法治宣传结合，与公安部门配合共建禁毒主题公园，司法所与村两委干部共同开展法治宣传工作，配合禁毒主题公园建设、人防工程建设、廉政建设，将法治宣传部分纳入其中，整合多方资源解决了法治文化阵地建设经费短缺问题。

法治文化阵地建设也应当围绕法治教育宣传的需要，立足于培养特色的法治文化，因地制宜，利用法治文化阵地进行普法活动，让法治文化阵地切实发挥了法治文化阵地丰富群众精神文化生活和普法宣传的效果。

（四）因地制宜创新法治宣传形式

第一，中共中央印发《法治社会建设实施纲要（2020—2025 年）》中提到有效促进法治文化与传统文化、红色文化、地方文化、行业文化、企业文化融合发展。在创新法治宣传形式上，可以采取以地方特色文化与法治宣传相结合的方式，将法治文化从法条中抽离出来，用群众喜闻乐见的方式，使法治文化集大众性、娱乐性和广泛性于一体，进一步增强了法治宣传教育工作的渗透力、感染力和影响力，丰富了群众的法治文化生活，提升了群众的学法兴趣。

第二，重点宣传内容普及。“七五”普法计划实施后，法治宣传的范围越来越扩大，形式也逐步创新，但就重点宣传内容依然要重点突出。深入学习宣传贯彻习近平法治思想，持续深入开展宪法宣传教育，深入开展民法典的宣传普及，深入宣传促进高质量发展，大力宣传有关公平竞争、激发市场主体活力、防范风险的法律法规，深入宣传与社会治理现代化密切相关的法律法规，深入学习宣传党内法规。

（五）加大基层法治宣传的投入与激励

第一，基层法治宣传涉及的面十分广泛，虽然一部分可以由“谁执法谁普法”的形式来承担，但要想把基层普法宣传工作做到深入，还是需要一定数量普法宣传人员作为保障，可以吸收合适的人才成为普法宣讲志愿者。但同时也应当注重提高基层工作人员的素质水平，只有提高人员的整体素质，才能保障普法工作的实际成效。

第二，法治宣传工作最终还是要落实到基层，应当重视对基层普法宣传工作的经费投入，以确保普法宣传工作的开展。同时，还要健全激励制度，通过考核评比的方式给予一定的奖励，从而能调动普法工作人员的工作积极性和主动性，推动法治宣传服务的不断进步。

公共法律服务“知晓率、首选率、满意率”现状评估

一、调查方式

为了对H省公共法律服务的知晓率、首选率、满意率展开调查与评估，调研团队采用问卷调查的方式来获取相关数据。下面就问卷调查的相关情况介绍如下：

（一）问卷的内容设计

第一，在问卷的结构设计方面。第一题至第五题的内容是对被调查对象背景情况的了解，比如被调查者所在的地区、性别、年龄、文化程度、职业。第六题至第八题是对公共法律服务知晓率以及知晓途径的调查。第九题是对首选率的调查。第十题至第十七题调查了公众对公共法律服务的满意度以及公众认为目前公共法律服务存在的问题。

第二，在问卷的题目形式方面，本问卷采用选择题的形式，有单选与多选两种形式。

（二）调查问卷的派发

本次问卷调查的形式采用了线上电子问卷、纸质问卷以及电话问卷调查相结合的方式。不管是电子问卷的推送还是纸质问卷的派发，抑或是电话调查的名单，都是采取随机抽选调查的原则。

二、调查数据详情

（一）各市样本分布情况

通过对本调查问卷第一题数据的统计结果可以看出，本次参与问卷调查的人数在地域分布上相对均衡，涵盖了H省所有地级市，并且每个市的样本数量占比也相差不大，各地参与问卷调查的人数占比基本上都相对平均。可见，样本数量地域分布相对均衡的现实情况，确保了此次问卷调查抽样的全面性，增加了调查结果的合理性。

（二）参与问卷调查对象的基本情况

本次参与问卷调查的对象中，男女占比分别为54.97%与45.03%，人数大致持平，年龄层次也基本集中在20~39岁与40~59岁这两个阶段（具体数据见表1、表2）。这表明了本次填写问卷的参与者基本上具有比较丰富的社会阅历，对自身有关的法律事务也有一个比较深层的了解。同时，此次问卷调查的参与者涵盖了初中及以下、高中、大专、本科、研究生等不同层次学历人员，且以本科及以上学历的人员为主，比例达到60.07%。调查对象的职业分布比较多样，涉及农业工作者、个体经营者、企业工作人员、党政机关、事业单位工作人员、在校学生、离退休人员等众多行业（具体数据见表3、表4）。

表1　样本性别分布情况

选项	小计	比例
男	3622	54.97%
女	2967	45.03%

表2　样本年龄分布情况

选项	小计	比例
20岁以下	311	4.72%
20~39岁	3214	48.78%
40~59岁	2936	44.56%
60岁及以上	128	1.94%

表 3　样本学历分布情况

选项	小计	比例
初中及以下	381	5.78%
高中	675	10.24%
大专	1575	23.9%
本科	3546	53.82%
研究生	412	6.25%

表 4　样本职业分布情况

选项	小计	比例
农业工作者	328	4.98%
个体经营者	349	5.3%
企业工作人员	434	6.59%
党政机关、事业单位工作人员	3596	54.58%
在校学生	523	7.94%
离退休	164	2.49%
其他	1195	18.14%

（三）公共法律服务知晓率情况

通过对问卷数据的梳理可知，本次接受问卷调查的公众对各项公共法律服务的知晓程度总体较高，其中法律援助、法治宣传教育、人民调解、律师服务等公共法律服务的知晓率占比更是高达75%以上（具体数据见表5）。

同时在对各项公共法律服务的熟悉程度调查中，公众认为熟悉公共法律服务的占比高达68.8%（具体数据见表6）。

最后，通过对知晓途径的问卷调查可以看出，公众主要通过普法宣传活动、公共法律服务中心及工作站等途径知晓公共法律服务（具体数据见表7）。

表5　公共法律服务知晓情况

选项	小计	比例
不了解	352	5.34%
法治宣传教育	5570	84.53%
律师法律服务	4983	75.63%
公证法律服务	4684	71.09%
法律援助服务	5447	82.67%
基层法律服务、村（社区）法律顾问	4821	73.17%
法律顾问、公职律师、公司律师	4322	65.59%
人民调解服务	5018	76.16%
仲裁服务	3835	58.2%
司法鉴定服务	4327	65.67%

表6　对公共法律服务项目的熟悉程度

选项	小计	比例
非常熟悉	2279	34.59%
比较熟悉	2254	34.21%
一般	1512	22.95%
不太了解	544	8.26%

表7　知晓途径情况

选项	小计	比例
公共法律服务中心、工作站	4410	66.93%
普法宣传活动	5294	80.35%
公共法律服务网络平台	4420	67.08%
电视、报纸、杂志等传统媒体	3968	60.22%
微信等网络媒体	3978	60.37%
法官、律师等专业人士告知	2637	40.02%
公共法律服务电话热线	2114	32.08%
其他方式	1520	23.07%

（四）公共法律服务的首选率情况

从本次关于公众对公共法律服务首选率的调查结果可以看出，在接受问卷调查的公众中，有超过66.31%的人选择了公共法律服务，远超过选择委托律师途径的比例18.3%，以及选择投诉、举报、信访途径的比例8.51%（具体数据见表8）。

表8　解纷途径选择情况

选项	小计	比例
公共法律服务	4369	66.31%
委托律师	1206	18.3%
投诉、举报、信访	561	8.51%
其他方式	453	6.88%

（五）公共法律服务的满意率情况

在本次公共法律服务满意率调查中，课题组主要是调查了接受过公共法律服务的公众对公共法律服务的总体评价、对服务人员服务态度是否满意、对服务人员的专业水平以及公共法律服务的工作效果这四个方面的内容。除去22.73%的没有接受过公共法律服务的人员以外，剩余的被调查人员对于H省公共法律服务的各项评价整体较高，H省的公共法律服务得到了人民群众的高度认可。具体来看，在公共法律服务总体评价方面，被调查人员认为不满意的仅占比0.2%；在公共法律服务人员服务态度方面，被调查人员的不满意率更低，仅有0.08%；在公共法律服务人员的专业水平方面，被调查人员的满意率（包括比较满意和非常满意两种情形）达到94.81%；在公共法律服务的工作效果方面，被调查人员的满意率也高达94.81%。

表9　参与问卷调查的公众接受过公共法律服务的种类分布情况

选项	小计	比例
没有	1498	22.73%
法治宣传服务	4204	63.8%

续表

选项	小计	比例
公证法律服务	2155	32.71%
法律援助服务	2031	30.82%
基层法律服务、村（社区）法律顾问	2253	34.19%
人民调解服务	2406	36.52%
仲裁服务	928	14.08%
司法鉴定服务	1288	19.55%

表10　对公共法律服务的总体评价

选项	小计	比例
非常满意	3765	73.95%
比较满意	1049	20.6%
一般	267	5.24%
不满意	10	0.2%

表11　对公共法律服务人员服务态度的评价

选项	小计	比例
非常满意	3877	76.15%
比较满意	975	19.15%
一般	235	4.62%
不满意	4	0.08%

表12　对公共法律服务人员的专业水平评价

选项	小计	比例
非常满意	3716	72.99%
比较满意	1111	21.82%
一般	257	5.05%
不满意	7	0.14%

表 13 对公共法律服务的工作效果的评价

选项	小计	比例
非常满意	3717	73.01%
比较满意	1110	21.8%
一般	256	5.03%
不满意	8	0.16%

（六）参与问卷调查的公众认为公共法律服务存在的主要问题

为了进一步了解公众对于现有公共法律服务建设中所存在问题的看法，我们在调查问卷中专门设计了公众认为公共法律服务存在的主要问题的提问。通过数据整理可以发现，政府的宣传力度不够是民众认为公共法律服务存在的最主要问题，鉴于此，接下来需要进一步加强公共法律服务的宣传与推广。除此之外，不少的公众还认为公共法律服务的程序复杂、效率低、有些项目申请条件过高等也是公共法律服务供给过程中的重要问题（具体数据见表 14）。

表 14 参与问卷调查的公众认为公共法律服务存在的主要问题

选项	小计	比例
宣传力度不够	4025	61.09%
办事人员专业水平低	598	9.08%
办事人员服务态度差	304	4.61%
收费不合理	296	4.49%
程序复杂、效率低	1401	21.26%
有些项目申请条件过高	1710	25.95%
其他方面	1613	24.48%

三、调查结果分析

通过对上述问卷调查的数据进行分析可知，H 省的公共法律服务知晓率、首选率及满意率的总体情况良好，公共法律服务工作整体运行平稳。对此进一步分析如下：

第一，在知晓率方面，整体而言，H 省公共法律服务的知晓率较高，调查对象中不了解公共法律服务的比例仅占到5.34%。从各项公共法律服务知晓率的横向比较来看，其总体上差距较少，法治宣传教育、法律援助、人民调解、律师法律服务的知晓率相较于其他公共法律服务较高，公证法律服务、基层法律服务、村（社区）法律顾问的知晓率也不遑多让，而仲裁法律服务、法律职业资格考试服务的知晓率则稍显逊色，还需要进一步强化提升。

第二，在首选率方面，首选率与知晓率二者相辅相成，随着公共法律服务知晓率的提升，民众对公益性的公共法律服务的选择意愿也在增强，这使得接受公共法律服务成了大部分民众的首要选择。另外，本次调查数据也表明了 H 省大部分民众通过法律手段解决纠纷的意识在不断提升。

第三，在满意率方面，根据调查数据可知，民众对公共法律服务的总体满意度较高，对服务人员的服务态度、专业程度也有较高的认可度。但从调查的情况来看，H 省的公共法律服务供给仍存在宣传力度不够、部分程序烦琐、效率较低、部分公共法律服务项目申请条件过高、各地服务人员专业水平差异较大等问题，影响了民众对于现有公共法律服务的评价。

附件：H省公共法律服务“知晓率、首选率、满意率”现状评估调查问卷

1. 您所在的地区是？

   选项：H省各地市

2. 您的性别是？

   A. 男　　B. 女

3. 您的年龄是？

   A. 20岁以下　　B. 20～39岁　　C. 40～59岁　　D. 60岁以上

4. 您的文化程度是？

   A. 初中及以下　　B. 高中　　C. 大专　　D. 本科

   E. 研究生

5. 您的职业（工作）是？

   A. 农业工作者　　B. 个体经营者

   C. 企业工作人员　　D. 党政机关、事业单位工作人员

   E. 在校学生　　F. 离退休

   G. 其他

6. 您知道以下哪些公共法律服务？（可多选）

   A. 不了解　　B. 法治宣传教育　　C. 公证　　D. 法律援助

   E. 基层法律服务、村（社区）法律顾问　　F. 调解

   G. 仲裁　　H. 司法鉴定

7. 您对于公共法律服务项目的熟悉程度？

   A. 非常熟悉　　B. 比较熟悉　　C. 一般　　D. 不太了解

8. 您是通过什么途径知道公共法律服务的？（可多选）

A. 公共法律服务中心、工作站　B. 普法宣传活动
C. 公共法律服务网络平台　D. 电视、报刊等传统媒体
E. 微信等网络媒体　F. 法官、律师等专业人士告知
G. 公共法律服务电话热线　H. 其他方式

9. 假如您在工作生活中出现问题或纠纷，会首先选择哪个途径解决？（单选）

A. 公共法律服务　B. 委托律师
C. 投诉、举报、信访　D. 其他方式

10. 您曾接受过以下哪些公共法律服务？

A. 没有　B. 法治宣传教育　C. 公证　D. 法律援助
E. 基层法律服务、村（社区）法律顾问　F. 调解
G. 仲裁　H. 司法鉴定

11. 您对公共法律服务的总体评价如何？

A. 非常满意　B. 比较满意　C. 一般　D. 不满意

12. 您对公共法律服务人员的服务态度是否满意？

A. 非常满意　B. 比较满意　C. 一般　D. 不满意

13. 您对公共法律服务人员的专业水平是否满意？

A. 非常满意　B. 比较满意　C. 一般　D. 不满意

14. 您对公共法律服务的工作效果是否满意？

A. 非常满意　B. 比较满意　C. 一般　D. 不满意

15. 您觉得公共法律服务存在的问题主要是？（可多选）

A. 宣传力度不够　B. 办事人员专业水平低
C. 办事人员服务态度差　D. 收费不合理
E. 程序复杂、效率低　F. 有些项目申请条件过高
G. 其他方面

16. 您对公共法律服务电话热线服务是否满意？

A. 非常满意　B. 比较满意　C. 一般　D. 不满意

17. 您对公共法律服务中心、工作站服务是否满意？

A. 非常满意　B. 比较满意　C. 一般　D. 不满意